《政治学与国际关系智库丛书》 总主编：

U0631074

本书为2010年教育部人文社会科学研究西部和边疆项目（项目编号：10XJC810001）成果

俄国近代

自由主义的理路

The Theoretical Path of the Modern Russian Liberalism

郭 文◎著

中国出版集团
世界图书出版公司
广州·上海·西安·北京

图书在版编目（CIP）数据

俄国近代自由主义的理路 / 郭文著 .—广州 : 世界图书出版广东有限公司 , 2025.1重印

ISBN 978-7-5100-7841-5

Ⅰ . ①俄… Ⅱ . ①郭… Ⅲ . ①自由主义—研究—俄罗斯—近代 Ⅳ . ① D095.12

中国版本图书馆 CIP 数据核字（2014）第 081318 号

俄国近代自由主义的理路

责任编辑　翁　晗
出版发行　世界图书出版广东有限公司
地　　址　广州市新港西路大江冲 25 号
http:// www.gdst.com.cn
印　　刷　悦读天下（山东）印务有限公司
规　　格　710mm × 1000mm　1/16
印　　张　15.5
字　　数　260 千
版　　次　2014 年 5 月第 1 版　2025 年 1 月第 3 次印刷
ISBN　978-7-5100-7841-5/K · 0199
定　　价　78.00 元

版权所有，翻版必究

《政治学与国际关系智库丛书》总序

2014年伊始，世界政治就被层出不穷的冲突和纠纷所困扰，亦显示出变化的曙光。一方面，俄罗斯与西方世界围绕克里米亚的角力，隐隐然让世人看到传统冷战思维的回潮；另一方面，包围在马航MH370航班失联事件的疑团，凸显了在全球化时代国家间合作的必要性与困难度。在和平与发展成为世界公认价值的今天，很多老问题尚待解决，不少新问题也应运而生。面对略显纷乱嘈杂的现实，古老的政治学和国际关系学，迎来了前所未有的发展机遇和严峻挑战。

重新聚焦政治学与国际关系学研究，是全球化浪潮和信息时代的必然要求。首先，伴随着经济全球化程度的不断加深，全球治理的概念开始受到越来越多的关注，这一趋势在国际金融危机爆发之后更加明显。在武器扩散、恐怖主义、环境保护、疾病预防以及经济发展等诸多领域，都要将全球看作一个相互联系的体系来解决问题，政治学者需要及时提出有效的理论分析和政策建议。其次，国家作为国际关系中最主要的行为体，既要对外面对国家间冲突、政经纠纷等问题，也要对内面对因应贫富差距拉大、扁平化社会所带来的诸多矛盾。这些理论及操作层面的疑问，都亟需学者从政治学与国际关系学的视角给出相应的答案。

重新聚焦政治学与国际关系学研究，是对正走在“圆梦之路”上的中国自身的突出贡献。其一，正在崛起的中国，对内正在进入全面深化改革和经济结构转型的“深水区”，学者需要为促进经济发展和缓解社会矛盾提供更多的政治智慧。其二，随着中国实力的不断提升，伴随而来的外面环境压力也在逐渐增强。如何妥善解决包括海洋争端和贸易摩擦在内的国际议题，如何为已经秉承了近三十年的“韬光养晦”的对外战略注入新的内涵，是理论界必须承担的责任。其三，中国怎样更好地履行负责任大国的职责，并更好地向全世界传达属于自己的政策主张乃至价值取向，也是一个有价值的前瞻性课题。

重新聚焦政治学与国际关系学研究，也是中国政治学和国际关系学术界自身发展的诉求。政治学是一个古老的学科，中国的政治学研究则是一个肇始于19世纪末，繁荣自20世纪70年代末的新局面。学者们目前的工作，不仅是要积极追赶和呼应西方政治学科的发展前沿，提高我国政治学研究的科学性；也要充分汲取中国传统政治文化和政治治理的丰富养分，扎根于目前的政治现实，缔造具有中国特色和普遍适用价值的理论观点。对国际关系学科而言，国内学界在学科建设、研究方法和运用研究资料等方面，也存在着追赶国际先进水平的压力。在目前国际关系学科内范式融合和全球治理理念盛行的背景下，国内学者需要在思想创新和议题选择上做出更多努力。

当然，一个学科的发展和壮大，绝不能仅仅依赖于学者个人或者群体的努力，更需要有蓬勃向上的国力和理性有序的社会氛围作为支撑，需要来自于政府、高校、非政府组织乃至公司企业的资源倾斜。与此同时，学者也有责任将相关理论和政策研究的成果，以及自身所具有的文化视角和国际视野，转化为推动国家发展的动力，即所谓智库的作用。目前，智库在中国的发展尚属方兴未艾，我们也希望有更多的学者同仁加入其中，群策群力间实现本学科的跨越式发展，一同积极面对现实，踏实研究问题。

基于以上的目的与意义，为了向国内外学者与公众展示和分享政治学和国际关系学领域的研究成果，中国出版集团世界图书出版公司武汉学术出版中心精心策划和推出了《政治学与国际关系智库丛书》。我们期望通过这样一个平台，收集和推出一批高质量的兼具理论与现实意义的专著、译著、论文集等，展现本学科学者们笃学省思的风采。在此，也拜求学界各同道先进，不吝赐稿，共襄盛举。

最后，该丛书的顺利出版有赖中国出版集团世界图书出版公司武汉学术出版中心和清华大学国际关系学系的大力支持，有赖有关部门的关心与指导，有赖学界同仁们的关注与帮助，更有赖广大读者、学人的阅评和指教。本人在此一并致上诚挚的谢意！

陈 琪

2014年3月28日

（陈琪，政治学与国际关系学术共同体秘书长，清华大学社会科学学院教授、博导、副院长，《国际政治科学》执行主编）

目　录

导　论

一、问题的缘起及研究意义

自近代以降，俄国一直是整个人类理想的试验工厂。所有西方社会思想家的门徒们或俄国土生土长的思想家们都曾在这片奇异的土地上培植过理想：启蒙思想家的门徒在1825年聚集彼得堡，甘为密谋而献身；傅立叶的门徒试图建立法郎吉，结果在1849年的一个早晨全部被逮捕、送往西伯利亚；1881年3月13日（俄历1881年三月一日）[1]，民意党人在经历十几次的失败之后终于成功刺杀了沙皇亚历山大二世，但不出几天，又几乎全部被送往西伯利亚或绞刑架；1905年，激进自由主义者们发动一场来自上层的革命，试图建立立宪国家，而到了该年年末，温和的首相维特（С.Ю.Витте）的下台实际上已标示出宪政理想不过是又一种乌托邦而已，接下去是斯托雷平（П.А.Столыпин）的改革与迫害和自由知识分子的彷徨。在经历了将近100年的期待与挣扎之后，1917年3月（俄历1917年二月）的一天，群众抗议粮食短缺，接着前往镇压的士兵哗变，短短几天风云大变，三百年的罗曼诺夫王朝在“雪崩”中轰然倒塌，以至于列宁（В.И.Ленин）在听到彼得堡事变的消息后竟来不及回彼得堡控制局势。岂料仅仅数月之后，布尔什维克便获得了政权，建立起了人类历史上第一个社会主义国家。74年后，继承苏联衣钵的俄罗斯，党派林立、政局混乱，“俄罗斯向何处去”的争论又一次浮出水面。

俄国社会政治生活所发生的急剧变革和所面临的纷繁复杂的形势，要求历史研究者必须改变历史研究的态度，重新评价俄国的过去和现状。历史编纂学的全部实践已经证明，历史学是随着意识形态和政策而转移的。当前，在俄国职业历史学家

[1] 本书中，正文里统一为公历纪年法，括号里为俄历纪年法。

中正经历着一个选择方法论的复杂过程。还在不久以前，俄国社会中唯一居主导地位的意识形态还是马克思列宁主义，它被认为是认识过去的唯一钥匙，而阶级的、党的立场则被提升为科学认知的绝对原则。但自20世纪80年代下半期以来史学研究方法就呈现出多元化的趋势。大部分学者仍沿用传统的社会发展阶段理论，不过也有史家开始主张继承十月革命前俄国的历史编纂学传统，一部分史学家则主张以现代化理论为指导，同时也有部分史学家开始借鉴国外史学的经验，近年来盛行的以文明史观来思考俄国历史就是明证，比如索戈林（В.В.Согрин）在这方面的尝试就取得了很大成绩[1]。当然，这种历史研究方法多元化趋势的出现是与在戈尔巴乔夫的苏联社会主义民主化战略中得以发展的改良主义思想流派的出现息息相关的。到了20世纪80年代末90年代初，意识形态修正学派逐渐丧失了在俄国学术界的主导地位。但这并不是学术争论的结果，而是由于新的政治思想方向发生了转换。戈尔巴乔夫改革的失败，使社会产生了这样的看法，即在社会主义基础之上进行改革是根本行不通的。这几年自由主义民主思想体系便在俄国建立起来。正是这一观念在随后几年间使史学研究多样化进一步地发展。

正是在这样一个大的历史背景之下，对俄国近代自由主义及其流派进行重新评价作为史学研究的一个新课题被提了出来。在苏联时期，对俄国解放运动的研究存在着片面性倾向，最突出的表现就是给予革命流派及其主要代表人物近乎完美的高度评价而缺乏对其内在矛盾和双重影响的分析，而对主张改革的自由主义流派则是彻底否定，将其描绘为精神残缺、道德低下的反面角色。很明显，这种以主观的价值取向作为判断功过是非标准的方法对于客观的历史研究来说是不可取的。其实，在不同的时期、不同的运动中，俄国的各个阶级、各个派别都起过程度不同的历史推动作用。对此，恩格斯评价道："这样，在俄国的农民公社被根本破坏的同时，新兴的大资产阶级的发展，却由于给铁路公司的种种特权、保护关税及其他优惠办法而大大得到鼓励；于是，在城市和乡村里开始了一场真正的社会革命，这个革命再不让业已活动起来的思想界平静下来了。年轻的资产阶级的出现反映在自由主义立宪运动中，而无产阶级的诞生则反映在通常称作虚无主义的运动中。"[2] 由此可见，

---

[1] В.В.Согрин, Российская История Конца XX Столетия в Контексте Всеобщей Истории:Теоретическое Осмысление, *Новая и Новейшая История*,1999(1).

[2] 《马克思恩格斯全集》第22卷，人民出版社1965年版，第45页。

俄国的自由主义运动及其流派对俄国解放运动来说并非无关紧要、可有可无，何况这一流派在1917年3—11月（俄历1917年二至十月）期间还曾短暂地掌握过俄国的国家政权呢。

更重要的是，俄国自由主义的产生及其发展演变是有其存在的客观的社会历史条件和政治经济环境的，是俄国历史发展的产物。作为社会转折与变革时期的一种社会政治思潮和运动，自由主义在俄国的命运与俄国追赶型社会发展的特点息息相关，故了解俄国近代自由主义的理论和发展脉络必将有助于深化对俄国历史进程的认识，有助于进一步了解俄国近代以来各种社会政治思潮的精神根源和俄国现代化道路的特点。这就是本书选题的主旨所在。

其次，通过对近代俄国自由主义历史的分析、研究可以使人们进一步认识当今俄国社会思潮中自由主义“没有根基”的某种历史渊源。事实上，俄国目前出现的种种问题不仅仅是一个现实政治经济问题，现实的政治经济格局对于解释一个走向经济自由与政治自由的国家却依然威权主义盛行似乎颇为乏力，这里，更有一个政治文化传统问题。换言之，当下俄罗斯之政治格局不过是“旧传统配之以新面孔”，是传统政治文化在新俄罗斯的延续。比较一下20世纪俄罗斯首尾两端的历史，便不难发现新的世纪之交俄罗斯社会政治思潮的发展在某种意义上有回归十月革命前的趋向。苏联解体前后，一些自由主义政党在政治谱系中占据了重要的位置，它们自称是20世纪初同源的俄国政党在政治上和精神上的继承者，从而喧嚣一时，但不久便失去了其主流地位，自由主义的这种经历与其在近代俄国的命运何其相似。在近代俄国，寻求发展自由政体的活动家和思想家面临着如下难题：在俄国背景中，自由主义意味着什么？何以解释自由主义作为社会、经济和政治生活组织原则的软弱性？在最近若干年里，当代俄罗斯活动家和思想家也面临着同样的难题。事实上，在当代俄罗斯，有关俄罗斯自由主义本质和命运的讨论，在提出问题的术语、给出的解答、讨论过程中提出的假设和断言，与20世纪初有着显著的相似性。故研究近代俄国自由主义的思想内涵及其发展轨迹不仅有着巨大的理论意义，还有着重要的现实意义。

二、研究概况

（一）俄国的研究状况

自从自由主义传入俄国，俄国的一些思想家就对自由主义进行了自己独特的俄罗斯式的思考。在叶卡捷琳娜二世时期，在法典编纂委员会提出的改革纲领中和由女皇亲自编写或按她的意愿编写的其他文献中反映了一些自由主义的色彩。从此以后，在俄国一些优秀知识分子的著作中开始关注自由主义，从叶卡捷琳娜时代的拉吉舍夫（Ф.И.Родичев）、亚历山大一世时代的莫尔德维诺夫（Н.С.Мордвинов）、斯佩兰斯基（М.М.Сперанский）、卡拉姆津（Н.М.Карамзин）到十二月党人，开始了对自由的追求和向往。

俄国自由主义的著名代表齐切林（Б.Н.Чичерин）第一个对自由主义进行了整体上的分析。他在《若干现代问题》一书中专门用一章来论述自由主义，题目就叫做《自由主义的各种类型》，他在文中把自由主义划分为三种类型：庸俗自由主义、反对派自由主义和保守自由主义[1]。对俄国自由主义运动进行研究的第一次热潮始于1905年革命前后。如Н•И•伊奥尔丹斯基（Н.И.Иольданский）的《地方自治中的自由主义》（莫斯科，1905）、В•С•戈卢巴耶夫（В.С.Голупаев）的《地方自治机关在社会发展中的作用》(顿河罗斯托夫，1905)和Б•Б•韦谢洛夫斯基(Б.Б.Вещеловский)的《地方自治机关中的自由主义者》（圣彼得堡，1906）等。但当时的作者多集中于地方自治自由主义的研究，尚未将自由主义思想和运动作为独立的研究对象，也未能明确区分地方自治和自由主义这两个概念[2]。之后韦谢洛夫斯基、别洛贡斯基（И.П.Белогонский）等人继续了这一传统，系统地研究了地方自治的演变和立宪运动的发展，认为地方自治中的自由主义运动是俄国所有进步力量的代表，但他们对自由主义者与革命者之间的分歧和斗争仍没有给予高度的重视，也较少反映自由主义思想和运动内部不同观点和不同派别的差异[3]。当时在理论上有较大建树的还是一些自由主义思想家，如司徒卢威（П.Б.Струве）、巴•尼•米留科夫（Милюков）、罗季切夫（Родичев）、沙霍夫斯科伊（Шаховской）等，他们从不同角度对自由主

---

[1] Б.Чичерин, *Несколько Современных Вопросов*, Москва:Государственная Публичная Историческая Библиотека России, 2002, сс.149-158.

[2] И.Белогонский, *Земское движение*, СПб, 1914.

[3] 姚海：《近代俄国立宪运动的源流》，四川大学出版社 1996 年版，第 10—11 页。

义进行了自己的阐释。与此同时，列宁也在许多论著中分析了俄国自由主义的阶级性质、一般特征以及它在国家政治生活中的地位和作用。在列宁看来，自由主义者是资产阶级的代表，俄国资产阶级的主要政党立宪民主党是革命的叛徒和劳动人民利益的敌人。列宁的这种认识为后来苏联史学家对自由主义的研究奠定了基调。

苏联在很长一段时间内很少有人对俄国自由主义的理论和历史做深入的研究，即便有所涉猎，也大多是站在阶级斗争的立场上从社会主义的对立面来看待自由主义，通常都根据革命运动的发展水平来评价自由主义政党，客观公允地评价俄国自由主义的文章则少之又少。1955 年出版的《苏联大百科全书》认为，“自由主义跟资产阶级民主派不同，它不是用反对封建农奴主阶级的革命斗争的方法、而是用同封建农奴主阶级妥协的方法，来竭力维护资产阶级的利益。”[1] 因此，苏联时期贬低自由主义的主要原因在于自由主义的斗争方式不是革命的。相关研究主要集中于以下三个专题：俄国社会思想史、1864—1905 年的地方自治组织和 20 世纪初的资产阶级政党和政治组织。在这种情况下学者们大多局限于研究俄国自由派的社会活动，而很少把自由主义作为一个独立的体系来研究，而且每个专题之间并不联系，各自孤立研究[2]。当然其中也出现过一些值得重视的作品，如 1975 年佐尔金（В.Д.Зорькин）出版的《19 世纪下半期到 20 世纪初期俄国资产阶级自由主义思想（齐切林）》[3]，通过对俄国古典自由主义的精神领袖齐切林的政治思想的叙述和分析，为认识自由主义在一系列社会政治问题上的基本立场提供了依据。但从总体上来看，苏联史学家对自由主义进行研究的兴趣不浓。

这种状况一直持续到 20 世纪 80 年代才有所改观，一批相继出现的专著和论文把对俄国自由主义思想和运动的研究推向深入。其中影响较大的有：沙齐洛（К.Ф.Шацилло）的《1905—1907 年革命前夜的俄国自由主义》（莫斯科，1985）舍洛哈耶夫（В.В.Шелохаев）的《立宪民主党：反对 1905—1907 年革命的主要资产阶级政党》（莫斯科，1982）、杜莫娃（Н.Г.Думова）的《第一次世界大战和二月革命时期的立宪民主党》（莫斯科，1988）等，以及一系列发表在《苏联历史》、《历

[1] ［苏］高里曼：《自由主义》，沈吉苍译，人民出版社 1955 年版，第 1 页。

[2] И.К.Пантин, Е.Г.Плимак, В.Г.Хорос., *Революционная Традиция в России 1783-1883 гг*, М., 1986, с.24.

[3] В.Д.Зорькин, *Из Истории Буржуазно-Либеральной Политической Мысли России Второй Половины XIX—начала XX в. (Б.Н.Чичерин)* , М.,1975.

史问题》等主要史学刊物上的文章。这些专著和文章更广泛地发掘和利用了原始档案材料，从而使其成果更具学术价值。然而这些专著和论文一般都偏重于19—20世纪之交的俄国自由主义，他们特别关注立宪民主党，当然大多数学者的研究仍局限于布尔什维克政敌的范围内，从社会主义的对立面来看待俄国自由主义，经常被冠之以“反动的”、“反革命的”头衔。

苏联解体后，俄罗斯史学界开始了研究和思考自由主义问题的一个新阶段，加强了对自由主义的“历史反思”和学术研究，发表了许多相关的专著、文集和论文[1]，还专门召开了几次关于俄国自由主义史研究的全俄和国际性的学术会议。如果说自由主义问题在10年前还只是历史学家、经济学家和法律学家的研究对象，那么近年来这个问题越来越引起了哲学家、政论家和社会学家的关注。自由主义的跨学科研究已经成为当代俄国自由主义研究中的大势所趋。应该讲，俄罗斯对这一课题的研究是比较深入的，俄罗斯学者们试图通过历史的分析，为当今俄国寻求沿着欧化道路继续发展的途径。

第一部充分表达自由主义思潮的大型著作是集体撰写的《我们的祖国：政治史研究》[2]。该书作者摆脱了苏联意识形态的立场，从西方自由主义的视角对苏联时期的正统观念和经过变换的修正主义进行了彻底的否定。当然，他们极力想唤起的不是对十二月党人、革命民主派乃至对布尔什维克的同情，而是对俄国自由主义者的同情。他们认为，对沙皇制度来说，自由主义抉择的失败和革命思想的胜利，乃是俄国历史的一大悲剧。与马克思列宁主义的信仰者不同，该书作者不承认1917年的“十月事件”具有历史的规律性。他们的结论是，“十月事件”的缔造者只有一个人，那便是列宁。

---

[1] А.А.Алафаев, *Русский Либерализм на Рубеже* 70 ~ 80-*х годов* XIX *в*, М., 1991; А.Валицкий, *Славянофильство—Западничество*, М., 1992; Н.Г.Думова, *Либерал в России,*Ч 1, М., 1993; М.А.Давыдов, *Оппозиция его Величества*, М.,1994; *Либеральная Модель Общественного Переустройства России Конца* XIX—*Начала* XX *века,* М.,1994; С.С.Секиринский, В.В.Шелохаев, *Либерализм в России,* М., 1995; И.Д. Осипов, *Философия Русского Либерализма* X IX *-начала* X X *в*, СПБ., 1996; Б.П.Вышеславцев, *Кризис Индустриа-льной Культуры,* М., 1996; *Русские Либералы:Кадеты и Октябристы,* М., 1996; *Опыт Русского Либерализма,Антология*, М., 1997; *Империя и Либералы,*СПб., 2001; З. Е.Владимировна., *Б.Н. Чичерин в Либеральном Движении России* (*Вторая Половина XIX - Начало XX вв*) , Харьковский Национальный унтим., 2002; А. В. Гоголевский, *Русский либерализм в последнее десятилетие империи: Очерки истории* 1906-1912 *гг*, СПб., 2002.

[2] *Наше Отечество: Опыт Политической Истории*, Т. 1-2, М.: Наука, 1991.

1998年5月27—29日在俄罗斯社会和民族问题独立研究所召开了一次关于俄国自由主义的学术会议。会后，俄罗斯科学院院士、政治史专家舍洛哈耶夫主编了文集《俄国自由主义：历史命运和前景》[1]。会议关注的主要问题有：俄国自由主义的起源、类型，自由主义、保守主义与民主思想的相互关系，自由主义在当代俄罗斯的前景等。与会者认为俄国自由主义的类型在很大程度上是由俄国历史发展的类型决定的，俄国自由主义是自由主义的独特类型，在俄国自由主义的演变中既有对西方思想的借用，也有对传统民族思想的批判吸收。与会者不仅分析自由主义的普遍学说和它的组成部分，而且具体分析了俄国自由主义的著名代表的政治和理论观点，揭示了他们自由主义学说的复杂性。同时他们也强调，必须充分考虑俄国形成自由主义的现实条件这一前提。关于俄国自由主义的当代状况和前景，文集中有学者分析了当代自由主义思想的概念，并指出它无视民族文化传统。当然，自由主义在当代俄国的再次衰败并不意味着自由主义作为学说和政治思想失去了自己的历史意义和理论潜能。同时学者们也谈到了不能机械地照搬当代西方自由主义的方法。通过争论，暴露出了俄国自由主义研究中的许多空白和一系列需要认真研究的理论和具体的历史问题，与会者一致认为自由主义是个复杂的现象，包含着广泛的内容，众多的派别、组织和人物都可以作为自由主义的代表。关于自由主义和民主主义的关系，有学者认为，在20世纪初的俄国现实条件下，自由主义和民主主义不可能互相对立，俄国的新自由主义不同于19世纪的自由主义，它不仅与民主主义连成一体，而且在起源和制度上都与民主主义相连。当然，自由主义与民主主义在俄国的相互关系远非如此简单，其实学者们更关心的是自由主义和民主主义之间的联合趋势。舍洛哈耶夫最后指出，在争论过程中出现的意见分歧为更进一步的研究提供了必要条件。

当然，俄国政学两界最为关注的还是自由主义政党及其宪政运动的历史与命运。因为苏联解体后，新的政党制度和议会制度开始形成，其中不乏像当代俄罗斯“立宪民主党”那样不仅沿用从前的名称，甚至连纲领和章程都采取“拿来主义”，回归“传统”的现象，这在客观上要求重新认识和评价俄国历史上的政党。在这种情况下，俄罗斯掀起了一股对国家杜马和各自由主义政党尤其是立宪民主党理论与实践的研究热潮，涌现出一大批运用各种新史料、从不同视角研究、评论立宪主义学说、

[1] В.В.Шалохаев, *Русский Либерализм: Исторические Судьбы и Перспективы,* М., 1999.

政党与运动及四届国家杜马的运作与历史作用的论文、专著和资料汇编[1]。其中巴尔托夫斯基（Л.В.Балтовский）2009年出版的专著《立宪民主党的政治学说》[2]便是个中代表。该书从政治认识、党的领导、文化与政治的关系、政治主体、党的原则等视角对立宪民主党的政治理论进行了宏观梳理和深刻剖析，其中大量借助和运用现代政治学的理论与方法——如地缘政治学的分析工具、正义和民主的原则价值来解析立宪民主党的命运与历史。

与此同时，对自由主义相关理论基础和价值的研究将俄国近代自由主义的研究逐渐推向深入，众多的学者从哲学、法律、道德、社会文化、政治思想、革命观以及与社会主义的关系等多个维度揭示和解读俄国近代的自由主义[3]。2001年12月

---

[1] В. В.Корнеев, Первая Государственная дума: социал-демократия и кадетизм, *Вопросы истории*,1990(8); Н.В.Еленин, Развитие конституционализма в России в 1905-1907 гг, *Юрист*, 1998(3); И.А.Кравец, *Конституционализм в России в начале XX века*,Томск.,1995;Р.М.Дзидзоев, *Формирование конституционного строя в России, 1905-1907 гг*, М., 1999; С.Р.Ким, *Идеи конституционализма российского либерализма (XIX-XX вв.): Содержание и основные вехи эволюции*, М., 1999; Н.Б.Пахоленко, *Из истории конституционных проектов в России*, М., 2000; А. Н.Баранов, *Интеллигенция и конституционно-демократическая партия накануне и в годы первой российской революции: опыт взаимоотношений*, Кострома., 2000; В.В. Шелохаев и др, *Съезды и конференции Конституционно-демократической партии. 1905-1920 гг*, 3-х т, М., 2000; И. А.Кравец, *Конституционализм и российская государственность в начале XX века*, М., 2000; Н. А.Боброва, *Конституционный строй и конституционализм в России*,М.,2003;В.А.Кустов,*Конституционно – демократическая партия: Разработка и реализация внешнеполитической доктрины (1905-1920 гг.)*, Саратов., 2004.

[2] Л.В.Балтовский, *Политическая доктрина партии конституционных демократов*, СПб.: СПбГАСУ.,2009.

[3] А.Валицкий, Нравственность и право в теориях русских либералов конца XIX – начала XX века, *Вопросы философии*, 1991, (8); С. Н.Коган, *Теоретические основы российского либерализма начала XX века*, М., 1997; Г.Г.Савельев, *Проблема революции в теориях русского «социального либерализма»*, СПб., 1998; Т.И.Зайцева, *Русский либерализм как социокультурный феномен*, Новосибирск., 1999; И.Д.Осипов, *Философские основания русского либерализма, XIX - начало XX века*, СПб., 1999; Ю.И.Левитина, *Правовое государство и гражданское общество в концепциях российских либералов*, М., 2000; Г.П.Рогочая, *Идейнофилософские основания русского либерализма*, Краснодар., 2000; Н.В.Семенов, *Философско-методологический анализ либерализма в России*,Тверь., 2000; С.Б.Глушаченко , В.В.Гриб, М.В.Сальников, Либеральные учения русских юристов второй половины XIX – начала XX веков , *История государства и права*, 2001, (4); Т. В.Кисельникова, *Проблемы социализма в либеральной общественно-политической мысли России на рубеже XIX–XX веков*, Томск, 2001; В. Н.Корнев, *Либеральные концепции государства и права в России начала XX века(1905 -1917 гг.)* , Белгород, 2001; В.Ю.Байбаков, *Теоретико-правовые аспекты русского либерализма XIX-начала XX века*, Курск, 2001; С.И.Глушкова, *Проблема правового идеала в русском либерализме, Екатеринбург.*, 2002; К.А.Гусев, *Политико-правовые концепции русского либерализма (конец XIX - начало XX вв.)*, СПб., 2002.

14—16日，为纪念十二月党人起义175周年，在圣彼得堡召开了“俄国自由主义的来源和命运”的国际会议，会后出版了以《帝国与自由派》命名的文集。与会者们大多把十二月党人看作俄国自由主义的源泉，认为十二月党人起义不仅包含着社会与政权的矛盾，而且也包含着俄国道路的选择问题。俄罗斯道路的问题在21世纪初又重新提出，这是与俄国自由主义思想的现代危机联系在一起的。针对十二月党人起义时的各种矛盾观点，有学者提出要辩证地看待这些矛盾。

经过多年的持续研究和积淀，当代俄罗斯对自由主义的研究日益微观化和具体化，在苏联时期长期被忽视乃至遭受谩骂的一批自由主义者如卡维林（К.Д. Кавели）、齐切林、诺夫戈罗德采夫（Б.Новгородцев）等相继进入研究者的视野[1]，通过研究对他们的思想主张和历史作用给予了客观的评价和重新定位。其中，最受关注的是新自由主义的领军人物米留科夫。20世纪90年代后，一系列关于米留科夫的专著和文章相继出笼[2]，米留科夫的回忆录和一系列著作、日记被持续地翻印和重印[3]。1994年，俄罗斯首次出现了专门以米留科夫为研究主题的博士论文[4]。在对米留科夫的研究中，俄国科学院俄国史所的研究员杜莫娃的成就斐然。她关于米

[1] Е.А.Фролова, *Политическое и правовое учение П.И. Новгородцева*, М., 1996; А.В.Звонарев, *Общественно -политические взгляды и деятельность П.И. Новгородцева*, М., 1996; А.М.Величко, *Учение Б.Н. Чичерина о праве и государстве*, СПб., 1995; Н.В.Россель, *Общественно-политические взгляды и деятельность Б.Н. Чичерина по его мемуарам и трудам*, Ростов на Дону, 1998; Р.А. Арсланов, *К.Д. Кавелин и становление национальной либеральной традиции в России*, М., 2000.

[2] Н.Г.Думова, *Либерал в России:Трагедия Несовместимости, Исторический Портрет П.Н.Милюкова,* Т.1,М.,1993; М.Г.Вандалковская, *П.Н.Милюков, А.А.Кизеветтер, История* становления *и Политика*, .М., 1992; Е.П.Нильсен, П.Милюков и И.Сталин, О Политической Эволюции Милюкова в Эмиграции(1918-1943), *Новая и Новейшая История* 1991(2); С.Брейар, Портрет Милюкова, *Отечественная история* 1993(3); Л. Б.Каменев, *Из истории русского либерализма* (*П. Милюков. Год борьбы. Публицистическая хроника*), М., 2000; В. Н.Дорохов, *Исто -рические взгляды П. Н. Милюкова* , Сергиев Посад., 2005.

[3] П.Н.Милюков, *Воспоминания.(1859-1917)*, М.:Современник,1990; П.Н.Милюков, *История Второй Русской Революции*, М.: РОССПЭН, 2001; А. В.Макушин, *Павел Николаевич Милюков: труды и дни (1859-1904)* , М., 2001; Дневник П. Н.Милюкова. *1918-1921*, М., 2005.

[4] В. Г.Крикун, *П. Н. Милюков: история становления общественного деятеля и политического лидера (1877—1905)*. Воронеж, 1994.

留科夫的三卷本著作[1]综合分析了米留科夫作为学者和政治家的生平、大改革后社会思想的特点和形成、俄国自由主义在两个世纪之交的历史命运。在逻辑上，这本专著与她之前的著作[2]有着有机的联系。杜莫娃的专著在运用大量史料的基础上，强调指出米留科夫是20世纪初坚持进步立场的新一代俄国政治家的代表，他是俄国新自由主义思想的理论大师，是立宪民主党的精神领袖。书中还特地指出米留科夫关于历史进程的认识是他构建新自由主义理论的基石。1999年5月26—27日在莫斯科的俄罗斯社会和民族问题独立研究所召开了一次有关米留科夫的国际研讨会，会后出版了文集《米留科夫：历史学家，政治学家，外交家》，文集中刊登了与会代表的报告和发言以及讨论。与会者重点论述了米留科夫在制定新自由主义的思想、纲领、战略和战术方面的积极作用，并强调新自由主义思想反映并表达了时代的进步趋势，是在新的历史条件下，社会和政治力量进行重新分配的产物，新自由主义的学说超越了同时代的西欧自由主义思想和实践。米杜舍夫斯基（А. Н. Медушевский）在他的报告中详细分析了米留科夫在一些重要问题上的基本态度：如立宪危机的周期性，俄国自由主义动态发展的主要内部动力等[3]。当然，与会者对米留科夫在俄国20世纪初政治进程中的作用和地位的态度、解释和评价不是完全一致的，但在讨论过程中出现的意见有助于对米留科夫的进一步研究。

目前在俄国自由主义研究中值得关注的还有下诺夫哥罗德大学基塔耶夫（В.А.Китаев）教授的专著《俄国自由主义思想（1860—1880）》[4]。这本著作在逻辑上延续了他以往的研究成果，其一大突出特点是其所选择的研究主线——从《祖国纪事》到卡维林、齐切林，再到《欧洲通报》——打破了以往简单地按时间顺序进行研究的方法，显得新颖而别致。基塔耶夫教授把自由主义放在大改革年代过渡

---

[1] Н.Г.Думова, *Либерал в России: Трагедия Несовместимости* (*Исторический Портрет П. Н. Милюкова*), М., 1993.

[2] Н.Г.Думова., *Кадетская Контрреволюция и Её Разгром* (*Октябрь 1917-1920 гг*), М., 1982; ее же.*Кадетская Партия в Период Первой Мировой Войны и Февральской Революции. М.* 1987; ее же.*Кончилось Ваше Время* , М., 1990; Н.Г.Думова, В.Г.Трухановский,*Черчилль и Милюков Против Советской России*, М., 1989; и др.

[3] А. Н.Медушевский, Политическая философия российского либерализма в сравнительной перспективе , *Русский либерализм: исторические судьбы и перспективы*, М., 1999; А. Н.Медушевский,Что такое мнимый конституционализм? *Социологические исследования,* 1994(2).

[4] В.А.Китаев, *Либеральная Мысль в России* (1860 ~ 1880 *гг*), Изд-во Саратовского университета., 2004.

时期思想史的大框架之中进行考察，从而成功地“描绘”了自由主义思想在俄国大改革后的整体演变过程。很显然，这一时期的俄国自由主义正处于过渡状态，作为一种开放的思想体系，俄国自由主义在这一时期持续受到保守主义特别是斯拉夫主义和社会主义包括民粹主义等不同思想流派的影响，自由主义思想的演变深深打上了俄国社会过渡时期的独特烙印，不断地分化组合，慢慢形成了后来的许多派别。同时书中用了大量的篇幅对自由主义的基本概念——自由、权利、国家、私有制、人民性等做了历史性的考察，揭示并阐释了这一阶段俄国自由主义者对经济，主要是对地主和农民的经济状况、农村公社、政治变迁和社会文化、民族和宗教关系等的认识。在确定了大改革后俄国自由主义的主流演变方向后，基塔耶夫注意到它与大改革的初衷——“弱化贵族—地主的利益”渐行渐远，自由主义者的社会—经济纲领日趋民主化，最终导致自由主义知识分子的激进化，从而为过渡到下一个阶段——新自由主义打下了基础。

另外值得一提的还有年轻的学者费奥多拉·盖达（**Ф.А.Гайда**）关于立宪民主党的专著。在书中，盖达除了引证大量的文献材料和列举了一个丰富的人名索引外，作者的研究方法也显得特别新颖，首先作者提出了如下发人深省的问题：是不是立宪民主党、十月党和进步党人都反对沙皇政府或当时俄国存在的所有政治制度？他们在 1917 年 3 月之前有没有追求政权？他们为什么在获得了政权之后却又很快失去？他们真的是资产阶级政党抑或是在他们中占优势的知识分子把他们变成了某种超阶级的力量？众所周知，在苏联史学界，几十年如一日占统治地位的是这样一种逻辑，即无论是俄国资产阶级还是以它的名义出现的自由派实际上从来没有进行过任何实际的和真正的反专制制度的斗争，在最好的情况下也只是“半心半意”地“伪装”与政权对抗。究其根源，可归结为两个方面的原因：一是资产阶级的软弱性和无定型以及自由主义政党的社会“无根性”，另一方面是他们害怕人民和革命。事实上，这种固化的认识明显地混淆了两个基本概念：资产阶级和自由主义。作为后苏联时代历史学家，盖达对这些马克思主义的正统教条表示出了谨慎的怀疑。他写道：“毫无疑问，自由派在二月革命和 1917 年春的事件中起到了很重要的作用，与苏联史学界的认识相反，他们的行动没有表现出反革命的意图。”[1] 盖达承认，尽管在“一战”

[1] Ф.А.Гайда, *Либеральная Оппозиция на Путях к Власти* (1914—февраль 1917 г), М:РОССПЭН., 2003,с.351.

初期自由派暂时“放弃”了政权问题，但这并不意味着自由派就特别“害怕”政权。事实上，从1915年起，自由主义政党与政府的冲突就不断累进加剧，到了1916、1917年之交，自由主义反对派更是公开破坏沙皇制度的威信，甚至在一定程度上比革命者更接近革命，只要提一下米留科夫1916年11月14日在杜马所进行的极其蛊惑性的真正“爆炸性”的演讲就足以证明。在此基础之上，盖达对立宪民主党——这个自由主义阵营中专制制度的主要反对者和在临时政府中占据关键职位的政党的社会属性进行了深入的考察。盖达指出，不能把立宪民主党与资产阶级混为一谈，他特别强调立宪民主党的知识分子所特有的人民性，他们的民主理想与1905—1907年革命以及1917年革命有着直接的联系[1]。盖达认为，立宪民主党是赫尔岑（Герцен）和自由民粹派思想的直接继承人，并且可以补充说，许多左派立宪民主党甚至不否认俄国在遥远的未来向社会主义过渡的可能性。

总体上来看，当前俄国关于自由主义的研究成果中基本上都改变了苏联时期对“自由主义”一笔骂倒和转轨初期对“自由主义”全面称颂的做法，而重新回到比较客观的立场。

（二）西方和我国的研究状况

在欧美学术界，乔治·费切尔（George Fischer）是较早对俄国自由主义进行专门研究的学者。他在1958年出版的《俄国自由主义：从贵族到知识分子》[2]一书中指出，俄国自由主义属于落后国家的自由主义，这是一种在不发达社会的少数派运动，因而具有与西方国家自由主义不同的特点，同时，费切尔又把俄国这种落后国家的自由主义者分成了两种类型：一类是“通过现存的非自由主义运动（依靠现实的脚踏实地地做小事）”来完成他们的目标，另一类是致力于“破坏或推行大规模的改革从而达到急剧性的社会转型”，他所谓的俄国自由主义侧重于后一个群体。

20世纪60—80年代，出现了对俄国自由主义的研究热，其间出版的代表作有查尔斯·泰姆勃雷克（Charles E.Timberlake）主编并作序的《俄国自由主义论集》[3]和

[1] Ф.А.Гайда, *Либеральная Оппозиция на Путях к Власти* (1914—февраль 1917 г), М:РОССПЭН., 2003,с.372.

[2] George Fischer, *Russian Liberalism: From Gentry to Intelligentsia,* Mass: Harvard university press, 1958.

[3] Charles E. Timberlake ed., *Essays on Russian Liberalism,* University of Missouri press, 1972.

维克多·列昂托维奇（Виктор Леонтович）的《俄国自由主义史》[1]以及安·瓦利茨基（Andrzej Walicki）的《俄罗斯自由主义的法律哲学》[2]。其中《俄国自由主义论集》收录的论文涉及19世纪末20世纪初俄国自由主义的发展和彼得伦克维奇（И.И. Петрункевич）、瓦西里·马克拉科夫（Василий Маклаков）等人的思想和活动，但正如泰姆勃雷克所指出的那样，遗憾的是该论文集缺少一篇关于米留科夫的论文，一份对立宪民主党土地政策和它的起源的分析，一篇重点在于关注俄国自由主义者的思想与行动的俄国根的综合性作品。而《俄国自由主义史》的标题就已经蕴含了该著作的重点。它努力地在俄罗斯寻找那些具有西方自由主义特征的思想信念或原则。正如作者维克多·列昂托维奇所解释的那样，该书是“一部自由主义的历史，而不是一部自由主义者的历史”[3]。列昂托维奇从俄罗斯皇帝、女皇和官僚们的思想中所发现的欧洲自由主义的基本元素和从大量的立宪民主党人那里所发现的一样多。除了马克拉科夫外，他对叶卡捷琳娜二世、亚历山大一世、亚历山大二世、斯佩兰斯基、斯托雷平和维特所花的笔墨比任何一位立宪民主党成员都多。安·瓦利茨基的《俄罗斯自由主义的法律哲学》对俄国古典自由主义中的法学派进行了系统的分析。在对俄国的法学意识传统进行了整体的梳理之后，作者分别对法律学派的六位代表人物齐切林、索洛维约夫（В.Соловьев）、列·彼特拉祖斯基（Л.Петразуский）、鲍·诺夫戈罗德采夫、波格丹·基斯加科夫斯基（Богдан Кистяковский）和黑森（Хысен）的法制自由主义思想进行了系统分析，并指出了他们彼此之间的联系与区别、继承和发展。

20世纪90年代后，西方有部分学者把俄国自由主义放在俄国现代化的过程中进行考察，从现代化的角度揭示俄国历史，从而弄清俄国自由主义的特点[4]。他们认为现代化不可能在所有的国家中以同样的模式进行，对于俄国这样的追赶型发展的国家来说，现代化能够带来多个方面的好处，但同样具有破坏性。俄国历史过程的这种特点影响了自由主义在俄国的形成和发展。

---

[1] Виктор Леонтович, *История Либерализма в России* 1762-1914., Париж,1980.

[2] Andrzej Walicki, *Legal Philosophies of Russian Liberalism*, Clarendon Press of Oxford University Press, 1987.

[3] Виктор Леонтович, *История Либерализма в России* 1762-1914, Париж., 1980, c.vii.

[4] Ирина Сиземская, Лидия Новикова,Либеральные Традиции в Культурно-Историческом Опыте России, *Свободная Мысль*,1993(15), c.68.

西方普遍认为自由主义思想的社会代表是资产阶级、贵族、知识分子和官僚，而后三种在俄国最为典型。与此相适应，俄国自由主义具有以下特点：没有与一定阶层相联和君主制原则——请求国家支持社会改革。尤其是对国家和国家在社会改革中的作用的态度是俄国自由主义的独特之处，俄国自由派在君主立宪制中找到了自己的理想[1]。

已故的德国历史学家施密特（З.Шмидт）把自由主义划分为三种基本类型：第一种是“资产阶级在革命过程中取得了绝对统治地位”的那些国家和地区。自由主义的第二种类型是“形成在导致资本主义的革命过程中，特别是发生在1848和1849年的德国和波兰的部分地区”。如果说自由主义的第一种和第二种类型都不适用于俄国，那么第三种就因此值得特别注意。它有别于发生了资产阶级革命的“阶段性进展”的那些国家和地区，革命的结果是自由主义运动在那里出现了，但却是在不成熟的资本主义关系基础上出现的；资产阶级的发展还处在“自在的阶级”阶段，自由主义理想主要具有外源性，通常以资本主义发展道路为目标的贵族、知识分子和军人的代表扮演了它们的体现者。这些特征在某种程度上是俄国特有的[2]。

总体上来看，西方对俄国自由主义的研究已比较细化了，俄国一些自由主义的代表人物都已进入了学者们的研究视线。早在1929年，一些自由主义者和部分温和社会主义者移民为庆祝米留科夫七十寿辰专门出版了相关的资料汇编[3]，这些档案资料连同一些自由主义活动家的通信、文件和手稿等都为一些西方的学术机构所保存，从而为他们进行相关研究提供了第一手素材，以至于在对俄国近代自由主义的研究中，西方国家在微观领域比俄国本国所取得的成就还要大。可以说在对俄国近代自由主义的代表人物的研究中，西方走在了俄国的前面，最具代表性的就是关于俄国近代古典自由主义和新自由主义的两位精神领袖齐切林和米留科夫的印象大多来自于西方的描述。美国学者哈姆伯格（G.M.Hamburg）立足于大量翔实的资料基础之上

[1] Ирина Сиземская, Лидия Новикова.Идейные Истоки Русского Либерализма, *Общественная Наука и Современность* 1993(3) , с.128.

[2] Д.Йена, Некоторые Проблемы Истории Русского Либерализма, *История СССР*,1990(4).

[3] П.Н.Милюков, *Сборник Материалов по Чествованию его 70-летия* (1959-1929), Париж.,1929; *Сборник Статей,Посвященных Павлу Николаевичу Милюкову*,1859-1929, Прага.,1929.

对齐切林所进行的研究[1]是所有关于齐切林研究中最为全面的成果，同样也是美国历史学家的托马斯·雷哈（T.Riha）写作了第一本关于米留科夫的传记[2]，而斯托克达勒（Stockdale）的专著[3]则是迄今为止关于米留科夫最具权威性的研究成果。

我国学者对俄国自由主义的研究起步较晚，20世纪90年代之后才陆续出现了研究和分析俄国自由主义的作品。其中最有代表性的要数姚海教授的专著《近代俄国立宪运动的源流》（四川大学出版社1996年版），该书史料十分丰富，内容翔实精细，着重从立宪运动的角度对俄国自由主义的历史及其在俄国近代政治、社会和文化进程中的作用进行了深入分析，并从新的角度审视和评价了俄国历史上的一系列重大事件和重要人物。可以说姚海教授的这本专著及一系列相关文章代表了我国学术界迄今为止对俄国自由主义问题的研究水平，并为我国在这个领域的进一步研究提供了一个宽广、坚实的平台。在推进我国关于俄国近代自由主义的研究中，张建华教授、金雁教授、刘显忠研究员、邵丽英教授也卓有成效。其中张建华教授在《俄国知识分子思想史导论》（商务印书馆2008年版）、《苏联知识分子群体转型研究（1917—1936）》（北京师范大学出版社2012年版）和金雁教授在《倒转“红轮”：俄国知识分子的心路回溯》（北京大学出版社2012年版）等专著和诸多论文中对俄国知识分子的理路演进历程进行了全景式的系统研究，其中对自由主义知识分子不乏浓墨重彩的描述，其材料新颖，论述深刻，见解独到，启人幽谷返思；邵丽英教授在《改良的命运——俄国地方自治改革史》（社会科学文献出版社2000年版）、刘显忠研究员在《近代俄国国家杜马：设立及实践》（社会科学文献出版社2007年版）等著作中分别选取地方自治改革和国家杜马等视域回溯和揭示俄国大改革后自由主义运动的两个最主要组成部分，使我们对俄国自由主义者的诸多活动有了更为清晰的认识。同时，齐山德的硕士论文《试析19世纪末20世纪初俄国的新自由主义》和张广翔教授的《19世纪下半期20世纪初俄国的立宪主义》、杜立克教授的《对俄国自由主义的理论探讨》等论文也各自从不同的角度对俄国自由主义问题做出了自己的阐释。此外，李永全研究员在《俄国政党史：权力金字塔的形成》（中央编译

[1] G.M.Hamburg, *Boris Chicherin and Early Russian Liberalism:* 1828-1866, Stanford University Press, 1992.

[2] T.Riha, *Russian European: Paul Miliukov in Russian politics*, New York, 1969.

[3] M .Stockdale, *Paul Miliukov and the Quest for a Liberal Russia*, 1880-1918, Ithaca and London,1996.

出版社 2006 年版）、叶艳华在《俄国早期政党研究》（黑龙江大学出版社 2008 年版）等研究俄国早期政党的著作中，自由主义性质的政党是其重要组成部分。

总之，从国内外研究状况来看，经过多年的研究已取得了很大的成就，但就整体而言，对俄国近代自由主义的研究相对于社会思想领域的其他研究如民粹主义、社会主义等而言显得要薄弱得多，尤其是我国对俄国自由主义的研究尚在起步阶段，很多问题有待进一步研究，主要表现为：尽管对俄国自由主义进行研究的作品并非罕见，但现有研究大多局限于俄国自由主义的某一方面、某一发展阶段、某一代表人物，加之人们在定性与评价俄国近代自由主义的诸多问题上存在相当大的分歧，仍有很多重大问题需要进一步探索研究，很多史实性的东西需要进一步澄清。事实上，迄今为止，我国尚缺乏对俄国近代自由主义的历史脉络和理论内涵从整体上进行把握——比如俄国近代自由主义的界定、类型与分期、古典自由主义与新自由主义之间的关系、俄国自由主义失败的原因及影响等诸问题——的研究成果；同时国内还没有出现一篇关于齐切林和米留科夫这两位对俄国自由主义发展来说具有举足轻重意义的理论大师和精神领袖的论文，而对立宪民主党的纲领、策略和它的意义与作用的分析也还远远不够，至于俄国近代自由主义对俄国社会所产生的影响的文章更是鲜见。换言之，对俄国自由主义的历史变迁、理论演变及其主要流派和代表人物的思想与活动进行系统梳理，仍是一项有待完成的任务。

正是为了弥补这些缺憾，作者才不揣浅陋，试图对俄国自由主义做一番梳理，追溯其历史变迁，剖析其理论内核，在点面结合的基础上展示其运动轨迹，从而力图显示俄国自由主义发展的全貌。当然，苏联解体后，对图书报刊的意识形态方面的审查已经结束，俄罗斯史学界加强了历史“反思”，出版和发表了许多有关其本国自由主义及其流派的著作和论文，一些与自由派活动有关的回忆录和会议记录等原始材料也相继被整理出版，过去看来牢不可破的许多教条和公式都得到重新评价。这就为我们依据这些最新的历史文献，更客观更全面地重新审视和评价俄国自由主义者的思想和活动提供了可能。

三、研究方法

史学工作者都知道史学方法论是探讨史学整体状况、史学发展趋势和规律性以及探讨史学的社会地位的支撑点。作为科学认知历史最重要手段的史学研究方法，其发展的趋势，应当是方法论诸原则与国内外史学研究方法经验的综合。在这方面，俄国史学家已为我们率先垂范。尽管当前俄国史学正处于“过渡期”，但史学家们已达成了一定的共识：首先，学术研究不能再回归从前那种思想一统的老路，方法和观念的多元化是任何一门学科顺利发展的首要条件。其次，学术研究不应走极端，最好能相互理解。因此不论是文明观，还是各式各样的“现代化”理论，以及马克思主义研究历史的方法都可以作为史学家的方法论手段。再次，由于人类历史进程是包罗万象、纷繁复杂的，这些都需要运用不同的方式和方法去面对[1]。

事实上，早在20世纪八九十年代，科瓦利琴科（И.Д.Ковальченко）院士便已指出，“必须以综合的、完整统一的态度对待历史认识的对象”。他强调，科学中的真理是多元的，这就要求“在研究这样或那样一些历史发展现象的时候，应把各种不同的方法和理论整合起来，只有这样，才可能对这些或那些历史发展的现象进行深入透彻的分析”。“任何一种科学理论都会包含合理的内核，任何一种科学方法都不会没有用处。因此，研究者的任务就在于，在研究具体的历史进程时从现有的方法和理论中发掘出合理的内核。”[2]无独有偶，著名的历史学家索戈林也认为，在研究俄国现代史时，“每一种理论都具有一定的认识可能性，但任何一种理论都不能成为理解俄国现代历史的一套万能工具。理解俄国现代史的最重要的手段是广泛运用不同的社会科学的方法和概念，特别是社会学和政治学的方法和概念。这样在进行转折时代的研究时就可以弥补理论的缺失。”[3]

故而为了了解俄国自由主义的概貌，必须对其进行多层次全方位的分析。自由主义作为近代的产物，不仅仅是抽象地解释何为自由的哲学理念，而且是体系庞大的政治思潮，更是一种政治运动[4]。本书正是在这一题域内，立足于前人研究成果的基础上，在坚持以马克思的唯物辩证法和历史唯物主义为指导和历史与逻辑相统一的基础上充分借鉴政治学、社会学等其他学科的方法，纵横结合宏观考察与系统梳理、

[1] [俄]Л•С•列昂诺娃：《从十月革命到苏联解体——现代俄国史学发展基本趋势》，载《陕西师范大学学报(哲学社会科学版)》2006年第5期，第83页。

[2] И.Д.Ковальченко, Некоторые Вопросы Методологии Истории, *Новая и новейшая история*, 1991(5).

[3] В.В.Согрин, Российская История Конца XX Столетия в Контексте Всеобщей Истории: Теоретическое Осмысление, *Новая и новейшая история*, 1999(1).

[4] 李强：《自由主义》，中国社会科学出版社1998年版，第14页。

探究俄国近代自由主义理路演变的历程与特征；同时运用个案分析法，对俄国自由主义发展史上具有较大代表性的典型自由主义者和政党的自由主义观和政纲进行微观剖析和解读。

众所周知，俄国自由主义的命运与俄国近代社会发展的特点息息相关[1]，而现代化则是贯穿俄国近代历史发展过程的主要线索之一，所以从现代化的视野对俄国自由主义的兴衰成败进行考察不失为一个明智的选择。故而本书从解析俄国近代自由主义发展的历史脉络和各个阶段思想演变的轨迹入手，超越单纯的线条似的历史性描述，把俄国近代自由主义的出现与演变看作是俄国近代化过程中的西方化与本土化相碰撞而出现的一个特殊的政治文化现象，以期获得更接近事实真相的认知。殊不知，一国政治文化的形成是一个复杂的过程，是历史发展演变中逐渐积淀的结果，是对以往历史的扬弃，具有一定的历史继承性。很多俄罗斯人认为“从历史的倾向、文化优势、价值取向体系和文明的观点来看，俄罗斯民族是欧洲民族”[2]。俄罗斯著名的思想家别尔嘉耶夫(Бердяев)认为：“俄国的得救在于承认西方的价值、文化和自由主义的思想。”“未来的俄国将要走西方的道路。”[3]自由主义是西方文明的精髓和主流，俄国自由主义的兴起反映的是它对西方文明的艳羡和钟情，表达的是一种融入西方大家庭、融入欧洲的渴望。如果我们从俄罗斯政治文化历史延伸的现代化视角去看的话，彼得之后西方自由主义在俄国的兴起，正是迎合了俄国人振兴国威的雄心，是政治文化中蓬勃兴起的西方情结的自然反映。

通过对自由主义在俄国发展过程的系统梳理，我们不难发现问题的症结也恰好出在这里，这是因为一个国家的制度也许可以在不经意间就被加以改变，但民族的文化和心理却很难“与时俱进”。西方自由主义的实质与俄罗斯传统文化不相适宜，俄罗斯之所以为俄罗斯，是因为其文化的特殊性，它既不同于西方，也不同于东方，是东西方结合的混血儿。西方自由主义在引进俄国的过程中，不可避免会受到东方因子的排斥，对俄罗斯来说：“自由没有像法国大革命那样引起爱国主义的巨大热

[1] П.Ю.Рахшмир, *Консерватизм и Либерализм:Созвучия и Диссонансы:Материалы Междунар. Науч. Конф. Пермь* 24-26 мая 1995 г.,1996,с.88.

[2] Н.Коликов,Россия в Контексте Глобальных Перемен,*Свободная Мысль*,1994 (2) ,сс.2–3.

[3] [俄]尼·别尔嘉耶夫：《俄罗斯思想》，雷永生、邱守娟译，生活·读书·新知三联书店1996年版，第38页。

潮和把敌人驱赶出去的决心，而是引起了……混乱。”[1] 归根结底，西方自由主义的到来并没有使俄国在短期内踏上文明、复兴之路，自由主义的兴衰过程只是俄国人在寻找自身文化立足点时走过的一段弯路。

同样用追赶型社会理论很容易解释俄国自由主义的特点。众所周知，相对于西方国家，俄国的文明就其整体而言是落后的，尽管它有时也会在一些领域取得不菲的成就，故而俄国的现代化具有非常明显的“追赶型”性质。近代以来，欧洲成了世界文明的“中心”，而俄国作为欧洲国家的另类，常常为自己的落后而感到羞愧，为了融入欧洲大家庭，俄国人进行了长期不懈的努力，并以欧洲为榜样有意识地改变民族传统的生活方式和思维方式，引入西方的政治制度、价值体系和经济模式，从而走上了一条赶超西方大国之路。显然，走赶超式发展道路，很难一帆风顺，很难没有冲突和矛盾，不可避免既会带来积极变化，也会产生破坏作用，俄罗斯亦然。与西欧不同，俄国自由主义的社会影响力微弱，只起政治摧毁作用。因客观条件所限，俄国自由主义未能有效地抵制右翼和左翼的压力，陷于孤立境地而不得不让位于激进运动，因为唯有激进运动才能在短期内不惜代价地实现国家的赶超任务。俄国近代历史进程的这种特点影响了俄国自由主义的最终命运。事实上，在像 19 世纪至 20 世纪初俄国这样的落后国家，因为农民和工人完全未做好自己决定自己命运的准备，在这种条件下自由主义提出的解放纲领只能是空想[2]，他们争取自由的斗争在涤荡着专制制度的同时由于得不到基层群众的理解也冲击了自身，姗姗来迟的临时政府与自由主义改革的结合只能将社会引向新的革命暴动。

[1] [美] 马文·佩里：《西方文明史》下卷，商务印书馆 1993 年版，第 378 页。

[2] А.А.Искендеров, *Закат Империи*, М., 2001, c.8.

第一章　俄国近代自由主义的界定

一、自由主义的一般意义

概念的界定和逻辑论证是学术研究的前提条件，为了准确界定俄国自由主义，首先就要弄清楚自由主义的一般意义。尼采（Nietzsche）讲过，只有非历史的存在才能被赋予恰当的定义[1]。从这个意义上讲，自由主义作为历史上久已存在的学说，很难给出一个恰当的定义。事实上，自由主义是迄今为止“所有概念中最不确定、最难以被准确理解的术语”[2]。然则，自由主义学说的多样性并不完全否认自由主义理论的内在一致性。有一些基本原则是所有自由主义者共享的，或者至少说是典型的自由主义者一般会主张的。这些原则构成自由主义的基本内涵，构成自由主义区别于其他形形色色政治意识形态的根本特征。

一般来说，自由主义主要包括这样一些原则：①以个人主义为基础和出发点的个人主义原则，自由主义在论及自由、民主或市场经济等观念时，其侧重点强调的是个人的自由、个人的参与或个人的经济活动。②自由主义最核心的原则是自由，强调法制原则下的个人自由，在不危及社会稳定前提下最大限度地鼓励个人自由。③在平等问题上，自由主义反对实质平等，强调权利平等、形式平等，自由主义的基本信念是所有人在法律面前享有同等的权利。④在民主问题上，自由主义强调个人自由的价值是第一位的，民主的价值是第二位的，认为民主仅仅是实现个人主义或个人目标的手段，民主的基础是妥协。⑤在国家（政府）与个人的关系问题上，自由主义虽然承认国家存在的必要性和重要性，不过它只是把国家看成是人类为了

[1]　J.G.Merquior, *Liberlism:Old and New*, Boston: Twayne Publishers, 1991, p. 1.

[2]　李强：《自由主义》，中国社会科学出版社 1998 年版，第 14 页。

过一种共同的、有秩序的生活而不得不付出的代价。为了将这种代价限制在最小的程度，它主张，第一，限制国家权力的活动空间，个人必须保留某些基本权利，国家在任何情况下都不得侵越这些权利，这些基本权利包括生命权、自由权与财产权等，其中财产权是所有个人权利的核心；第二，以分权的方式造成国家权力机构之间的内部制衡，防止出现专断权力。⑥法治原则，自由主义者在构建理想社会的结构时，极为强调法治对自由的保障功能，法治原则在政治上最重要的体现就是实行宪政。[1]

在广义上，自由主义不仅仅是一种理论，一种意识形态，而且还是一种制度，一种政治运动或政党的旗帜[2]。西方自由主义的许多政治观念的思想渊源虽然可以追溯到古希腊罗马时期，但作为一种学说和意识形态，它是近代的现象。对此约翰·格雷（John Gray）在《自由主义》中有过明确的论述：“尽管历史学家们已经在古代世界——尤其是古典时代的希腊与罗马中——发现了自由主义运动的组成部分，不如说它们是自由主义前史的一部分。作为一种政治思潮和智识传统，作为一个在理论和实践上与众不同的思想流派，自由主义的出现不早于17世纪。”[3]格雷的这个认识代表了西方学术界的主流观点。通常而言，当人们追溯自由主义的历史时，一船都认为自由主义产生于西欧从封建主义向资本主义过渡的时期，表现为与洛克（Locke）、卢梭（Rousseau）、边沁（Bentham）等名字联系在一起的学说，以及由人权宣言、独立宣言、人权法案等历史文件所宣布的原则，其核心在于其“天赋人权”的价值观念。[4]

作为一种社会政治运动，早期自由主义的“天赋人权”思想是资产阶级革命的锐利思想武器和重要推动力量，成为资本主义新时代的信条。法国大革命后，自由主义不再主张以革命的方式争取人的自由权利，而希望通过改良来实现这个目标。俄国的自由主义正是此时从西方传入的，因而从一开始就有别于西欧早期的自由主义，它的命运自然也迥异于西方的自由主义。

---

[1] 参见李强：《自由主义》，中国社会科学出版社1998年版，第四章《自由主义的原则》。

[2] 李强：《自由主义》，中国社会科学出版社1998年版，第14页。

[3] [英]约翰·格雷：《自由主义》，曹海军、刘训练译，吉林人民出版社2005年版，第1页。

[4] 《不列颠百科全书》第10卷，中国大百科全书出版社1999年版，第60页。

二、对“俄国近代自由主义”概念的历史考察

由于从政治理论的角度梳理剖析俄国自由主义的文章已经不少，加之对于一种政治理念来说，抽象地进行讨论容易从概念到概念，从而引发出更抽象难解的疑问，所以在此拟将俄国自由主义与培育它的社会环境结合起来，对其进行历史的考察，也许这样做更接近于这一理念的真实情形，更有助于加深对这一概念的准确理解。

对于俄国来说，自由主义是一种舶来品，是随着西方文化传入俄国的。一般认为，是欧洲的启蒙运动和法国大革命给俄国带来了自由主义。虽然还没有人对自由主义这个术语到达俄国的具体途径进行过系统的追溯研究，但俄国人很有可能是从法国人那里获悉的。1826年，十二月党人彼斯特尔（Пестель）在他的声明中引用了一位法国作家的话，自称深受“自由思想和自由主义观念”的影响[1]。赫尔岑在回忆录中也指出，他的法国教师布肖 (Bowwow) 给他灌输了来自法国的最犀利、最危险的思想[2]。尽管自由主义思想传到俄国如此之早，但直到19世纪50年代拟定大改革草案以前，还没有俄国人宣称自己是自由主义者。

克里米亚战争的失败和大改革草案的拟订让俄国站在了一个新的十字路口，“自由主义”这个词的内涵在俄国也随之逐渐丰富起来。1856年，卡维林、齐切林和H•A•米尔古诺夫（Миргунов）成立了俄国第一个自称提倡西方自由主义的社团[3]。为解决俄国的国内问题，他们提出了七条政治纲领。同年，赫尔岑在他主编的移民刊物上发表了这份纲领。该纲领旗帜鲜明地指出，俄国问题的解决方案是：“自由主义！这是每一个受过教育的、明智的俄国人的口号。这是能够把各行各业、各个阶级和各种倾向的人民团结在它周围的旗帜……俄罗斯的全部未来在于自由主义。”纲领的内容包括信仰自由，言论自由，出版自由，教育自由，废除农奴制和政府管理公开化、透明化以及依法行政[4]。

之后，在赫尔岑主编的杂志《钟声》上就经常出现“自由主义”及相关词汇了。

---

[1] И.Я.Шипанов, *Избранные Социально-Политические и Философские Произведения Декабристов т.* 2, Москва., 1951, сс.164-167.

[2] [俄] 赫尔岑：《往事与随想》上册，项星耀译，人民文学出版社1998年版，第58—59页。

[3] В.Розенталь, Первое Открытое Выступление Русских Либералов в 1855-1856 гг., *История СССР,* 1958(2), сс.113-130.

[4] Terence Emmons, *The Russian Landed Gentry and the Peasant Emancipation of 1861*, Cambridge: Cambridge University Press, 1968, p.46.

到19世纪60年代中期以后，报刊上的“自由主义”、“自由主义观念”、“我们的自由主义”这些词语逐渐被“贵族自由主义”和“资产阶级自由主义”这类词汇所取代[1]。

尽管赫尔岑、齐切林等人不遗余力地指出自由主义能够在俄国发挥积极作用，但是自由主义者还是遭到了来自俄国左右两极的抨击。在屠格涅夫（Тургенев）1862年发表的小说《父与子》中，它的主要人物巴扎罗夫曾说过，“贵族制度，自由主义，进步，原则……只要您想一想，这么一堆外国的……没用的字眼！对一个俄国人，它们一点儿用处也没有。”[2]这个虚无主义者在说这些话的时候，他对自由主义这个术语所表现出的轻蔑和鄙斥展露无遗。

次年，一位激进的俄国学者在他所写的“政治辞典”中对俄国的自由主义者做了如下界定：“自由主义者是喜欢自由的人，一般而言是贵族，例如地主，拥有土地的贵族。这些人无所事事，喜欢随时自由地看看窗外的风景，然后走出去闲逛，上剧院听戏或去舞池跳舞。这就是所谓的自由主义者。”[3]

1868年，陀思妥耶夫斯基（Достоевский）在一封信里也对俄国自由主义者的轮廓进行了勾画，把他们称为“颓废的和堕落的渣滓……所谓传统的‘有教养的社会’其实是一个并不了解俄国，把它自己与俄国隔离开来和已经被法国化了的小丑集团。这就是俄国自由主义者的形象，这也是为什么说他们是反动分子的原因所在”[4]。

从上述关于俄国自由主义的引语中，我们不难发现如下几点事实。首先，它们表明，在19世纪60年代的俄国就已经广泛使用“自由主义”及相关词汇了。虽然研究俄国自由主义的学者可能对俄国人使用这些词汇的语气深感惋惜，但这却是俄国自由主义词语广泛出现的实在方式。

更重要的是，上述引语表明，人们通常是带着嘲谑与轻蔑的语气来使用这些词语的，使得这些词语打上了浓厚的贬义色彩。虽然使用这些术语的俄国人认为他们自己不是自由主义者，但他们也从来没有明确地指出到底哪些俄国人是自由主义者。这些引语所刻画的自由主义者仅仅是依据传统观点所揭示的一些贵族地主形象，这

[1] Daniel Balmuth, *The Russian Bulletin (1863-1917):A liberal Voice in Tsarist Russia,* New York: PeterLang Publishing, 2000, p. 11.

[2] [俄]屠格涅夫：《前夜·父与子》，丽昆、巴金译，人民文学出版社1994年版，第258页。

[3] Franco Venturi, *Roots of Revolution,* New York, 1966, p.299.

[4] Fedor Dostoevsky, *Letters and Reminiscences*, New York,1923, p.39.

些人盲目地模仿欧洲文化风情，却对同时代的俄国现实缺乏了解。事实上，这样的描述并没有勾勒出俄国自由主义者的本质特征，只是把其作为一些在思想和作风上相近的群体，而没有从政治哲学的角度对之进行解释。

如果从这一时期对自由主义的解释中获取信息，学者们不会有多大收获，因为所获悉的信息基本上都来自于自由主义的批评者。事实上，在卡维林、齐切林等人之后再也没有任何个人或团体自我标榜为自由主义者，也没有任何个人或团体明晰而系统地表达出一整套可以称得上是自由主义的政治理论。

显而易见的是，在19世纪60年代的俄国已经出现了“自由主义者”，当时自由主义的批评者已能够确认他们，但问题是当时的俄国自由主义者们为什么不接受这个称谓呢？最主要的原因可能有两点。第一，这个词语是舶来词，所以不为普通的俄国公民所理解。自由主义的先驱们为了使普通人民对自己有些许理解，只好与所谓的“异域思想”保持适当距离。甚至到了1905年，由于“立宪”和“民主”这两个词对俄国人来说也过于陌生，以至于自诩为自由主义的立宪民主党人精心挑选了“人民自由党”作为它的正式名称，而把立宪民主党放在后面的括号里。

第二，直到19世纪60年代末，“自由主义者”这个词在俄国被赋予了太多的负面内涵，容易惹出麻烦。俄国的君主主义者认为自由主义者是经过伪装了的激进主义分子，而革命者却认为他们是狭隘的阶级利益的产物，就像术语“贵族自由主义者”和“资产阶级自由主义者”的字面含义所暗示的那样。这些负面内涵四处泛滥，使得有些俄国人虽已自觉接受了西欧自由主义的基本原则，但仍不敢使用“自由主义者”这个称号。取而代之的是，俄国的自由主义者宁愿把他们自己称作“社会”，把他们的运动称作“社会运动”。这些有意模糊不清的术语不仅避免了“自由主义”这个词所带来的尴尬，而且也暗示了这种运动所依靠的基础远比单一的贵族或资产阶级宽泛得多。

尽管俄国的自由主义者们拒绝接受这个称号，但在19世纪70年代，一些非自由主义者仍在继续使用“自由主义者”这个词。70年代末，一些民粹主义者专门讨论过与自由主义者结盟的可能性。在1878年12月，一些民粹主义者曾与切尔尼戈夫省地方自治局的自由主义者彼得伦克维奇（И.И.Петрункевич）和林德福尔斯（А.Ф.Линдфорс）在基辅举行过一次秘密会谈。事实上，民粹主义者与自由主义者的目标是如此接近，以至于民粹主义者常常感到有必要就他们与自由主义者之间的差异做出解释。如果差异太大的话，频繁的解释就完全没有必要了。后来成为民意党成员的莫克里耶维奇（Д.Мокриевич）回忆说，恐怖主义者与地方自治局成员的政治目标是一致的。他们之间的分歧仅仅在于一点，即在某一特定的时期，如果恐怖主义者暂停使用暴力，那么帝国政府是否能颁布一部宪法呢？[1]可以说，在19世纪70年代，区别自由主义者与民粹主义者的主要标志就在于是否赞成用恐怖手段来获得自治。

1882年，作家卡布利茨（И.Каблиц）在他的书中基于民粹主义知识分子的立场对自由主义者和民粹主义者做了一番比较。对此，戈利采夫（В.А. Гольцев）进行了还击。在一篇题为《自由主义与民粹主义》的文章中，戈利采夫指出，自由主义者与民粹主义者在很多目标上都是相同的，“自由主义者与民粹主义者的不同可能仅仅在于：为取得梦寐以求的独立自主，他们所优先选择的手段有所不同而已。”[2]所谓手段上的差异，主要体现在大多数民粹主义者热衷于使用暴力。戈利采夫为自由主义者进行了辩护，但他并没有说自己是一名自由主义者，虽然他属于地方自治和自由职业者集团的一员，正是在这个集团的基础上才成立了后来的立宪民主党。

1881年，弗拉基米尔·达利（Владимир Даль）的《俄语详解大词典》收录了“自由主义者”和它的五个衍生词。在词典中，这些词语都是作为独立的实词而出现。达利把“自由主义者”定义为：“政治上自由地思考或行动的自由思想家；一般而言，他希望人民得到广泛的自由和自治。”除了形容词 либеральный（仅仅被定义为“与名词相关的”）之外，词典还收录了两个抽象术语：либеральность（被定义为“自由主义者的属性或特征”）和 либеральничество（被定义为“作为自由主义者的抽象性”）。此外，该词典还列出了动词 либеральничать（被定义为“政治上的自由思想家特征的展现；自由地思考”），这意味着一个（些）人自称是自由主义者。正是基于这个动词，俄国人衍生出了名词 либеральничание，它的意思是作为自由主义者的主张[3]。不过，在这部词典里并没有出现“自由主义”这个词。

到19世纪80年代，“自由主义”和“自由主义党派”这两个词已经在外省广

[1] See Charles E. Timberlake ed, *Essays on Russian Liberalism*, University of Missouri press, 1972, p.7.

[2] See Charles E. Timberlake ed, *Essays on Russian Liberalism*, University of Missouri press, 1972, p.8.

[3] Charles E. Timberlake ed, *Essays on Russian Liberalism*, University of Missouri press, 1972, p.8.

为流传了。人们之所以欣然使用这些称谓，很大程度上是由于在县和省地方自治会议中形成了不同的派别。早在1877年，针对切尔尼戈夫省地方自治会议上形成的不同派别，许多与会者就使用了“左”和“右”这样的称谓来对它们加以区分[1]。1882年，库尔斯克省苏赞县的地方自治会议的一些成员开始把他们地方自治局里出现的派别称之为自由主义派和保守主义派[2]。

《苏赞县地方自治局周刊》的编辑在一篇社论《我们地方自治局里的党派》中悲叹道，在1882年县地方自治会议选举即将来临之际，自由主义派和保守主义派彼此之间相互争斗，不可开交。社论指出，地方自治局里出现党派是一个不好的兆头，同时义正词严地谴责了当时的贵族，因为正是贵族从西欧引入了党派的观念，从而在贵族会议里把他们自己划分为不同派别。社论认为，无论是自由主义党派，还是保守主义党派，它们在西欧的出现和发展都有一定的历史合理性，但在俄国，它们却没有这样的合理性[3]。社论声称，尽管俄国形成了所谓的自由主义和保守主义党派，但俄国的这些党派与它们对应的西欧政党相比，无论是思想观念，还是预期目标都相差甚远。西欧的保守主义党派致力于维持现状，而俄国的保守主义者并不希望继续维持大改革之后的现存秩序，也许除了不会重建农奴制之外，他们宁愿恢复到大改革前的状态。社论认为，俄国“所谓的自由主义者除了对当前的改革及其所确立起来的新制度赞不绝口之外，更渴求进一步地持续发展。这样一来，我们的自由主义者的主张可能更接近于西方保守主义者的观点，但他们为什么被称为自由主义者，恐怕只有上帝才知道”[4]。

从这篇社论中，我们可以很清楚地看出，术语自由主义党派中的“党派”这个词语对俄国人来说，就像“自由主义”这个词语一样，是个舶来词。一个自称为“米努斯”（Минус）的人专门写了一篇文章来回应这篇社论，在文章中，他既对“党派”这个单词进行了界定，又对俄国1882年党派出现的重要意义给予了充分肯定。所谓

---

[1] Charles E. Timberlake ed, *Essays on Russian Liberalism*, University of Missouri press, 1972, p.9.

[2] Quoted in Charles E Timberlake ed, *Essays on Russian Liberalism,* University of Missouri press, 1972, p.28.

[3] Quoted in Charles E. Timberlake ed, *Essays on Russian Liberalism,* University of Missouri press, 1972, p.9.

[4] Quoted in Charles E. Timberlake ed, *Essays on Russian Liberalism,* University of Missouri press, 1972, p.9.

党派，就是“一个若干人的集合体，这些人出于一种自觉的精神上的联合而聚集到了一起，而这种精神上的联合与人类社会的团结并行不悖”。作者指出：“在人类社会中，党派的存在是必然的，它必将随着社会的发展而出现。”[1]他说，一个社会如果只有一些小规模的派系而没有形成泾渭分明的利益集团，那么就意味着这个社会发展不充分，而这些小派系就是这个社会发展极度不充分的表现形式。“如果一个人随着其社会观点的发展变化，从一个党转向另一党，这不但不能看作是背叛或开小差那样的罪恶，相反，它是一个发展着的社会的一种必然现象和真正发展的一种表现形式。”[2]所以，在他看来，苏赞县地方自治局及其他地方自治局里党派的出现，标志着俄国是一个健康发展着的社会，而不是一个受到羁绊的落后社会。

在 19 世纪 80 年代的地方自治局里，虽然出现了大量的由持有类似上述观点的成员组成的派系，但他们总是克制住自己，从不自称是自由主义者。只有当他们在同外国人交流的时候，他们才给自己贴上这个标签，因为他们知道，这些外国人习惯于在他们的出版物中把地方自治活动家和一些自由职业者中的同盟者看作是自由主义者。

彼得伦克维奇，这位地方自治活动家和未来的立宪民主党人在与美国新闻记者乔治·凯南（George Kennan）的通信中，称自己是一位自由主义者，这也许是第一个自我标榜为自由主义者的实例。19 世纪 80 年代初，凯南获得了一份致内务大臣洛里斯 - 梅利科夫（Лорис-Меликов）的请愿书的副本，这份请愿书是由莫斯科的一个社团组织起草的，这个社团由律师、医生、教授和其他那些要求准许地方自治局的代表参与国家立法的人士组成。凯南给这份文件加了一个标题：“俄国自由主义者的最后诉求”。1886 年，为了把这份文件翻译成英语以便在美国的一个杂志上发表，凯南写信给彼得伦克维奇，希望获得这份请愿书的相关信息[3]。

在给凯南的回信中，彼得伦克维奇使用了自由主义党派这个术语，他把他的那个小团体即 1878 年与革命派在基辅会谈的人员称为自由主义党派的代表。和戈列采

[1] Quoted in Charles E. Timberlake ed, *Essays on Russian Liberalism*, University of Missouri press, 1972, p.10.

[2] Quoted in Charles E. Timberlake ed, *Essays on Russian Liberalism*, University of Missouri press, 1972, p.10.

[3] Charles E.Timberlake ed, *Essays on Russian Liberalism*,University of Missouri press, 1972, p.11.

夫一样，他认为自由主义者与民粹主义者有着许多的相似性，“我们的团体——自由主义者，激进主义分子和民粹主义者都有一个共同的目标……在这个国家推翻绝对专制主义，建立起一个立宪政府。”俄国的“自由主义者、激进主义分子和革命者之间的区别仅仅在于他们所采取的方式不同而已，而非政治目标上的差异”。但是，他又警告说，俄国仍不具备形成一个真正政党的“基础和足够的追随者”[1]。在这之前，彼得伦克维奇从来没有把自己称作是一位自由主义者，而这之后他也再没有这样称呼过自己。

后来的立宪民主党人也有这样一个习惯，即他们在国外往往自我标榜为一名自由主义者，但在国内却矢口否认自己的这种身份。著名的政治家、自由主义思想家和历史学家米留科夫就是这样的一个典型。作为一位自由主义代表人物，米留科夫在国内无论是写作还是演讲，都很少以自由主义者自居，而他用“自由主义”这个词语来描述俄国的社会现象更是少见，只是在1902年，他曾提到过“民粹主义取代斯拉夫主义，最新型的民主自由主义取代西方主义”[2]。但是在他为芝加哥大学教学所写的讲义中，却明确地称当时俄国主张改革的两大主流思潮为“自由主义思想”和“社会主义思想”，就两者的社会主张而言，前者“温和”后者“激进”。其中，温和派“政党的名称在俄国总是被称为西欧‘自由主义者’”。而自由主义的拥护者就是“主张在俄国实行自治的代表……自由职业者甚至……政府官员；对大多数政党来说，所有这些人都属于传统的俄国贵族”[3]。对于自己的自由主义信念，米留科夫从未有所怀疑；但是，他只有在国外或面对外国人的时候才公开承认自己的自由主义者身份。

无独有偶，著名的自由主义活动家罗季切夫在他积极从事政治活动期间，也从不愿自称是一位自由主义者。但是到了1923年，作为瑞士移民的他却用英语写了一篇长文，题目就是《俄国自由主义运动，1855—1905》，该文以1891年作为分水岭，

---

[1] Quoted in Charles E. Timberlake ed, *Essays on Russian Liberalism*, University of Missouri press, 1972, p.11.

[2] Quoted in Melissa Kirschke Stockdale, *Paul Miliukov and the Quest for a Liberal Russia,* Cornell university press, 1996, p.96.

[3] В.В. Шелохаев, *П.Н.Милюков:историк, политик, дипломат,* М.: РОССПЭН., 2000, с.245.

把俄国的自由主义运动分成前后两个阶段。接着在1929年，他又写了一篇关于他最亲密的朋友彼得伦克维奇的文章，在标题中他称彼得伦克维奇是“俄国自由主义的老战士”[1]。后来司徒卢威在一篇文章中依葫芦画瓢，称罗季切夫是一位自由主义者[2]。

随着1896年34卷本百科全书的出版，俄国读者从此可以方便地找到比达利词典更为完整的自由主义界定。在“自由主义”词条下，瓦多沃佐夫（В.В.Ватолозов）写道：“在国家结构方面，自由主义提倡宪政秩序反对绝对专制主义；提倡地方自治反对中央集权；提倡个人自由反对警察监视；争取妇女的平等权；取消阶级特权；普通民众参与的依法行政；平等分配赋税；……和直接的收入税。”[3]

在“自由主义政党”这个词条下，瓦多沃佐夫写道：“严格来讲，俄国还不存在一个自由主义政党”，仅仅只有一个“倾向自由主义的群体”。正是具有自由主义倾向的代表推动了大改革的到来，后来又“针对保守派和反动人物的攻击为大改革进行了辩护”。在1906年修订版的百科全书中，瓦多沃佐夫结合当时的事件，对“自由主义政党”这个条目做了修正。他说，他在早些时间提到的在俄国出现的倾向自由主义的群体长期以来一直“染有民主主义的色彩”，在俄国，自由主义者与社会主义者之间没有清晰的分界线。瓦多沃佐夫的认识，同彼得伦克维奇在给凯南的信中的说法如出一辙，他说：“差异更多地体现在方式上而不是世界观领域。”他把自由主义者界定为“是一群致力于通过合法手段进行活动而坚持不运用革命的斗争方法的人”[4]。在他看来，自由主义在俄国一直很脆弱，从来没有形成“一个明确的趋向”。在1906年之前俄国存在的政党中，“从一开始，立宪民主党就是唯一一个能够称得上是自由主义的政党”，虽然在他看来民主改革党也应算是自由主义政党，

[1] Fedor Rodichev. The Liberal Movement in Russia(1855-1891), *The Slavonic Review,*vol.2(4) 1923,pp.20-32; The Liberal Movement in Russia(1891-1905), *The Slavonic Review,* vol.2(5) 1923, pp.8-33; The Veteran of Russian Liberalism: I.Petrunkevich,*The Slavonic Review,* vol.8(23) 1929, pp.31-36.

[2] P.B.Struve, My Contacts with Rodichev, *The Slavonic Review,*Vol.12(35), 1934, p.351.

[3] Quoted in Charles E. Timberlake ed.*Essays on Russian Liberalism*, University of Missouri press, 1972, p.12.

[4] Quoted in Charles E. Timberlake ed.*Essays on Russian Liberalism*, University of Missouri press, 1972, p.13.

但是该党直到1906年2月底才成立[1]。随着立宪民主党的成立及其党纲的宣布，俄国终于有了一个具有凝聚力的自由主义组织，之后俄国人和外国人在讨论俄国自由主义者的时候，他们的指向才有可能一致。那些具有“自由主义倾向”的人和那些在地方自治会议上彼此之间很少联系或每年仅仅见一次面的人，现在终于形成了一个类似于欧洲政党那样的一个组织了。自此以后，在研究俄国自由主义者时，学者们就可以直接比照立宪民主党人，而不用再看原先那些定义模糊的团体了。

通过以上对俄国自由主义及相关概念的历史考察，我们可以得出如下结论：自由主义的政治理念虽在法国大革命之后不久就传入俄国，但此后几十年间没有俄国人宣称自己是自由主义者；直到在准备大改革的19世纪50年代后半期，西方派的齐切林、赫尔岑等人才在俄国公开宣扬自由主义；在19世纪60—70年代，“自由主义”在俄国主要作为贬义词来使用，遭到社会舆论的轻蔑与嘲谑；在19世纪80年代及之后，“自由主义”一词虽在俄国被广泛使用，但俄国地方自治局的活动家和“具有自由主义倾向的人”只是在面对西方人的时候才肯承认自己是自由主义者，而在国内始终拒绝以“自由主义者”自称；直到1905年，随着俄国立宪民主党的成立及其党纲的宣布，俄国才终于有了一个具有凝聚力的自由主义政治组织。自此，俄国自由主义的外延与内涵才真正廓清烟云，变得明朗起来，它最主要的斗争目标也才为世人所了解，即争取俄国国家制度从沙皇专制向立宪君主制度转变。

三、俄国近代自由主义的类型

关于俄国近代自由主义的类型，可谓是众说纷纭，莫衷一是。这主要是源于俄国自由派在其理论“混杂物”中汲取了西方和国内各种流派的社会思想，其中包括自然权利和人民主权的理论、社会学派和法学学派的理论、社会主义和民粹主义的理论等[2]。因此，俄国自由派又有斯拉夫派、西方派、地方自治派、解放派、法学学派和立宪派等之分。

研究俄国自由主义问题的知名学者列昂托维奇将自由主义分为两派：激进派和保守派。确切地说，自由主义坚持认为只有在合理的法律调节之下才会出现积极的

[1] Quoted in Charles E. Timberlake ed.*Essays on Russian Liberalism*, University of Missouri press, 1972, p.13.

[2] В.В.Шелохаев, *Либеральная Модель Переустройства,* М., 1996, с.6.

社会变化。在专制制度条件下，它意味着议会制、君主立宪或共和[1]。理查德·派普斯（Lichard Pipes）与此观点接近，他将具有自由主义倾向的知识分子分成两翼，即保守的和激进的[2]。这种划分方法不无道理，不足之处是缺乏对俄国自由主义演变进程中整体内核的把握。

其实，俄国自由主义中的主要成分是立宪主义。立宪主义作为自由主义的一部分内容，是自由主义发展到一定阶段的政治思想体系。俄国自由主义者面临的主要历史任务是反对专制制度和农奴制，因此，建立代议制民主、公民社会与法制国家的立宪主义思想对他们具有更加现实的意义。正因如此，有人认为，"自由主义"一词对俄国历史来说不够明确，而应代之以更具体的名称——立宪主义[3]。在他们看来，立宪主义是自由主义的政治（或法律）思想。事实上，俄罗斯自由主义派别代表自身就特别爱用"立宪主义"概念，立宪民主党成为俄国主要的自由主义政党绝非偶然。立宪主义特别适合于解释诸如俄国这样的国家，在这里自由主义作为独立的社会学说未得到显著发展，而立宪主义思想在知识分子中间却迅速传播[4]。而无论是早期的斯拉夫派和西方派，还是大改革中或之后相继诞生的地方自治派、解放派、法学学派和立宪派，尽管它们的侧重点有所不同，政治主张有激进、温和与保守之别，但毋庸置疑它们最终都在这里汇集。

事实上，俄国的立宪运动既体现了俄国自由主义的局限性，又突出了它的先进性。立宪主义者们的理论思想集中到一点，那就是国家权力不能高度集中于沙皇一人，而应由有限的阶层分享，为此，他们寄希望于宪法、主权议会和法律高于个人意志，并将地方自治机关视为议会的基础。立宪派思潮和运动的代表人物是鲍·尼·齐切林，他当时虽然认为俄国的立宪条件还不具备，但不主张消极等待，而要采取一系列措施向立宪制过渡。立宪派以沙皇专制有限的让步——地方自治机关为基础，要求实行"中央自治"制，但遭到沙皇的拒绝与压制，直到19世纪90年代立宪运动吸收了一些自由知识分子和自由派分子，如米留科夫、罗季切夫、李沃夫（Львов）、

[1] Виктор Леонтович, *История Либерализма в России*（1762—1914）,Париж.,1980, сс.1-5.

[2] 张广翔：《19世纪下半期——20世纪初俄国的立宪主义》，载《吉林大学学报（社会科学版）》2003年第6期，第85页。

[3] K.Frohlich, *The Emergence of Russian Constitutionlism*, The Hague., 1981, p.5.

[4] 张广翔：《19世纪下半期——20世纪初俄国的立宪主义》，载《吉林大学学报（社会科学版）》2003年第6期，第85—86页。

维尔纳茨基（Вернадцкий）、司徒卢威等相继参加后，运动才形成规模，并使一些知识分子成为自由主义反对派的领导力量。1899 年，成立了跨地区组织“聚谈”，1903 年创建非法的政治组织“立宪派地方自治人士同盟”，1904 年 1 月创建“解放同盟”。自由派的激进活动催生了 1905 年革命。革命转入低潮后，国家杜马成了斗争的新舞台，在“地方自治局立宪主义者联盟”和“解放同盟”基础上成立的立宪民主党起着领导作用。俄国立宪派运动开始了其最为辉煌的时期。此后，立宪民主党一直活跃在俄国政坛上，它所奋斗的目标——召开俄国的立宪会议，成了多数政党号召民众的普遍口号。根据当时俄国的政治形势来看，立宪会议显然成为一种占主导地位的、可以取代君权神授合法性原则的、能够为各种政治力量所普遍接受的、现成的政权机构组织形式。在二月革命中，正因立宪民主党承诺立即着手召开立宪会议才得到大批资产阶级和民众的支持，从而和平地接管了政权。俄国自由派和立宪运动登上了其发展史上的顶峰。但好景不长，以自由派为主体的临时政府既未兑现召开立宪会议的承诺，又未能解决人民最为关心的“和平、土地、面包”问题，因而在短短的几个月内便失去了人民的支持，被激进主义扫荡。由此可见，在俄国的自由派运动中虽然存在着各种各样的派别，他们的分歧始终难以完全消除，但有一条底线却是大家所共同坚守的，那就是在俄国实现议会民主制度，走立宪治国之路。

四、俄国近代自由主义的分期问题

在一定程度上，可以把 1861 年大改革与 1905 年革命看作是俄国自由主义发展史上的两个界标：正是在 1861 年大改革前夕俄国自由主义才得以系统化，成为一种比较完备成熟的学说和一支独立的反政府派别；而 1905 年革命催生了俄国自由主义政党的成立，结束了俄国自由主义作为纯粹政治派别而无政党的历史，由此进入了新自由主义阶段。具体来说，俄国自由主义的演变可以划分为以下五个阶段。

第一个阶段：萌芽阶段。从叶卡捷琳娜二世到亚历山大一世时期，自由主义以官方认可的方式进入了俄国的社会意识。伴随着启蒙思想东渐俄罗斯，自由主义的学说和精神在俄国贵族社会传播开来，并对沙皇政权的国内政策产生了相当大的影响。沙皇叶卡捷琳娜二世所推行的“开明专制”，使俄国人有机会接触到自由主义的精髓。在她统治期间大量翻译出版启蒙思想家的著作，如伏尔泰（Voltaire）、狄德罗 (Diderot)、孟德斯鸠 (Montesquieu) 等，倡导西方的平等、人道，她也因而成为俄国历史上宣传自由主义的重要人物。亚历山大一世时期，政府自由主义得以继续发展，官僚自由主义也开始粉墨登场。在一定程度上可以说，俄国早期的自由主义既是西方自由主义思潮影响的结果，同时也是“陛下的恩准”[1]。尽管开明君主们不允许出现独立的有组织的自由主义反对派运动，其主要企图也只是通过自由主义改革的方式使政治制度适合于变化了的生产力和生产关系，但他们的努力在客观上适应了在俄国社会土壤上缓慢发展起来的资产阶级意识，从而为自由主义思想的传播提供了相对有利的条件。专制政权在这个过程中的主动性不是简单的适应过程，而是表现出了它在君主制范围内运用资本主义关系的方式和目的的能力。政府自由主义的主要诉求是为了满足它孜孜以求的俄国强国地位的需要，只有依靠强大的经济和军事基础，沙皇才能够扮演“欧洲宪兵”的角色，而要想建立这样的基础，政府不为近代化创造条件那是不可思议的。按照列宁的说法，在这个充满戏剧性的时期，俄罗斯迈出了重要的一步，即“从封建主义向‘自由的’资本主义前进”[2]。

第二个阶段：扩散阶段。从18世纪末到19世纪40年代后期，俄国自由主义在深化发展的过程中不断在贵族和知识分子中扩散。与政府自由主义相伴随的是，在相当长的时期内，贵族一直是俄国自由主义的主要载体，正是他们最先受到法国和德国启蒙运动的洗礼。在特列季亚科夫(И.А.Третьяков)和科泽尔斯基(Я.П.Кезерский)的著作中就已包含了资产阶级社会理论的早期成果。1762年帕宁(Н.П.Панин)伯爵研究了宪法草案。卡拉姆津、诺维科夫(Н.И.Новиков)、拉吉舍夫与其他思想家一起为形成俄国的民族自觉意识做出了重要贡献，同时也在有意无意间扩大了自由主义的传播范围。在1812年战争以后，羡慕西方的自由主义思想更是盛极一时，原因之一在于“从战场返回的军官质问俄国为什么不能享受西欧那样的文明生活，并因此转向革命”[3]。在经历了十二月党人的贵族自由主义之后，自由主义思潮逐渐在俄国扎根。尽管尼古拉一世意识到自由主义对王权的颠覆作用，采取了种种措施予以压制，但终究不能阻止自由主义在俄国的扩散和深化。在19世纪30—40年代纷繁复杂的思想斗争局面中，最有影响的两个派系就是斯拉夫派和西方派，以他们为中心聚集了一大批带有自由主义观点的知识分子。就这两个思想流派本身而言，它们各自从

[1] 张树华、刘显忠：《当代俄罗斯政治思潮》，新华出版社2003年版，第197页。

[2] 《列宁全集》第33卷，人民出版社1985年版，第386页。

[3] [美]马文·佩里：《西方文明史》下卷，胡万里等译，商务印书馆1993年版，第249—250页。

不同侧面反映了即将成形的俄国自由主义的一些基本特征，促进了这一思想体系的发育与成熟，并由此奠定了俄国自由主义思潮中保守与激进两翼并存的格局。

第三个阶段：形成和完备阶段。大改革前后，俄国资产阶级自由主义的系统学说形成。随着克里米亚战败和农奴制危机的加深，俄国资产阶级自由主义的体系即古典自由主义日趋成熟、完备，与此同时旧门户终被打破，真正意义上的自由主义派别也正式宣告成立。其中，康斯坦丁·卡维林和鲍里斯·齐切林被誉为这一时期俄国资产阶级自由主义的精神领袖。大改革中，官方自由主义与民间自由主义在不多的共识基础上形成了短暂的“合流”；而地方自治机关的改革尤其是地方自治局的设立为随后出现的自由反对派提供了一个活动场所，成为俄国宪政主义情绪的滋生地。

第四个阶段：转型和分流阶段。自1881年亚历山大二世被炸死直至1905年立宪民主党的成立，俄国自由主义在向纵深发展的同时也为下一个阶段新自由主义的出现打下了基础。这一时期，俄国在政治上处于一种反动时期。但历史的车轮是无法逆转的，在革命情绪的感染下，自由主义渐趋激进，他们无论是在内部结构、活动方式上还是在纲领和策略上都发生了不小的变化，从而对1905年革命产生了举足轻重的影响。及至俄国1904年蒙受东亚之耻，俄国自由主义日趋激进，立宪主义空前活跃。而1905年10月立宪民主党的成立则宣告俄国自由主义运动进入了政党活动的新时期，俄国自由主义发展史上的黄金时期到来了。随着自由主义整体规模和影响的扩大，自由主义阵营内部的纷争日渐加深，左右两翼的分歧也越来越大。右翼支持斯托雷平改革，左翼则倾向于民主主义一边，此种状况一直持续到1917年二月革命。

第五个阶段：高潮和尾声阶段。《十月十七日宣言》给俄罗斯的政治制度中附加了一个称之为国家杜马的议会，在国家杜马架构下，自由主义一度成为反对沙皇专制的最主要的思想武器，于是自由主义者期待着宪政主义俄国的到来。在“一战”的非常岁月，自由主义组织渐具政府功能，遂能在二月革命后顺势接手新政权，从而迎来俄国近代自由主义短暂的辉煌。随着十月革命的到来和布尔什维克上台执政，俄国自由主义渐趋式微并最终走向衰败，自由主义者的愿望终成明日黄花。

五、俄国近代自由主义的阶级（阶层）基础

“自由主义理论是中产阶级争取获得阳光下的地位而进行努力的副产品”[1]，从

[1] H.J.Laski, *The Rise of European Liberalism*, Lnd., 1963, p.258

这个意义上来说，俄国近代自由主义缺乏像西欧那样一个稳定的社会阶级（阶层）基础，结果在其发展过程中俄国的各个社会阶层上至君主下至知识分子几乎都被卷入到了这个浪潮之中。因此，从宽泛的意义上说，俄国近代自由主义既包括政府自由主义、官僚自由主义和贵族自由主义，又包括资产阶级自由主义和知识分子自由主义，这也是俄罗斯近代自由主义的一大特征。事实上，作为政治运动的俄国近代自由主义基本上沿着两个方向展开：即官方（沙皇政府）以自由主义为治理国家、规避危机的手段，适时或被迫地推行自上而下的改革，如叶卡捷琳娜二世实行的“开明君主专制”，亚历山大一世—莫尔德维诺夫—斯佩兰斯基的国家管理体制的改革尝试，亚历山大二世—洛里斯·梅里科夫废除农奴制之举动及其后续的教育、经济、司法改革，维特—斯托雷平推行的重大经济改革和宪政革新；民间（包括知识阶层）以自由主义理念统领其行动，如西方派格拉诺夫斯基 (Грановский)—安年科夫 (Анненков)—卡维林的自由主义“知识讲坛”，19 世纪 60 年代开始的自下而上的地方自治运动，20 世纪初的立宪民主党和立宪运动等[1]。

18 世纪初，彼得大帝狂热地推行欧化改革，为西方文化渗入俄国土壤提供了温床，但他确立的却是专制主义的现代化模式。叶卡捷琳娜二世试图使专制的俄国具有文明的外貌，她使自由主义以“开明专制”的形式传入俄国并且风行起来。亚历山大一世使自由主义思想更加喧嚣一时，宣称他要在俄国实行宪政。19 世纪中叶，“解放者沙皇”亚历山大二世废除了农奴制，实行了地方自治、城市、司法、教育、军事等内容广泛的自由化改革。可以说，专制君主开了俄国自由主义的先河，人们将此现象称之为“政府自由主义”[2]。俄国的君主们试图和平地改造旧的国家大厦，同时要巩固传统的专制制度，认为这是俄国最好的和唯一可行的政体。这就是政府自由主义的实质。

官僚集团中也出现了一些自由主义分子，如亚历山大一世时期的内务大臣米·米·斯佩兰斯基在沙皇支持下制定了国家改革方案，提出把专制的俄国改造为三权分立和联邦制的君主立宪制的国家；亚历山大三世时期的财政大臣 Н·Х· 邦格 (Панько) 成为当时政府中最大的自由派官员，他坚持发展民族工业的纲领，主张发展私有制企业，并且按照德国模式实行了俄国历史上的第一个工厂法；谢·尤·维特和彼·阿·斯托

[1] 张建华：《俄国知识分子思想史导论》，商务印书馆 2008 年版，第 15 页。

[2] В.А.Федоров, Александр Ⅰ, *Вопросы Истории*, 1990（1），сс.50-72.

雷平是尼古拉二世时期著名的自由派官僚。许多自由派官僚主张实行改革，甚至在某些方面表现出强烈的自由主义倾向，但他们没有也不准备接受整个自由主义的价值体系。

俄国社会的动荡、沙皇政权的改革和反改革交替进行，使自由主义思想在俄国社会上传播起来。一些先进贵族深感于俄国的落后，认为必须采取措施以改变现状，于是他们成了西方思想的最初拥护者和俄国自由主义的先驱。正如高尔基所言："俄国贵族阶级曾替我们的文化奠下了基础，曾把西方最进步的科学思想和政治思想推广于俄国社会。"[1]18 世纪下半叶，阿•亚•波列诺夫 (А.Я.Поленов)、尼•伊•诺维科夫 (Н.И.Новиков)、谢•叶•杰斯尼茨基 (Ш.И.Теснийцкий)、雅•帕•科捷尔斯基 (Я.П.Кетерский) 等人宣传启蒙思想，要求改造俄国的政治制度；亚•尼•拉吉舍夫号召通过人民革命推翻农奴制度和专制制度；19 世纪初，一群贵族精英——十二月党人企图通过革命密谋的方式推动俄国的资产阶级变革，他们的试验虽不成功，但不仅"唤醒了"赫尔岑等革命民主主义者，更促进了新一代自由主义思想家的出现。一些出身贵族的自由主义分子在经历了 19 世纪 30—40 年代关于斯拉夫主义与西方主义的大争论之后，终于在 50 年代中后期走到了一起，从而成为推动大改革的一支重要力量。大改革后，贵族自由派的主要活动阵地是地方自治机构[2]，他们形成了地方自治立宪派，并与彼•伯•司徒卢威、巴•尼•米留科夫等知识分子一起，于 1904 年建立了"解放同盟"。

俄国资产阶级形成较晚，其政治上的成熟则更晚，大约到 1905 年，才"第一次开始形成一个阶级，形成一个统一的和自觉的政治力量"[3]。但俄国资产阶级与生俱来的软弱性和保守性注定了"资产阶级自由主义"始终不能成为自由主义运动的主流。在俄国，资产阶级面临的是一个比自己力量强大得多的沙皇政府，因此不敢与之对抗，而它的晚产更使它在国内外缺乏竞争力，需要政府的保护与扶植。沙皇政权在"原始积累"时期执行的正是这种扶植性的经济政策，千方百计地促进资本主义的发展，如修铁路、保护关税、进行货币改革等。这种扶植政策，使得大量金钱落入资本家的口袋，处于"原始积累"时期的资产阶级对此感恩不尽，从而乐意与保障

[1] [苏] 高尔基：《俄国文学史》，上海译文出版社 1979 年版，第 362 页。

[2] Н.М.Пирумова, *Земское Либеральное Движение*, М., 1977, сс.75–79.

[3] 《列宁全集》第 16 卷，人民出版社 1988 年版，第 116 页。

它有丰厚利润的沙皇政府达成妥协。因为在他们看来，自己的利润不是靠政治改革，而是靠政府的促进资本主义发展的行政立法措施获得的。因此，他们对“政治”不感兴趣，不愿意卷入主要从事反政府的自由主义运动中去。故而资产阶级和沙皇政权能够在 40 余年里和平共处。只是在 1905 年革命后，资产阶级自由派才对专制政权持反对立场[1]。

“知识分子自由主义”是俄国自由主义类型中较为典型的一种。在俄国的欧化进程之中，俄国知识分子因其在社会地位、教育、文化方面与西欧有密切联系，他们无一不是从小就受到西方文化乳汁的滋养，遂成为西化的促进派。自由和叛逆本是西方文化和人文精神的内在因素，是对俄罗斯传统性格——容忍、顺从的超越与鼎新。这些知识分子所受到的良好教育和人文精神的陶冶，促使他们讴歌自由，呐喊解放，并在与官僚集团之间不断加深的对抗中发展了自由主义思想，他们中的主要理论家有鲍·尼·齐切林、康·德·卡维林、А·Д·格拉诺夫斯基等人。正是在这些血管里流淌着追求自由的叛逆精神的知识分子的不懈努力和极力鼓吹下，自由才成为时代的标识之一，洋溢在他们的作品中。

事实上，在俄国，自由主义思想最典型的社会代表就是“最有教养”的贵族和知识分子。究其根源，除了上文提到的农村资本主义生产关系发展导致贵族资产阶级化以外，还与贵族知识分子的特点有关。知识分子因其自身知识结构，极易吸收外来进步思想，从而成为这种思想的代言人和传播者。加之他们普遍存在一种本能的管理国家的欲望，卡维林就公开认为贵族知识分子应在改革后具有领导地位，他表示，贵族知识分子是“革新俄国的总中枢神经的主要源泉”。当沙皇政府还沉醉于资本主义可以与专制制度并存，即经济上实行资本主义，政治上仍保留沙皇专制制度的幻想时，贵族知识分子早已明了，这是天方夜谭。于是，他们从政治、经济、外交等各个方面对沙皇政府的政策提出批评，不厌其烦地提出自己的主张，阐述自己的施政大纲，即国家在经济上发展资本主义的同时，政治上也应相应地实行资产阶级议会制，走君主立宪制的道路。这种冲突，在 19 世纪下半期和 20 世纪初表现得最为尖锐，从而导致了自由派运动。

不过，知识分子虽然是现代化的中坚力量，但是知识分子阶层毕竟是一个人数

[1]　А.Я.Аврех, Русский Буржуазный Либерализм:Особенности Исторического Развития, *Вопросы Истории*, 1989(2), с.18.

微乎其微的阶层，其背后没有可靠的政治实力，他们陷入了与大众严重脱节的境地。在此一问题上，陷入观念迷圈的也往往是知识分子自身。须知，在1905年革命之后，大批知识分子丧失了原有的政治热情而转入学术或艺术努力——这中间比较著名的人物便是路标派的宗教哲学家和艺术上的象征主义者，路标的宗教哲学思想在知识分子中间风靡一时，象征主义带来了俄国文学与艺术的又一次复兴，两股分而合的潮流一起创造了现在举世闻名的“白银时代”。但繁荣的背后却潜藏着深刻的危机，诚如别尔嘉耶夫在回忆录里所言：“二十世纪初的文化复兴的不幸在于，其中的文化精英被隔绝在一个很小的圈子里，而与那个时代广大的社会思潮相分离”，“俄罗斯精神文化的活跃分子，相当一部分都被迫移居国外，而这或多或少也是精神文化的创造者因其冷漠地对待社会而付出的代价。”[1]

总体看来，俄国自由主义的阶级基础是十分狭窄的，人数少，力量分散，尤其是西方自由主义最主要的社会载体——资产阶级，在俄国不仅出现得晚，而且发展严重不足，对政府的依赖性极大，这不可避免导致俄国的自由主义表面上看来似乎是“百花齐放”，但实际上是散沙一盘，内部分歧极大，缺乏凝聚力和战斗力。俄国自由主义缺乏一个稳定的坚实的核心阶级（阶层）力量作为其社会基础和支柱这一特征对俄国自由主义的影响深远，一方面造成它在试图超越宗法制时不得不经常同俄国的传统妥协，主张在与政府合作的基础上实现个性自由、法制国家和社会的渐进发展，另一方面也导致它始终处于非主流状态，在其主要对立面沙皇专制主义垮台之后很快便失去了立足之地。

六、西方自由主义与俄国自由主义的关系

自由主义精神既然是一种与专制、极权对立的尊崇人性的自由精神，因此，在专制制度、农奴制、东正教三位一体的俄国，从根本上来说，自由主义精神是极其贫乏和薄弱的。毋庸置疑，俄国的自由主义思想是伴随着俄国西化进程而来的，是俄国西化中的一个重要内容。

西方自由主义的许多政治观念的思想渊源都可以追溯到古希腊罗马时期，但其

---

[1] ［俄］尼·别尔嘉耶夫：《自我认知——哲学自传的体验》，汪剑钊译，云南人民出版社1998年版，第130、146页。

成熟却在 17—18 世纪。这时的俄国无论在物质上还是在精神上都很落后，俄国人对外部世界缺乏了解，因循守旧、保守思想十分浓厚。因此，当自由主义最初在欧洲及北美不断扩展、弥漫的时候，俄国人仍津津乐道于其具有天然集体主义精神的村社及基于村社之上的形形色色的文化价值 。[1]

但从 17 世纪开始，俄国就将目光转向了西方，向欧洲学习成为越来越多的俄国人的共识。其间彼得一世的改革成为俄国发展史上的一个转折点。肇始于彼得一世的改革，先是促使贵族，后来是知识分子，成为俄国欧化的积极推动者和践行者。对他们来说，西方在很大程度上是榜样，而正是这些有着亲西方情绪的贵族和知识分子后来成为俄国自由派的主要成分。作为正统的资产阶级文化，自由主义被认为是西方文明世俗形式的最高体现。这对于此时一心欧化的俄国来说，不可避免地会受到这股浪潮的冲击。正是在法国大革命前后，西欧的自由主义作为西欧文明的载体在启蒙运动的推动下东渐俄国，成为俄国启蒙运动的一个重要组成部分。

西方文化对俄国的第二次大冲击是 19 世纪上半叶。在 1812 年反对拿破仑战争中，一些俄国贵族军官参加了国外的远征，受到西欧民主思想的影响，对国内的农奴制度和专制制度极为不满。回国后，他们成立秘密的革命组织，企图按照西方的方式来改造国家。虽然十二月党人的起义以失败告终，但亦敲响了俄国自由主义革命运动的钟声。

西方文化的核心就是强调人的个性、人的价值和权利，宣扬人人生而平等的自由主义人文精神。这种西方异质文化的个人主义必然与俄国传统文化中的群体主义发生碰撞与冲突。19 世纪三四十年代俄国思想界斯拉夫派和西欧派的论争，归根到底是两种文化矛盾冲突激起的反响。其实，无论是西方派还是斯拉夫派，他们都是俄罗斯国内面对欧洲文明产生的两种传统思潮的延续和继承者。

在社会历史发展过程中，社会心理和思想情绪在各种合力和离心力的作用下，会趋向一致，追求逻辑规律性和自我表现，其典型形态就是形成志同道合的政治团体。正是在“欧化”的旗帜下，在反对“粗暴、野蛮、贿赂以及其他‘俄国’农奴制的残余”[2]的基础上，自由主义的政治派别在大改革前夕正式形成。而以 1861 年废除农奴制为

[1] 李中、黄军甫:《社会转型过程中的俄罗斯自由主义》，载《兰州大学学报（社会科学版）》2001 年第 1 期，第 34 页。

[2] 《列宁全集》第 12 卷，人民出版社 1987 年版，第 125 页。

开端的大改革，无疑可以看作是在西方文化的冲击下，俄国思想发展而引起的必然的社会变革，而大改革反过来又推动了俄国自由主义的进一步发展和壮大。

尽管俄国自由主义与西欧自由主义一脉相承，但与西欧自由主义相比，俄国自由主义既有普遍性的特征，又带有自身历史进程的特点。

如果我们认为俄国自由主义是欧洲自由主义的某种变异，那么重要的是确定二者的相似程度。那些企图把界定西欧自由主义的标准照搬到俄国的人通常都会面临着一个同样的困境，就是难以用一个大家广泛认同的专业术语来囊括俄国各色各样的所谓“自由主义者”，有时甚至找不到一个自称为自由主义者的社团[1]。所以在这里首先必须区分两种类型的自由主义：一类是传统意义上的西欧自由主义，另一类则是“不充分的”自由主义，其典型代表有西班牙、希腊19世纪20年代的自由主义和当代亚洲、拉丁美洲的自由主义，俄罗斯自由主义也属此类[2]。这两种类型的自由主义有着重要的共同点和区别。第一种自由主义的特征体现在18—20世纪西方所特有的个人主义的世界观，由此产生了共同的目的和相似的斗争手段，力争建立一个在法治国家范围内保证个人最大限度自由的社会。但思想、纲领性要求和政治倾向的相似并非意味着所分析的自由主义方案本质上完全一致。显然，在西欧社会中存在的自由主义不会出现在俄国这样的落后国家。第二种自由主义的特征与其说在于自由主义思想本身，不如说在于自由主义思想形成中的社会处境，它始终是发展中社会的少数人的运动。两种类型自由主义的大致区别决定了二者的社会基础不同。在欧洲源远流长的自由主义具有广泛的社会基础，作为主体的资产阶级长时间作为积极的政治力量，而在俄国资产阶级产生晚、力量薄弱，自由主义的根基不深，它最主要的社会载体是贵族知识分子，故它与统治阶级和国家政权存在着千丝万缕的联系，对君主专制国家的依赖性较大。“古典的”或“西欧的”自由主义模式的特点是社会成分和政治取向较一致，而“不充分的自由主义”内部温和的和激进的两翼分歧甚大，前者力图通过与现存的逐渐自由主义化的政府合作的途径实现自己的目的，而后者将推翻政府或激进变革作为改革社会的最重要的条件；前者是名副其

[1] Виктор Леонтович, *История Либерализма в России* 1762-1914, Париж., 1980, c.vii.

[2] George Fischer, *Russian Liberalism: From Gentry to Intelligentsia*, Mass:Cambridge., 1958, pp.8-9.

实的自由主义者，后者则是自由主义运动的异化[1]。换言之，俄国的自由主义是以欧洲自由主义的变异形态即“不充分的自由主义”而存在并发挥作用的，不大可能在政治上发挥主导作用。

西方将同旧制度和封建制度斗争以实现民主理想的所有力量列为自由主义，因此各种思想家和活动家，从最温和的、最保守的到革命先锋队的代表均属于自由派行列。西方历史编纂学传统在认定自由主义左翼和右翼世界观有别的同时，未将二者对立起来，强调二者实现目的的手段不同（暴力的或和平的）但目的一致（取缔封建关系）。也就是说在西方，自由主义尽管也有保守与激进之别，但二者的相互关系在整体上具有更加积极的更替和互补性，虽然他们之间也有不少摩擦和矛盾。若将这种解释运用于俄国，那么它包括整个解放运动的历史（除马克思主义时期）。由此许多西方学者，首先是列昂托维奇将俄国的开明君主、启蒙主义者、十二月党人、部分官僚和19世纪革命者视为自由派。[2]但问题是这些所谓的自由派之间的立场和主张大相径庭，激进与保守、左与右之间的分歧始终难以消弭，甚至相互敌视。故而与其说俄国和西方自由主义的社会基础和实质相同，不如说其思想、纲领和客观目的相同。

综上所述，俄国自由主义的产生是俄国对西方的感应和国内的变迁共同作用的混合产物，俄国“自由主义的总体模式具有互动性”[3]。同时也应该看到，俄国自由主义形成过程中的这些特点，长久地影响了它日后的发展。俄国自由主义从诞生之日起就具有明显的“先天不足性”，它的软弱是从娘胎里带来的。俄国自由主义作为主要由贵族知识分子构成的流派，有其特有的优点和缺点。优点是理论深邃，力图客观分析社会现象，文化素养高，充满道德的和法律的理想。缺点是脱离群众，孤立无援，在极其复杂的条件下缺乏必要的政治灵活性。俄国自由主义在面对国家和所有阶级时显得软弱；对下层而言，它不易理解或不够激进，被作为“地主和资本家”统治的化身；对贵族而言，因其倡导取缔等级特权，过于激进而不被接受；资产阶级不接受它所提出的自由市场的口号，因为它经不起外国资本家的竞争，只

[1] 张广翔：《19世纪下半期——20世纪初俄国的立宪主义》，载《吉林大学学报（社会科学版）》2003年第6期，第85页。

[2] Виктор Леонтович, *История Либерализма в России* 1762-1914, Париж, 1980.

[3] Л.В.Селезнева, *Западная Демакратия Глазами Российских Либералов* Х Х *Начала Века*, Ростов-на-дону., 1995, с.173.

能靠垄断生存；最后，以执政官僚为代表的国家本身非常保守，不会全盘接受自由主义取向的改革。上述情况有力地证明，西方含义上的“自由主义”难以运用到俄国。一言以蔽之，与西欧相比，俄国的自由主义作为独立的社会学说和政治运动并未得到显著发展。

第二章　俄国自由主义的萌芽与开端：政府自由主义

彼得一世的改革被称作俄国近代史的开端。彼得一世在俄国史上的最大功绩是将欧洲文化引进俄国，从而为西欧的先进思想包括自由主义思想东渐俄罗斯创造了条件。到18世纪下半叶，俄国女皇叶卡捷琳娜二世开始与奥地利和普鲁士等欧洲大陆的君主们共同推行“开明专制”。作为一种治理模式，自由主义被俄国君主们首先引进了俄国。此后，由专制政权进行自由主义改革成为俄国一种周期性、规律性的现象。

一、彼得一世改革开启了俄国欧化的新时代

17世纪以来俄国转向西方的努力，为一个新时代的到来做了准备。彼得即位以前，俄国无论在政治、经济或文化教育方面，都远远落后于西欧一些国家。亲历西欧社会后，彼得一世为那里先进的文化所折服。为了改变俄国的落后面貌，彼得一世秉其雄杰的权威人格，以霹雳手段，输入西学，在政治、社会、经济、技术、文化、教育、行为、习俗、日常生活等一切方面改造他的国家，欲使俄国一夜之间“脱胎换骨”。

随着彼得改革的进行，俄国资本主义萌芽加速发展。俄国工业史上的“工厂手工业”时期，正是从彼得一世执政时期开始的。当时的工厂手工业有三种基本形式：使用农奴的官营手工业企业；私营的，主要是商办的工业企业；贵族的世袭领地工业企业。虽然与西欧相比，这些手工工场还是比较落后的，但到18世纪初，俄国手工工场作坊内部已经有了分工，而且有不少手工工场的规模是比较大的。到彼得一

世执政末年，俄国有200多家较大的工业企业，其中以冶金业的成就最大[1]。同时彼得一世采取一些重要措施来鼓励对外贸易的发展，实行重商主义政策；也采取一些措施来改变俄国文化教育方面的落后状态，如开办各种专门学校和军事学校，建立俄国科学院等。

毋庸讳言，彼得改革包含着尖锐的矛盾，主要是彼得一世的改革，不是为了扩大人民的自由和主动性，相反却进一步强化了国家和社会生活中的专制和农奴制色彩。彼得改革虽然从模仿西方开始，但问题是彼得“卵翼下的小学生们”主要是从直接和实际效用的观点来看待启蒙运动的，他们向西欧学习的首要目的，是为了在本国增加各种技术知识的储备[2]。彼得虽然要求俄国人“模仿自由的人们”，但当他“希望他们在发展科学和艺术的道路上迅速前进时，却束缚了他们”[3]。

在彼得一世欧化改革中所出现的这些矛盾长久地影响着俄国社会政治的发展，它们实际上反映了俄国近代化道路的基本特点，形成了俄国社会从传统向现代转变的独特模式。比如国家的强大保证了它的独立与自主，专制制度的强化延缓了封建农奴制关系的危机，而俄国社会经济所发生的非同寻常的变化，也为俄国未来向自由的经济关系过渡提供了可能[4]，尤为重要的是彼得一世所发动的这场来自上层的革命破坏了俄国的传统，打开了通往西欧的“门户”。大臣格·伊·戈洛夫金在致彼得的贺词中吹捧说，彼得使俄罗斯人“从愚昧无知的深渊登上了世界光荣的舞台”[5]。

总之，在经历了数百年的东方化发展以后，俄国终于迎来了自己历史上最重要的转折时期，彼得一世的改革为俄国打开了面向西方的门户。随着彼得改革的渐次推进和向纵深发展，俄国西方化出现了第一次高潮，西方文化逐渐滥觞于俄国大地。

二、叶卡捷琳娜二世开明专制下的政府自由主义

在俄国向西方学习并试图赶超西欧国家的同时，西方资本主义不能不对俄国社会产生影响，除了经济、贸易、技术等这些俄国君主们最羡慕并加以限定的内容外，

[1] 孙成木、刘祖熙、李建主编：《俄国通史简编》上册，人民出版社1986年版，第236页。

[2] [俄]戈·瓦·普列汉诺夫：《俄国社会思想史》第3卷，商务印书馆1990年版，第23页。

[3] [俄]戈·瓦·普列汉诺夫：《俄国社会思想史》第3卷，商务印书馆1990年版，第197页。

[4] П.Ю.Рахшмир,*Консерватизм и Либерализм: Созвучия и Диссонансы: Материалы Междунар.Науч. Конф. Пермь 24-26 мая 1995 г*,1996, с.89.

[5] 孙成木、刘祖熙、李建主编：《俄国通史简编》上册，人民出版社1986年版，第257—258页。

一个不可避免的副产品就是在同西方交往的过程中带来了文化的交流和冲击，首当其冲的是皇族成员和贵族集团对法国的“文明”产生了浓厚的兴趣。如此，法国的启蒙思想水到渠成首先被俄国的上层“有教养者”引进到了俄国。启蒙思想东渐俄国，不仅促进了俄国社会思想的成长，而且推动了俄国沙皇政权统治思想和形式的变化，接受并实行开明专制即是其最明显的表现。开明专制以官方认可的方式使西方资产阶级的意识形态——自由主义——进入了俄国的社会意识。在推行“开明专制”的沙皇中，叶卡捷琳娜二世被推到首位。在相当浩繁的作品中，她的著名的“敕令”赢得了最多的赞颂。一般认为，正是她首先在俄国自觉不自觉地传播自由主义思想。在此后近一个半世纪的历史进程中，俄国便一直沿着“自上而下”的改革道路缓慢演进。

叶卡捷琳娜二世出身于普鲁士贵族家庭，她的出身使她对西欧启蒙思想颇为熟悉。继位后，她一度想把流行于西欧的“开明君主专制”嫁接到俄国封建社会中来。从形式上看，她的“开明专制”具有自由主义性质。在其执政前期，她按自由主义精神实行了一系列的改革，例如放宽对工商业的限制、限制教会势力如没收教会和修道院地产，并以法律形式肯定宗教宽容、禁止刑讯、减轻刑罚，在地方管理方面尝试分权原则、取消专卖制度、创立“自由经济学会”等。

叶卡捷琳娜二世“开明专制”的最鲜明表现，是1767年召集的新法典编撰委员会以及为这个委员会发布的圣谕。圣谕绝大部分系抄袭西欧启蒙哲学家、法学家和经济学家的著作，“充满了孟德斯鸠、贝卡里亚、狄德罗等伟大思想家和高贵心灵的精神”[1]。

新法典编撰委员会是一个具有立法会议性质的机构，其代表部分由中央机关和教会派出，但主要由贵族、市民、国有农民、哥萨克和非俄罗斯民族选举产生。新法典编撰委员会的596名代表带来了1465份委托书，在委员会中为自己所代表阶层的经济和政治利益呼吁、辩护。委员会宣读了圣谕以后，开始讨论贵族的权利，然后讨论城市市民的权利。法典委员会委员谢尔巴托夫(Щербатов)公爵在发言中指出，必须开导工厂主，尽力把工厂所属工人“逐渐解放为自由人”[2]。布里克涅尔为此评

[1] [俄]戈·瓦·普列汉诺夫：《俄国社会思想史》第3卷，孙静工译，商务印书馆1990年版，第24—25页。

[2] [俄]戈·瓦·普列汉诺夫：《俄国社会思想史》第3卷，孙静工译，商务印书馆1990年版，第132页。

价道：尽管这位雅罗斯拉夫尔贵族的代表，在委员会里没有起到像米拉波在 1789 年法国国民议会上所发挥的那种作用，“但是他在那里表现为自由主义原则的拥护者，人道主义的辩护人，高尚的思想家、慈善家”[1]。

虽然说“委员会不仅不曾完成它的全部事业，不仅不曾制定出任何一部分法典，甚至在历时一年半的两百次会议中，连代表们的委托书都未念完”，但是委员会对于叶卡捷琳娜往后的立法活动，还是发挥了重大影响[2]。1768 年，叶卡捷琳娜二世设立了最高宫廷会议，作为女皇讨论最重要的法律和国家措施的咨询机构。她甚至宣称她的统治是为了谋求“全民利益”和“普遍福利”，大谈“一切公民的平等就在于对他们适用同样的法律”[3]；声称要实行行政、立法、司法三权分立的原则，使参政院成为“法律的库房”，并对司法制度进行相应的改革。叶卡捷琳娜二世虽然完全轻视委员会里为数不多的农民代表的要求，但她在 1785 年发给贵族和城市的特权状，却可以看作是对贵族和城市代表请求的直接正面答复。在这个意义上，必须承认委员会的召集导致了颇为重大的实际结果。

不可否认，在叶卡捷琳娜二世执政前期所进行的有限改革中，可以很清晰地见到西方自由主义的印迹。诚如叶利谢耶夫 (Елисеев) 伯爵在《敕令》刊布一百周年纪念时，在激进派的《祖国纪事》报上所言：“《敕令》公布之日是我们真正开始欧洲生活，从内部靠拢欧洲文化之日。在这一天，俄国人第一次获得称为公民的权利。”[4]正如列宁所恰当指出的那样：“实行贵族杜马和贵族制度的 17 世纪的俄国专制制度就不同于实行官僚政治、官吏等级制和有过个别‘开明专制政体’时期的 18 世纪的专制制度。”[5]

叶卡捷琳娜二世的经济自由主义观点反映在《论手工工场》的笔记和她就其中的一些问题所作的 96 个注释中。叶卡捷琳娜二世认为，健康的经济发展具有自然的、

[1] [俄] 戈·瓦·普列汉诺夫：《俄国社会思想史》第 3 卷，孙静工译，商务印书馆 1990 年版，第 131 页。

[2] [俄] 戈·瓦·普列汉诺夫：《俄国社会思想史》第 3 卷，孙静工译，商务印书馆 1990 年版，第 138 页。

[3] 苏联科学院法学研究所、莫斯科大学编：《政治学说史》中册，冯憬远译，法律出版社 1960 年版，第 87 页。

[4] [俄] 戈·瓦·普列汉诺夫：《俄国社会思想史》第 3 卷，孙静工译，商务印书馆 1990 年版，第 24 页。

[5] 《列宁全集》第 17 卷，人民出版社 1988 年版，第 321 页。

自发的性质，政府的原则应该是既不禁止，也不强制。在经济政策上，叶卡捷琳娜主张废除专卖制度，允许自由开设工厂等。除了主张经济活动自由和解放个人主动性外，叶卡捷琳娜二世还赞成私有财产的原则[1]。为了提高农业生产，叶卡捷琳娜二世在1765年设立了自由经济学会，让地主们讨论农业问题。这个学会出版了多种期刊杂志，提出了改进耕作制度、种植新作物和采用改良农具等建议。

毋庸讳言，开明专制的目的是通过扩大贵族特权，维护农奴制度和贵族专政，并对正在形成的资产阶级和农民做某些让步，使贵族适应资本主义关系的发展。在叶卡捷琳娜二世朝代，贵族的地位明显加强，1785年颁布的《俄国贵族权利、自由和特权诏书》从法律上确定了贵族是俄国的特权阶层，最终使贵族能够不再承担国家义务而享有一切特权。与此同时，叶卡捷琳娜二世也给正在形成过程中的资产阶级一部分特权。根据1775年3月28日的诏书，拥有500卢布以上资本的商人，免缴人丁税，而征收1%的资本税。1776年，商人获得了免服军役的特权，并取消了经营工商业的一切限制[2]。对此，卡拉姆津赞道："如果将我们所知道的一切俄国时代加以比较，我们当中几乎任何人都会说，叶卡捷琳娜时代是俄国公民的最幸福的时代，我们当中几乎任何人都愿意生活在那个时代，而不是别的时代。""叶卡捷琳娜使君主专制消除了暴政的杂质。"[3]当然，这里所谓的俄国公民，自应理解为俄国贵族，农奴显然是被排除于这个概念之外的。这使得她的观点与作为资产阶级意识形态的自由主义在表面上是接近的，而在深层却是有本质差别的。尽管如此，她解放贵族的举措仍不失为一大进步，因为在此之前，俄国还不存在自由的人，甚至贵族也只不过是以与农民不同的形式而成为国家的财产。事实上，贵族确实比过去任何时候都生活得好些，大部分贵族认为他们已摆脱暴政。为此，叶卡捷琳娜二世在诗歌中被颂扬为"贵族的女皇"[4]。

虽然诚如米留科夫所言，叶卡捷琳娜二世的"伏尔泰精神散发着更多的轻薄的

---

[1] В.В.Леонтович, *История Либерализма в России*（1762—1914）, Париж., 1980, cc.29-30.

[2] 孙成木、刘祖熙、李建主编：《俄国通史简编》上册，人民出版社1986年版，第350页。

[3] [俄]戈·瓦·普列汉诺夫：《俄国社会思想史》第3卷，孙静工译，商务印书馆1990年版，第34、36页。

[4] [苏]安·米·潘克拉托娃主编：《苏联通史》第2卷，生活·读书·新知三联书店1980年版，第124—125页。

摄政王时代、而不是路易十六时代的气味”[1]，用布列特勒的话说，则是“伏尔泰的女弟子”只要看到哪怕是极小的危险，足以使她丧失她敢于夺取的东西，她的自由主义的本能，便会立即销声匿迹[2]，但这种极端对立的表现与其说是反映了女皇的虚伪，不如说反映了她思想上的矛盾或者说反映了资本主义文化同封建农奴制文化的冲突。整体上来看，她实行的开明专制对俄国社会、特别是对俄国思想具有深远的影响，是俄国自由主义发展史上的重要一步。此后，西方自由主义思想终究在蒙上一层官方的、贵族的色彩之后被接受，“政府自由主义”逐渐成为俄国政治传统的一个组成部分。这一事实的客观后果，是使农奴制思想体系受到严重威胁，自由主义思潮及其社会运动，逐步演变为沙皇政权的对立面，这虽非这位“开明君主”所愿，但不可否认，是她的开明专制开创了俄国政府自由主义的先例。

三、亚历山大一世时期的官方自由主义

在叶卡捷琳娜二世时期的俄国得以传播的自由主义思想，到19世纪初其影响进一步扩大，已经成了当时俄国社会的一种时尚。被有的学者称作“俄国政府自由主义之父”、“俄国政治自由主义的实际奠基人”[3]的亚历山大一世，从小受的是良好的纯自由主义的西欧式教育，在即位之初他仍真诚地信奉自由主义思想，并在国内推行政府自由主义。与此同时，亚历山大一世任用有强烈自由主义思想的米哈伊尔·米哈伊洛维奇·斯佩兰斯基以法国为榜样进行改革，公开宣布他打算废除俄国的农奴制、赋予俄国以宪法、实行三权分立等自由主义意向。

1801年，亚历山大一世登上了皇位。他自幼受到共和主义者拉加普的教育和祖母叶卡捷琳娜二世“开明专制”的影响，曾读过孟德斯鸠、伏尔泰等人的著作。亚历山大一世害怕革命，他认为要避免革命，必须对内政作某些改革。在他还是皇储的时候就曾写信给拉加普说：“给国家以自由，不再使它成为某些疯人手中的玩具。”[4]

[1] [俄]戈·瓦·普列汉诺夫：《俄国社会思想史》第3卷，孙静工译，商务印书馆1990年版，第25页。

[2] [俄]戈·瓦·普列汉诺夫：《俄国社会思想史》第3卷，孙静工译，商务印书馆1990年版，第30页。

[3] В.Я.Гросул, Русский Консерватизм XIX Столетия: Идеология и Практика, М: Прогресс-Традиция, 2000, сс.36,419.

[4] [苏]安·米·潘克拉托娃主编：《苏联通史》第2卷，生活·读书·新知三联书店1980年版，第187页。

他认为这是他即位后的任务。在即位之后，他宣称要“按照祖母叶卡捷琳娜二世的法律和心愿”来治理国家[1]，他立即恢复了贵族的一切特权，释放所有被其父流放和监禁的贵族，撤销对外国货物和书籍入口的禁令，允许到外国游历，并下令废除肉刑和秘密警察。而叶卡捷琳娜二世朝代的一些具有自由主义倾向的老臣如沃龙佐夫、扎瓦多夫斯基等人则建议他不仅要重新确认叶卡捷琳娜二世的精神，还要借鉴其他国家的立法，接受其中的自由主义原则。

亚历山大一世周围还有一些“亲英派”贵族青年朋友，如柯楚别依、斯特罗甘诺夫、诺沃西里采夫、恰尔多雷斯基等。他把这些人组成了一个“国家改革草案秘密委员会”，议论关于“公民权利、自由和所有制”问题，为改造国家拟定方案。秘密委员会认为，必须使俄国适应“时代精神”，但目前实行立宪制度尚为时过早，因此，第一步是要对“丑恶的帝国行政大厦进行改造”，然后“以适合真正民族精神的宪法”来完成新的制度。1802年，根据秘密委员会的计划，以欧洲国家的政府形式为样板对国家机关进行了改革。成立了8个部代替原来的院（委员会），由各部大臣组成大臣会议（大臣委员会），亚历山大亲任主席。参政（元老）院被改组为帝国的最高司法机关，成为“法律的保护者”，负责监督“公共秩序与安宁”，并被授权发布皇帝敕令[2]。

同时亚历山大一世政权开始着手解决农民问题，正如马克思所说：“亚历山大一世在他统治初期，曾号召贵族解放农民。”[3]1801年11月，秘密委员会审查了海军上将莫尔德维诺夫提出的方案。莫尔德维诺夫认为，农民状况的改变只能逐渐地、不剧烈地进行，解放农民的问题可由贵族自己提出。作为第一步，可以给予非农奴以购买土地的权利。秘密委员会采纳了这个意见，同时还决定不再对贵族赏赐土地和农奴，禁止做买卖农奴的广告。同年12月，由沙皇颁布法令，允许商人、市民和国有农民购买无人定居的土地。1803年2月，根据少数贵族的要求，又颁布了关于自由农民的法令，允许地主单个地或整村地解放农奴，但农奴必须交纳巨额赎金才能获得自由和取得份地[4]。在亚历山大一世统治时期，全国共有47 153名男性农奴（不

[1] [苏]安•米•潘克拉托娃主编：《苏联通史》第2卷，生活•读书•新知三联书店1980年版，第187页。

[2] 姚海：《俄罗斯文化》，上海社会科学院出版社2005年版，第149页。

[3] 《马克思恩格斯全集》第12卷，人民出版社1962年版，第723页。

[4] 姚海：《近代俄国立宪运动的源流》，四川大学出版社1996年版，第41页。

到农奴总数的0.5%）获得解放[1]。

在亚历山大一世执政初期的改革中，还建立了新的学校制度，规定开办三种学校：中等学校（四个年级），县立小学（两个年级），教区小学（一个年级）。并为了领导教育事业，专门设了"国民教育、少年教育、普及科学部"。更重要的是，大学教育在亚历山大一世时期取得了长足发展。19世纪初，大学只有两所，一所是莫斯科大学，一所是杰尔普特大学。到1805年在喀山、哈尔科夫和维尔诺也成立了大学。1819年彼得堡中央师范学院改为大学，还成立了皇村高等专科学校。1804年政府允许大学自治，由教授会议领导学校，校长和系主任由教授大会选举产生，学区的一切学校管理和书刊检查均由大学执行，大学有权授予学位等。在这种条件下，大学很快成为自由主义思想的滋长之地，中央师范学院开办不久就以"自由思想"闻名，而专门培养贵族青年精英的皇村高等专科学校的第一届毕业生中就有普希金和许多十二月党人。

亚历山大一世时期，由于思想界较为自由开放的气氛和推崇自由主义的时尚，自由主义思想在上层官僚中有了很大发展。19世纪初，俄国翻译出版了许多西方自由主义学者的著作。在俄国上流社会中，西方自由主义者的作品流传甚广，从普希金的《叶甫盖尼·奥涅金》中也可以看出，边沁、亚当·斯密等人是最时髦的作者。越来越多的开明官僚在谈论如何实现社会公正和个人自由的问题，莫尔德维诺夫和斯佩兰斯基就是其中最有代表性的两位，从而开了俄国官僚自由主义的风气之先，其实质是政府自由主义的一个变种。

莫尔德维诺夫伯爵，出身豪门，是亚历山大一世时期俄国著名的国务和社会活动家，西方自由主义思想的追随者和鼓吹者，曾任海军部大臣，国务会议所属国家经济厅主席，1823—1840年还担任自由经济学会主席。1826年，他是唯一拒绝在十二月党人死刑判决书上签字的最高刑事法庭成员。

莫尔德维诺夫曾在18世纪70年代旅居英国，其时适逢亚当·斯密的《国民财富的性质和原因》出版。此书对莫尔德维诺夫影响很大，促使他更广泛地了解西欧自由主义流派及其作品。在此过程中，他与边沁、亚当·斯密等著名自由主义学者建立了密切的私人联系，常有信件来往。

---

[1] ［苏］安·米·潘克拉托娃主编：《苏联通史》第2卷，生活·读书·新知三联书店1980年版，第188页。

莫尔德维诺夫追随西方自由主义思想，尤其崇拜边沁的学说，他“最先提出了在俄国建立公民社会的设想”[1]。对于俄国面临的问题，莫尔德维诺夫主张，不但要给贵族、而且也要给其他阶层以公民权利，首先是土地私有权。他指出，私有权是“第一块基石”[2]，没有它就没有法的坚定性，因此，政府首先应该以立法形式正式承认私有财产的不可侵犯。在担任国务会议所属国家经济厅主席后，他首先采取措施放宽了对商业的限制。他认为个人不应该依附于国家或为国家做出牺牲，因为真正的社会与所有单个的人是不可分割的。为了解决个人和国家之间的争执，可以实行特别民事法庭的制度。他提议由政府偿还所欠的国内债务，以便使人们相信国家不会运用政权力量破坏私人利益。

莫尔德维诺夫很清楚，公民自由和私有权原则是不能够仅仅以君主的善良愿望为保证的，“一个君主无限的意志把一切东西给了人们，但另一个君主同样无限的意志能把它再要回来”[3]。在这种情况下，以法律形式肯定私有权只是在实现公民自由和公民权利方面走出了第一步，要从根本上解决问题，就应该使俄国向立宪的治理方式过渡，利用政治自由这一手段逐渐解放农奴。他坚信，俄国首先需要的东西是政治自由，只有利用这一手段才能争取公民权利的实现，才能逐渐地解放农奴，给予他们以自由人的地位[4]。

在社会生活方面，莫尔德维诺夫对于城市自治、司法制度、国民教育、医疗服务、公共文化设施等问题都提出了自己的意见。他的许多建议对后来1861年改革产生了重大影响，尤其是地方自治改革。在一定意义上甚至可以把1861年改革看作是对莫尔德维诺夫设想迟到的落实。

概括地说，莫尔德维诺夫把实行立宪制度放在优先于解放农奴的位置上。在当时的俄国条件下，这个主张的实质就是建立一个贵族代表机构来分享君主的权力，并以此作为农奴解放的前提。这种意见受到了一些贵族自由主义者如成为十二月党人的尼·屠格涅夫等人的反对，因为他们主张，在俄国实行宪法还不到时候，首先应该通过专制制度来解放农民。关于究竟是先实行政治自由（立宪），还是先实行公

[1] 姚海：《近代俄国立宪运动的源流》，四川大学出版社1996年版，第48页。

[2] 姚海：《俄罗斯文化》，上海社会科学院出版社2005年版，第151页。

[3] 姚海：《近代俄国立宪运动的源流》，四川大学出版社1996年版，第49页。

[4] В.В.Леонтович, *История Либерализма в России* (1762—1914), Париж., 1980, сс.69-70.

民自由（解放农奴）的争论，反映了当时俄国自由主义思想所具有的贵族特征[1]。无论哪种愿望，都只是体现了受西方资产阶级文化影响的先进贵族的愿望。由于俄国社会还没有造就出能够实现自由主义目标的力量，这些贵族自由主义者得出的结论也只能是或者依靠沙皇，或者依靠贵族。

如果说莫尔德维诺夫的思想中存在着一定的立宪倾向，那么斯佩兰斯基则比他更进一步，提出了具体的立宪方案。斯佩兰斯基是一个从日常生活到思想意识都很欧化的官员，他对西欧各国的政治制度和政治思想十分熟悉，深知法国启蒙学派的思想，具有强烈的自由主义思想倾向。1807 年。他被任命为内务大臣。在 1808 年陪同亚历山大一世去爱尔福德与拿破仑会谈时，被拿破仑称为“俄国唯一有头脑的人”[2]。

斯佩兰斯基希望以法国为榜样，对俄国的国家制度进行“大刀阔斧”、“一针见血”的改革，从而消除革命的危险。在 1802—1803 年，斯佩兰斯基就着手编撰关于国家管理制度改革的草案。他宣称，法律在专制君主面前应居于首位，政权应服从法律，应召集等级代表会议来制定“根本法”。1803 年，他发表了《俄国政府和司法机构组织草案》。在这个文件中，他把国家管理分为五个部分：警察、军队、法庭、对外关系、国家经济。他主张专制政治必须让位给“真正的君主制”——立宪君主制。但是，他认为，当时俄国只能向这种制度靠近，不可能并且他本人也不希望立即向这种制度转变。

1809 年秋天，斯佩兰斯基根据亚历山大一世的指示拟就了一部名为《国法通论》的国家改革方案。这是一个内容广泛的改革计划，其基本思想是企图使封建君主专制适应日益发展的资本主义关系。主张由最高政权赐给俄国人民一部宪法，使立法、行政和司法三权分立。在立法方面，成立类似于上议院的国务会议作为沙皇的咨询机构，其成员由沙皇指定；同时成立类似于下议院的国家杜马作为反映人民意志的立法机构，其成员由乡、区、省逐级选举产生，选举权和被选举权只受财产资格限制而不论其阶层。任何法律不经过国家杜马和枢密院通过不得实施。在行政方面，沙皇代表最高政权，成立大臣委员会，国务会议审查经沙皇同意提交国家杜马讨论的法律草案，省、区、乡设立管理委员会。司法方面的最高机关为参政院，建立各

[1] 姚海：《近代俄国立宪运动的源流》，四川大学出版社 1996 年版，第 49—50 页。

[2] В.В.Леонтович, *История Либерализма в России*（1762—1914）, Париж., 1980, сс. 69-70.

级法院。同时方案规定，一切领域的最高权力最终都集中于皇帝。斯佩兰斯基没有公开提出解放农奴的要求，只希望农奴能有“人身自由”。在草案上他这样写道：“一个文明的重商民族，可以长期停滞在奴隶制度之下，历史上还不曾有过先例。”[1]

根据斯佩兰斯基的建议，沙皇在1809年颁布了两项敕令，规定宫廷贵族只是一种荣誉而不享有官衔的权利；晋级八级以上文官必须持有大学毕业证书或相应的考核证明。1810年1月13日（俄历1810年一月一日），成立了国务会议（枢密院），这是沙皇下属的一个咨询机构，一直存在到1906年。1811年，对中央各部的机构和管理进行了改革。与此同时，法典编纂工作也有很大进展，国务会议初步审议通过了民法典草案的前两部分。

斯佩兰斯基所设计的自由主义改革方案遭到了保守贵族的强烈抵制，他们不能容忍他那些类似于无套裤党人的作为，咒骂他是“恶棍”、“革命党”、“克伦威尔”，甚至说他是拿破仑的间谍，把他看作是导致灾祸的根源。亚历山大一世也开始担心大幅度改革会引起剧烈动荡，削弱专制制度的基础。于是，斯佩兰斯基在1812年3月被放逐到下诺夫哥罗德。

斯佩兰斯基宪政方案的失败在很大程度上是不可避免的。方案本身是“为了使俄国走上法治之路，走上立宪政治和代议制之路”[2]，如果照此实行，俄罗斯帝国将具有同西欧国家相似的外貌。但这张以西方政治制度为样板的蓝图过于抽象，与当时俄国的实际相距甚远，当时的俄国显然还不具备实行资产阶级性质的立宪制度的经济和社会前提。斯佩兰斯基的遭遇表明，正宗的自由主义是无法与专制主义并存的，西方资本主义文化在本质上与俄国农奴制宗法文化格格不入。但斯佩兰斯基所进行的改革试验毕竟反映了在自由主义—改良主义基础上改造社会的愿望，俄国“社会”开始苏醒。

毋庸置疑，亚历山大一世所推动的改革具有明显的自由主义性质。亚历山大一世甚至宣称，他要致力于保证“人民的自由和幸福”，打算取消农奴制度，建立“合法的自由的机构”，即实行立宪制度。可以说，这是对19世纪初“政府自由主义”的最好诠释。不过在亚历山大一世身上，新思潮的冲动与旧传统的惯性是经常交织

[1]　[苏]安·米·潘克拉托娃主编：《苏联通史》第2卷，生活·读书·新知三联书店1980年版，第195页。

[2]　姚海：《近代俄国立宪运动的源流》，四川大学出版社1996年版，第46页。

在一起或交替出现的。亚历山大一世愿意进行有限的自由主义改革，但不允许损害专制制度。也许是在打败拿破仑后他在欧洲感受到了新文化的危险，也许是由于他担心俄国会走上法国的道路，他回到俄国后就逐渐远离并最后放弃了自由主义，推行警察统治，实行文化专制主义，恢复和加强贵族的特权地位。然而，新思潮的影响并不是倒退政策所能消除的，俄国社会经济的发展动摇着传统的基础，呼唤着时代精神。

总体上来看，从18世纪下半期到19世纪初期，俄国的自由主义思想只是表现为西方自由主义学说对统治集团和贵族上流社会的某些影响，还谈不上是一种独立的社会思想流派，俄国的社会经济发展水平还未造就出自由主义的基础。由沙皇政权实行的有一定自由主义色彩的有限改革，其目的也不是为了改造社会，而只是把自由主义作为一种治理模式对已在衰败的旧制度进行修修补补。但是，官方自由主义在俄国这半个世纪的传播，为自由主义在俄国尤其是贵族中的传播和扩散打下了基础。

第三章　俄国自由主义的扩散：从贵族到知识分子

18世纪初，一股席卷西欧的波澜壮阔的启蒙运动勃然兴起。这股浪潮很快越过易北河，波及东欧和俄国。当然，对于18世纪的俄国来说，具有这种启蒙思想意识的知识分子为数还不多。因为大多数人是满足于叶卡捷琳娜等君主的活动的，自由主义意识仅仅限于那些要求严格而又极为敏感的人们那里。这些人在数量上是微不足道的少数。但是这微不足道的少数，却走在前列，正是他们在孜孜不倦地为俄国社会思想探求新的道路。这些志同道合者主要集中在共济会和当时俄国唯一的大学——莫斯科大学周围。

一、俄国共济会与贵族思想者群体的形成

共济会最先产生于西欧，主要是新兴的资产阶级反对封建教会和封建国家压迫的组织，是一个带有宗教色彩的跨教派秘密团体，一个以公益、互助为标榜的精英俱乐部和非官方组织网络，且入会手续繁杂，只传之于人数不多、限制极严的会友小组，具有浓厚的贵族性，因而对上流社会的人很有吸引力。由于共济会的“西化”和“精英化”两大特点非常适合俄国自由化贵族的胃口，而它的基督教救赎情怀又迎合了这些贵族的理想主义追求，因此共济会对俄国贵族思想异端的形成起到了很大的作用。由于官方东正教神学的陈旧呆板，许多有教养的人感到教会已不能满足他们宗教上的需要，转而向别处寻求精神寄托，同时在“欧化”的大潮中，他们也非常渴望了解俄国之外的世界。故而18世纪初即“贵族解放”前后共济会适逢其时传入俄国，使那些不满足于醉生梦死的贵族找到了思想寄托，“在共济会中寻找自

己的精神支柱是贵族加入共济会的重要原因”[1]。起初参加共济会的很多都是波雅尔旧贵族，他们向往贵族制，怀念等级君主制时期波雅尔杜马的权利，后来一些不满于彼得一世宗教改革的贵族陆续加入，他们感觉在共济会中可以使被彼得一世世俗化而迷失方向的人“精神复苏”。加之叶卡捷琳娜二世的“精神导师”伏尔泰是共济会成员的缘故，俄国贵族爱屋及乌，共济会在俄国得到很快传播。

共济会是俄国贵族当中第一批不是政权从上面硬塞给人民的自由团体组织，它可谓是18世纪俄国知识群体的思想中转站。一方面由于共济会在道德建构和哲学思想方面有自己独到的建树，它代表着“俄国宗教哲学的探索”[2]，可以将之视为俄国贵族宗教意识的觉醒。同时共济会强调道德自律，入会者必须是具有道德约束力的贵族，必须有纯洁和革新自己内心的强烈愿望。俄国共济会的口号是“自由”、“平等”、“友爱”和“互助”，它主张通过人自身的道德修炼，最终使人类和社会达到至善至美的境界。另一方面，共济会在俄国又在一定程度上扮演着质疑、批判沙皇专制政权与官方教会的反对派角色，“很多共济会会员都是有名的启蒙思想家”[3]。共济会也因此被称为“俄国知识分子的预备组织”[4]，是孕育思想成长的母体。例如俄国讽刺杂志《雄蜂》、《空谈家》、《钱袋》的创办人诺维科夫1775年加入共济会，贵族反对派的领导人谢尔巴托夫是共济会成员，著名历史学家卡拉姆津是共济会成员，类似的名单可以开出一长串来，几乎可以说，“处在伏尔泰思想和宗教之间的岔路口上”的贵族都是共济会会员[5]。

既有钱又有闲，现在又有了组织的贵族，终于找到了摆脱空虚的方向，他们出版地下出版物，散发手抄书籍，但最多的是进行翻译工作。1782年，莫斯科共济会开办了自己的“翻译神学院”，1783年，由诺维科夫在内14个共济会会员出资成立了“印刷业友好学术协会”，当时流行的西方启蒙学派和百科全书派的著作很快便被翻译传播。从1784—1791年的8年间，仅诺维科夫属下的一个出版公司就出版了

[1] 赵世锋：《俄国共济会与俄国近代政治变迁（18—20世纪初）》，复旦大学出版社2011年版，第114页。

[2] 张百春：《18世纪俄国的宗教哲学》，载《哈尔滨师专学报》1996年第2期，第35页。

[3] Н.В.Михайлова,*Либерализм в России на Рубеже* ⅩⅧ–ⅩⅨ *веков*,М.,1998.,с.17.

[4] В.Ф.Михайлов,*Русская Интеллигеция и Масонства: от Петра до Наших Дней*,М.,1997.,с.23.

[5] 金雁：《倒转“红轮”：俄国知识分子的心路回溯》，北京大学出版社2012年版，第385页。

554种图书[1]。用普拉东大主教的话来说，“这些书是最有害的，伤风败俗和破坏圣教的。”[2]很快，共济会的柏拉图式浪漫和神秘一下子就充斥了当时俄国贵族空虚的精神。他们认为，在共济会中能够与西欧的同行同步感受到解决精神空虚困惑的需求。在莫斯科大学贵族专修班中，这种需求像传染病般蔓延。

尽管俄国共济会会员并不想冒犯专制制度，恰恰相反，他们希望借助于专制制度来实现自己的计划，但为了实现与人为善和社会公正，俄国共济会主张缩小教会对社会生活的影响，主张反对君主专制制度和民族偏见，从而在共济会分会里，除了有关宗教课题的自由讨论之外，还进行自由的政治谈论。共济会的快速发展引起了叶卡捷琳娜二世的警觉，她想方设法对共济会进行限制。法国大革命后，叶卡捷琳娜二世与贵族的关系渐行渐远，公开的共济会的发展势头受到阻碍，但秘密的共济会组织则方兴未艾。更重要的是共济会由于它的神秘性和严格的组织性对于进行密谋是很适当的掩护和十分良好的学校[3]，以至于“在俄国，任何一个秘密或半秘密组织的形成，都自觉或不自觉地从共济会那里借鉴了某些形式”[4]。十二月党人中的很多重要人物如彼斯特尔、雷列耶夫等都出自共济会分会，并不是偶然的，以致有学者认为：“如果没有共济会，很可能就不会有后来的十二月党人起义。”[5]

需要指出的是，共济会的启蒙工作是在贵族眼界的范围内完成的。在启蒙思想的影响下，自18世纪末开始，俄国的贵族阶层中就出现了专制制度的反对者。当然，他们当中只有不多的人抛弃了贵族的观点，而比较坚决地转到当时西欧先进启蒙思想家所持的第三等级的观点上来。被称作“俄国第一位知识分子”的贵族思想家拉吉舍夫就是这样一位远远超出他同时代同胞的启蒙者，他率先对俄国专制制度的弊端进行了抨击。

拉吉舍夫把农奴制度和专制制度直接联系起来，指出专制制度保护达官贵人、世袭大地主的利益，在国家管理机关里和法庭上统治着农奴制的秩序。他在翻译法

[1] В.Брачев,*Масоны у Власти.*,М.,2006.,с.165.

[2] ［苏］安·米·潘克拉托娃主编：《苏联通史》第2卷，生活·读书·新知三联书店1980年版，第158页。

[3] ［苏］波克罗夫斯基：《俄国历史概要》上册，生活·读书·新知三联书店1978年版，第157页。

[4] С.А.Фомичев,Пушкин и Масоны,*Русская Литература.*,1991(1).

[5] 金雁：《倒转“红轮”：俄国知识分子的心路回溯》，北京大学出版社2012年版，第391页。

国启蒙学者马布里的著作时，对“专制制度”一词做了如下解释：“专制制度是最违反人类天性的一种状态”[1]，并且指出，如果君主利用手中的权力反对人民，人民就完全有权把他当作罪犯来审判：“如果我们将我们的权利和自然权利的一部分分给法律，那是为了利用它来谋求我们的利益；关于这一点，我们同社会是订立了默契的。如果这个默契遭到破坏，那我们就解除了所负担的责任。君主的不公正使人民——他的法官——得以对他行使同审判罪犯一样，乃至更多的权力。君主是人民社会的第一个公民。”[2]

他谴责并主张消灭农奴制度，说它是无视天赋的人人平等的权利的现象。在他最著名的作品《从彼得堡到莫斯科旅行记》的序言里，他写道：“我环顾自己的周围，我的心已为人类的痛苦刺伤。”他揭露地主对农奴的欺凌：“贪婪的野兽，贪得无厌的吸血虫，我们给农民留下的只有拿不走的空气。是的，只有空气。”“就对农民的关系来说，地主就是立法者，法官，判决的执行者；原告可以随心所欲，被告不敢口出一言。”[3]为此他呼吁直接使用暴力的方式去否定俄国的传统与现实，建立一种新的社会。

拉吉舍夫酷爱自由，视自由精神如同上帝。他主张宗教宽容、减轻刑罚、改善诉讼程序并使之人道化。在亚历山大一世即位的头一年，拉吉舍夫便起草了一个以自由平等——即一切人不论地位而在法律面前一律平等——为基础的国家改革计划。尽管他的这个计划遭到了拒绝，但这并不妨碍他思想的深邃和影响的广泛，19世纪解放运动的两大流派——革命民主主义和资产阶级自由主义都可以在他身上找到自己的根源[4]。

二、俄国早期贵族自由主义的丰碑——十二月党人

西方文化对俄国的第二次大冲击是19世纪上半叶。1812年卫国战争的胜利，大

---

[1] [苏]波克罗夫斯基：《俄国历史概要》上册，生活·读书·新知三联书店1978年版，第203页。

[2] [俄]戈·瓦·普列汉诺夫：《俄国社会思想史》第3卷，孙静工译，商务印书馆，1990年版，第355页。

[3] [苏]安·米·潘克拉托娃主编：《苏联通史》第2卷，生活·读书·新知三联书店1980年版，第156页。

[4] 姚海：《近代俄国立宪运动的源流》，四川大学出版社1996年版，第29页。

大促进了俄国社会意识的觉醒。爱国主义的高涨，必然导致进步的人们对社会政治问题和祖国前途的关心。未来的十二月党人就是在这种氛围下成长起来的。

伴随着反拿破仑战争的胜利，西方正统的资产阶级文化——自由主义——对俄国的冲击出现了高潮。随军远征的青年军官，亲眼目睹了一个蒸蒸日上的资本主义新世界，感受到了一种新的社会制度和新的生活方式，受到法国大革命余风和欧洲革命运动的熏陶，呼吸到了自由、平等、博爱的空气，顿觉眼界大开。在那里他们为俄国找到了参照系。同先进的资本主义的西欧相比，他们痛切感到自己国家的腐朽落后和进行社会改革的必要性、紧迫性，从而更激发了为祖国和人民的自由而斗争的决心和热情。一位军官写道："通过与法国自由派接触，我国的军官不知不觉地接受了他们的思想方法，也开始热衷于代议制机构。现在，他们因自己的国家仍处于专制主义的淫威之下而羞愧难堪。"[1] 回国后，这些未来的十二月党人即组织秘密团体，展开革命活动，寻求变革道路。所以，十二月党人别斯图舍夫称卫国战争是"俄国自由思想的开端"[2]。一言以蔽之，拿破仑的战胜者回来后却成了精神上的被征服者。

战后的俄国处在躁动不安之中，"总之，每个角落都可以碰到心怀不满的人；在大街上，人们耸耸肩膀，到处低声私语。都说，这到底要弄到什么样的境地呢？"[3] 与此同时，新的革命风暴又席卷欧洲，"从欧洲的一端到另一端，到处发生的是同样一件事……改革的精神，时代的精神，可以说，到处使人心潮澎湃。"[4] 在这种形势下，贵族阶级中的进步人士开始意识到，经过大的战乱之后，政府要按照原来的方式使千百万俄国人俯首听命地服从统治已经不可能了，必须对内政作某些必要的改革。于是，作家和诗人们经常聚会，议论文学和哲学，也针砭时弊、宣传自由平等，并且力图为俄国勾画出未来。远征归来的优秀贵族军官们更是坚信，自己的使命是实现社会变革，在俄国建立起西方式的制度。为此，从 1814 年起至 1820 年，他们相继成立了一批秘密组织。

---

[1]　[法]亨利·特罗亚：《神秘沙皇——亚历山大一世》，世界知识出版社 1984 年版，第 302 页。

[2]　任子峰：《人文精神、作家人格、文学品格——19 世纪中叶俄国社会转型期文化及文学断想》，载《南开学报》1998 年第 6 期，第 63 页。

[3]　孙成木、刘祖熙、李建主编：《俄国通史简编》下册，人民出版社 1986 年版，第 2—3 页。

[4]　孙成木、刘祖熙、李建主编：《俄国通史简编》下册，人民出版社 1986 年版，第 1 页。

引人注目的是，在十二月党人成立的秘密组织中，酝酿着改造俄国的纲领，在诸如彼斯特尔的《俄罗斯法典》（以下简称法典）和穆拉维约夫的《宪法》的十二月党人文献中，资产阶级民主主义和自由主义的思想互相紧密地结合在一起。其基本要求是效法西方国家，废除农奴制和封建等级制，他们认为“奴役制度和农奴状况的废除是临时政府的一项极其神圣的而又极其必须的任务”，“应该废除被称为高贵等级的贵族特权”，“不许在高贵的人和普通的人之间进行划分”[1]，并用共和制或君主制取代沙皇专制制度，实现政治自由。

其中，十二月党人秘密组织南方协会的创始人彼斯特尔起草的《俄罗斯法典》宣称，俄国将在经过一次政变之后成为一个中央集权政体的统一的民主共和国，并旗帜鲜明地提出：“俄国人民不是任何个人或家庭的用具或财产，相反，政府倒是人民的用具，政府为人民的福利而建立，而不是人民为政府的福利而生存。”[2]该法典指出，专制政体推翻后，应当宣告由临时最高行政机关实行专政。最高行政机关有三：最高立法机关——人民议会；最高执行机关——国家杜马；监察机关——最高会议。立法权、行政权和司法权全部属于选举产生的人民代表，人民参加选举不受财产和教育程度的限制。人民大会将是行使立法权的一院制议会，由它选出的5人最高杜马行使行政权，共和国总统从最高杜马成员中产生。法典坚决要求消灭农奴制度和封建等级制度，宣称：“一切人都是为幸福而降生，因为人都是上帝所创造的，所以仅仅把贵族等级称之为高贵的，乃是不公正的。因此，应该废除被称为高贵等级的贵族特权。”[3]故该法典主张：废除社会阶层，年满18岁的男性公民不受财产限制，享有平等权利；所有人都有信仰、言论、出版、迁徙、择业等自由和对于一切人的平等审判。关于土地问题，法典规定：农民应该连同土地一起解放，不要任何赎金。整体上来看，这不失为一部真正的资产阶级共和国宪法。

与此同时，十二月党人秘密组织救国协会和幸福协会的创建人之一、北方协会的领导人穆拉维约夫也起草了一个被称为《尼基塔·穆拉维约夫宪法》的君主立宪的方案。它对专制制度给予了强烈谴责：“各民族和时代的经验证明，专制政权无论对统治者和对社会均是祸害。”[4]同时它为沙皇保留了行政权，但立法权属于分为上

[1] 孙成木、刘祖熙、李建主编：《俄国通史简编》下册，人民出版社1986年版，第13页。

[2] 孙成木、刘祖熙、李建主编：《俄国通史简编》下册，人民出版社1986年版，第11页。

[3] 孙成木、刘祖熙、李建主编：《俄国通史简编》下册，人民出版社1986年版，第10页。

[4] 孙成木、刘祖熙、李建主编：《俄国通史简编》下册，人民出版社1986年版，第13页。

下两院的人民议会，上院为最高杜马，下院为国民代表院。它也规定公民在法律面前一律平等并享有宗教信仰、言论、集会、出版、迁徙等自由和权利，但选举权受财产资格限制。该“宪法”虽然主张废除农奴制度，但继续承认地主土地所有制。虽然“穆拉维约夫宪法”的思想显得软弱无力，但毕竟提出了反对农奴制度和专制制度的要求，故仍不失为当时的进步文献。

而准备在起义时公布的《告俄国人民宣言》更具体地提出了政治目标：“一、废除旧政府；二、成立临时政府，直到建立选举产生正式政府为止；三、出版自由，取消书报检查制度；四、任何宗教信仰都有举行仪式的自由；五、废除对人身的所有权；六、各等级在法律面前一律平等……”[1]这个宣言提出了广泛的资产阶级性质变革的措施，反映了大多数十二月党人的基本要求，是秘密协会长期酝酿、讨论的产物。在反对农奴制度和专制制度、给公民以政治自由的问题上，宣言同彼斯特尔的《俄罗斯法典》和穆拉维约夫的“宪法”相呼应。总的来说，这个宣言比“穆拉维约夫宪法”激进，是十二月党人发动起义的旗帜。

毫无疑问，十二月党人的这三个反映他们政治观点的主要文件反映了他们思想的自由主义性质。虽然他们在有关未来国家制度的方案上有激进和温和之分，但在总的原则上是一致的，即以资产阶级自由主义的精神来改造农奴专制的俄国。如前所述，十二月党人的政治思想基本上直接来源于由法国革命弘扬的资产阶级政治自由学说。彼斯特尔在谈到自己思想转变时说：“我从君主立宪思想方式转变为革命的思想方式，最主要的是由于下列论题与见解的影响：——德杜 - 德 - 特拉西的法文著作对我发生了很强烈的影响。他证明：任何统治，如果国家的元首位置由一个人把持（特别是世袭制），都不可避免地总要成为专制政治。”[2]十二月党人的经济思想则比较明显地带有亚当·斯密、赛依、西斯蒙第等人的理论痕迹。就此而言，十二月党人无疑是西方自由主义的信徒。

只不过在有关实现目标的手段问题上，十二月党人的观点与当时欧洲的自由主义理论是有所区别的。在19世纪的英、法等国，自由主义者已放弃了有关可以采用任何方式争取天赋权利的主张，而希望通过温和的改良来实现自己的理想。而十二月党人活动的舞台仍然是农奴制度和专制制度的俄国，在这个国家的发展道路上，

[1] 姚海：《近代俄国立宪运动的源流》，四川大学出版社1996年版，第59页。

[2] 孙成木、刘祖熙、李建主编：《俄国通史简编》下册，人民出版社1986年版，第4页。

首先面临着破坏旧制度的任务。在十二月党人看来，现在的俄国就如同1789年前的法国一样，因此，只能以公开的斗争和革命的手段来完成这项任务，改变俄国在经济、政治、文化上的落后状况。这种观点与法国大革命时期的自由主义是一致的，十二月党人希望用法国革命的思想来实现俄国的1789年。

下面的事实也能证明十二月党人运动的自由主义性质：起义失败后，别斯图热夫在写给尼古拉一世的信中承认说："我在口头上是一个超自由主义者，但这只是为了得到我的同志的信任。在内心深处，我是倾向于君主制度和温和的贵族政体的。"这个自白表明，十二月党人是把自由主义奉为基本原则和信条的。当时，沙皇政府和保守贵族也认为十二月党人运动是在自由主义的旗帜下进行的，卡拉姆津就认为，十二月党人是"我们那些失去理智的自由主义者的荒谬悲剧"[1]。

十二月党人运动，是以先进贵族为主体的具有自由主义性质的运动，毫无疑问是俄国早期贵族自由主义的一座丰碑。但从俄国社会思想的发展来看，十二月党人的自由主义又不同于此前的贵族自由主义。它已不是少数贵族在沙龙中议论的话题，不是对西方自由主义学者某些观点的介绍和解释，也不是为装点门面或修补现存制度而利用自由主义。在十二月党人运动中，已经隐含着俄国资产阶级自由主义的早期形态。虽然十二月党人几乎都是贵族，有些甚至出身名门望族，但他们是贵族阶级的叛逆者，他们的思想和活动的性质与贵族阶级很少有联系，相反，他们的纲领反映了俄国社会的大趋势，代表了正在形成中的俄国资产阶级的利益。

十二月党人的事业，启动了俄国社会转型的"发酵"过程，他们的思想影响着一代又一代先进的俄国人。"行看星星之火，燃成熊熊烈焰！"[2]十二月党人亚历山大·奥多耶夫斯基在西伯利亚用带手铐的手写成的著名诗句，形象地概括了十二月党人的历史功绩。如果说后来的革命民主主义者发扬了他们的斗争精神，那么自由主义者则更多地继承了他们的理论观点。

三、19世纪30—40年代大争论中自由主义的初步分野

（一）19世纪30—40年代大争论概况

十二月党人起义被镇压以后，新沙皇尼古拉一世一方面加紧扼杀思想界的自由

[1] 姚海：《近代俄国立宪运动的源流》，四川大学出版社1996年版，第59页。

[2] 孙成木、刘祖熙、李建主编：《俄国通史简编》下册，人民出版社1986年版，第26页。

主义倾向与争论，“专制制度公然宣告，它与文明不能和睦相处”[1]，并鼓吹把“东正教、专制制度和民族性”三位一体的公式作为俄国的基本政治口号。对此亲历那个时代的巴纳耶夫写道，“十二月十四日事件后的反动势力是最可怕的，一切都平息了、呆滞了。”[2]赫尔岑也感叹道：“1825年转折之后的停滞时期”，“社会的道德水平降低了，发展中断了，生活中一切进步的、强大的因素被铲除了。”[3]但另一方面专制政府仍试图把欧洲文明的“优点”同贵族专制国家的现实结合起来，结果为这一时期俄国思想的发展留下了一定的空间，从而使得俄国思想界“在风平浪静的表面下，潜伏深处的活动在展开”[4]。除了以斯佩兰斯基和莫尔德维诺夫为代表的官方贵族自由主义余波依然存在之外，俄国社会正在经历的剧烈变动孕育着社会思想的新发展。尼古拉一世政府鼓励贵族青年进入大学学习，以便“结束由外国人对他们进行错误的家庭教育”的状况。但政府没有预计到，数年之后从大学生中不仅产生出“教会的忠实儿子、上帝和沙皇的忠实臣民”[5]，同时也出现了无所畏惧的激进革命分子和坚持自由主义改革的反对派分子。恰如赫尔岑所说：“在这个屋顶和这个地基之间，一批孩子首先抬起了头，也许这是因为他们从未想到，这有多么危险。但是不论怎样，这些孩子惊醒了俄国，俄国开始思考了。”[6]这些被1825年十二月党人革命所惊醒的孩子就是1830—1840年间彼得堡和莫斯科的年轻思想家们，这群知识分子受冷漠，正是因为上有一个以钳制自由思想发展为己任的专制制度、下有一个沉睡于中世纪的黑暗宗教世界的农奴群体，知识分子夹在这两个都与自由思想为敌的阶级之中，其痛苦之剧烈也由此可见一般。但知识群体还是在这种恐怖的氛围中成长了。19世纪60年代，远在英伦的赫尔岑回忆道：“30年前，未来的俄罗斯仅仅存在于几个孩子之间，他们刚离开童年，还那么微不足道，不易察觉，因此可以在专制制度的铁蹄和土地之间的隙缝中盘桓发展，可是他们身上蕴藏着12月14日的传统，全人类科学和真正人民罗斯的传统。这些新的生命必然要成长，正

[1] [俄]赫尔岑：《往事与随想》中册，项星耀译，人民文学出版社1998年版，第140页。
[2] [俄]巴纳耶夫：《群星灿烂的年代》，上海译文出版社1995年版，第205页。
[3] [俄]赫尔岑：《往事与随想》中册，项星耀译，人民文学出版社1998年版，第35页。
[4] [俄]赫尔岑：《往事与随想》上册，项星耀译，人民文学出版社1998年版，第108页。
[5] 孙成木、刘祖熙、李建主编：《俄国通史简编》下册，人民出版社1986年版，第29页。
[6] [俄]赫尔岑：《往事与随想》中册，项星耀译，人民文学出版社1998年版，第35页。

如青草会在尚未冷却的火山口上顽强地蕃衍一样。”[1] 这些微弱的火光，正是俄国19世纪三四十年代知识分子所引发的。“从一定意义上说，改革前的俄罗斯帝国思想界最活跃的时期是以莫斯科争论为标志的十九世纪40年代，西方派和斯拉夫派的自由主义争论成为照耀19世纪农奴制俄国社会的一个亮点。”[2]

1836年，被俄国著名思想家别尔嘉耶夫称为“第一位俄国历史哲人”的彼·亚·恰达耶夫在《望远镜》杂志上发表了他的《哲学书简》，对农奴制度发出了尖锐的抗议。他认为，农奴制的存在是俄国生活中黑暗和可耻的污点，是国家进步道路上的主要障碍，他大声疾呼：农奴制是“一条死路”，是“可诅咒的现实”[3]。恰达耶夫的文章被赫尔岑比喻为“黑暗中的枪声”，震动了俄国思想界。恰达耶夫以自己的独特方式表达了对俄罗斯祖国的热爱和对社会问题的关注，以惊世骇俗的言论，彻底否定了俄国的历史和传统，激烈地反抗俄国生活，极其尖锐甚至极端刻薄地揭露和批判俄国野蛮、迷信和残酷的现实。恰达耶夫关于俄国历史的看法，成为后来著名的斯拉夫派与西方派争论的直接原因。

由于沙皇专制政权不允许公开的反对派言论存在，斯拉夫派与西方派的交锋主要是以学术探讨的形式进行，他们之间的论战带有浪漫主义的气息，但从本质上来说，它绝非单纯的学术问题的争论，而是不同思想之间的交流与交锋，而非某些学者所断言的那样：“在很大程度上是思辨哲学和文学的性质，在很小程度上带有积极的政治和经济性质。”[4]

在已有的文献中，一般都认为西方派由倾向于西方自由主义和社会民主主义的两股思潮而成，而斯拉夫派则是俄罗斯的文化保守派。但事实上，斯拉夫派对西方的了解并不在俄罗斯之下，斯拉夫派的领军人物霍米亚科夫、基列耶夫斯基兄弟等人，都出身贵族，因而都有过游学西方的经历并熟谙当时西方的各种思潮和流派。从另一种意义上来看，“斯拉夫派并不是狂热的无原则的复古派，他们的主张实际上反映的是受到伤害的俄罗斯民族感情，是对彼得一世以来外国文化影响泛滥的一种反作用……改革必须同人民的精神传统和风俗习惯相符合，自上而下地进行”，

[1] ［俄］赫尔岑：《往事与随想》中册，人民文学出版社1998年版，第32页。

[2] 刘祖熙：《改革与革命——俄国现代化研究》，北京大学出版社2001年版，第357页。

[3] 苏联科学院哲学研究所、莫斯科大学俄罗斯哲学史教研室编：《苏联各民族的哲学与社会政治思想史纲》第1卷，周邦立译，科学出版社1959年版，第442页。

[4] ［苏］梁士琴科：《苏联国民经济史》第1卷，人民出版社1959年版，第531页。

他们“试图走一条独特的俄国式的发展之路”[1]。反倒是公认的西方派领袖人物别林斯基与赫尔岑，在这场论战展开之前，对西方的认识基本上都取自书本，别林斯基直到1847年因病去德国疗养，方才知道西方的状况。从知识层面来看，这两派人物的观念则多有交汇之处，两派人物都能熟练运用黑格尔的辩证法精神，并对西方启蒙之后的社会思潮了如指掌，“平等”、“自由”这些观念——两派人物都视如珍宝，所提供的只是方案上的不同。有些史学著作过于强调这两个派系之间的斗争，从而模糊了他们本质上的许多相似性。其实两派也是朋友，他们都是理想主义者和自由主义者[2]。恰如赫尔岑本人所说，西方派与斯拉夫派实有“同样的爱，只是方式不一样……我们像伊阿诺斯或双头鹰，朝着不同的方向，但跳动的心脏却是一个”[3]。也就是说，尽管两派对俄国的过去与将来有着完全不同的看法，但在政治上他们都是现存制度的反对派，他们各自从不同的方面反映了正在形成中的俄国资产阶级的意识形态。在两派中，斯拉夫派的观点保守一些，但它提出的一系列深刻问题也促使西方派去研究和思考。同时斯拉夫派与西方派都在想方设法拯救俄国，他们双方都不满俄罗斯的现状，都力求改革。当然，西方派与斯拉夫派在关于启蒙之路的途经上依然存在分歧，只是这场争论都是自由主义的内部争议。正是这一点，使19世纪40年代的争论得以在“态度的同一性”上展开，也正因此，使日后的分裂有可能发生。

（二）俄国保守自由主义派别的先声：斯拉夫派

斯拉夫派作为俄国社会思想的一个流派，它代表的主要是资产阶级化的贵族地主的政治和经济愿望，主要代表人物有A•C•霍米亚科夫、基列耶夫斯基兄弟、A•И•科舍廖夫、阿克萨科夫兄弟、Ю•Ф•萨马林等，但它并没有统一的理论和纲领，只是在和西方派的争论中，表现出了一些共同的基本观点。事实上，“有不少内部矛盾的体系、流派、理论、观点、世界观，远不是一元论的……在它们内部一些思想和逻辑上相互矛盾的东西同时并存……俄国1861年前的斯拉夫主义就是这样的流派之一。”[4]在评价斯拉夫派的性质时这一点尤为重要。“为了把俄国斯拉夫主义理解成整体的理论，必须分别对待它的‘反农奴制’和‘反资本主义’的宣传，对待它对

[1] 姚海：《俄罗斯文化之路》，浙江人民出版社1992年版，第132—133页。

[2] 曹维安：《俄国史新论》，社会科学出版社2002年版，第300页。

[3] ［俄］赫尔岑：《往事与随想》中册，项星耀译，人民文学出版社1993年版，第143页。

[4] С.Дмитриев, Подход Должен Быть Конкретно-Исторический, *Вопросы Литературы*, 1969(12), cc.80-81.

俄国的‘过去’和‘现在’问题的解决”，要避免“将某些社会—文化现象在它的具体历史表达之外与阶级属性进行片面对比”[1]的危险。

从总体上来看，斯拉夫派认为俄国的历史道路完全不同于西欧的发展，俄国文化优越于西方文化，其中基于农村公社之上的东正教脱胎换骨，一跃成为俄国文化优越的保障。斯拉夫派的领袖人物、哲学家霍米亚科夫认为，东正教之所以优越于新教与天主教，是因为唯有俄国社会中存在符合神圣教义的“聚和性”[2]。所以，“按照其他欧洲国家的情况来判断俄国，等于用矮个子的尺寸为高大汉子缝制衣衫。欧洲各国在许多特点上彼此相同；了解半个欧洲，便可按照这一半来判断另一半，一般说，错误不会多。但是对于俄国，不能用这种方式判断，因为它同它们毫不相像。”[3]故而，欧洲各国人民能够于己无害地接受的那种自由对我们并不“适宜”。“我国农民不能忍受普鲁士的自由；德国的自由不会使他们的情况改善；法国的自由将使他们饿死；英国的自由会把他们推向死亡的深渊。”[4]

斯拉夫派还以俄国传统的保卫者自居，他们认为一切灾难都是从彼得一世开始的：他移植西方的制度，抛开了俄罗斯古老的历史基础。由此得出结论：从纯洁、朴实的俄罗斯精神中可以找到哲学和艺术的源泉，找到俄罗斯的未来。但是，斯拉夫派并不是狂热而简单的复古派，他们的主张实际上反映了欧化进程中受到伤害的俄罗斯民族感情，是对彼得一世以来外国文化影响泛滥的一种反作用。他们虽然反对走欧化的道路，但并不意味着反对进步与文明，这批“文化程度高的自由主义地主团体”肩负着捍卫民族文化的资产阶级口号[5]。尽管斯拉夫派的思想具有极其强烈的传统色彩，但是他们都是资产阶级化的贵族地主或出身贵族的知识分子，他们大多受过良好的欧式教育，同西方派一样受到当代西方哲学和政治思想的影响，因而杰尔查文说他们是“民族主义情绪的自由主义资产阶级团体”[6]并非空穴来风。之所以有人认为“不管斯拉夫派在准备改革时期把自由主义的空话说得多么响亮，他们

[1] В.А.Кошелев, *Эстетические и Литературные Воззрения Русских Славянофилов1840-1850-е гг*, Л., 1984, сс.15-16.

[2] 张百春：《当代东正教神学思想》，上海三联书店 2000 年版，第 55 页。

[3] [俄] 戈·瓦·普列汉诺夫：《俄国社会思想史》第 3 卷，商务印书馆 1990 年版，第 155 页。

[4] [俄] 戈·瓦·普列汉诺夫：《俄国社会思想史》第 3 卷，商务印书馆 1990 年版，第 162 页。

[5] Е.А.Дудзинская, *Славянофилы в Общественной Борьбе,* М., 1983, сс.45-46.

[6] Н.Державин, Герцен и Славянофильство, *Историк-марксист,*1939(1),с.126.

终究是农奴制维护者的直接盟友”[1]，其主要原因就在于他们单纯从阶级出身出发，而没有看到在大改革前夕一些比较开明的贵族地主和自由派立场的接近。

斯拉夫派观点的核心是“公社原则”。在他们看来，俄国的农村公社是民族精神的集中体现，是从远古遗留下来的“整个俄罗斯历史的基石和根源”[2]。但斯拉夫派并非如其争论对手所指责的那样主张维护农奴制，相反，村社“乌托邦没有阻碍他们成为农奴解放的热心拥护者”[3]，他们有时甚至比一些西方派成员更加坚决地主张废除农奴制，在他们看来，农奴制度是违背人民意志的罪过，应该解放农民以推动国家社会经济的进步，因而他们的改革方案中并不比西方派方案中的资产阶级成分少[4]。只不过在他们看来，农奴制是彼得一世时代的产物。斯拉夫派对彼得一世的政策持否定态度，说它中断了俄罗斯有机的发展过程，引进了西方瘟疫，导致了农奴制的确立、沙皇与“庶民”的对立以及上下层的分离。如果注意到彼得一世改革所包含的矛盾，那么可以认为，斯拉夫派对彼得改革的抨击和对古罗斯传统的留恋本身就包含着对 18 世纪以来农奴制度和专制制度不断强化这一事实的否定。他们激烈抨击农奴制的罪过和尼古拉一世专制政权的警察统治与官僚机构，主张通过改革来摆脱这种违背人民意志的罪恶，只不过认为这种改革必须同人民的精神传统和风俗习惯相符合，自上而下地进行，并从理论上论证俄国革命的不必要和不可能[5]。他们希望舆论自由、重建缙绅会议、逐步解放农民；并且主张知识分子要接近人民，认为“离开人民的土壤没有基础，离开了人民就没有任何现实的、有生命力的东西，而任何善良的思想，任何在根源上没有同人民的历史土壤相联系，或者没有在本质上是从这种土壤中生长出来的机构，是不能结出果实的，而且还会变成一堆废物”[6]。

可见，斯拉夫派的思想是十分复杂的，其中既有作为地主农奴制度思想体系的成分，又明显地受到自由主义思潮的影响，“已经展开的资本主义发展前景促使他

---

[1]　[苏]察哥洛夫：《俄国农奴制解体时期经济思想概论》，北京大学出版社 1987 年版，第 251 页。

[2]　Е.А.Дудзинская, *Славянофилы в Общественной Борьбе*, М., 1983, с.122.

[3]　Н.И.Цимбаев, *Славянофильство*, М., 1986, с.198.

[4]　Е.А.Дудзинская, *Славянофилы в Общественной Борьбе*, М., 1983, с.8.

[5]　В.А.Дьяков, Идея Славянского Единства в Общественной Мысли Дореформенной России, *Вопросы истории,* 1984(12) , с.27.

[6]　[苏]马里宁：《俄国空想社会主义简史》，商务印书馆 1990 年版，第 89 页。

们与资产阶级联盟”[1]。“无疑，按自己的阶级本质来说，斯拉夫主义是地主的理论。实现40—50年代斯拉夫派的实际社会经济纲领的客观结果是农业按照普鲁士道路的资本主义发展和工业的加速发展资本主义……这样的结果并不与俄国资产阶级的利益矛盾。”[2]但苏联学术界曾在很长时间内把斯拉夫派的理论同官方人民性和农奴制思想体系混为一谈[3]，现在看来，显然不太客观。从文化意义看，斯拉夫派的观点是西方自由主义思想与俄国宗法保守思想的混合物。从政治角度看，斯拉夫派的理论植根于十二月党人世界观形成的那个年代，只不过他们是贵族反对派，而非贵族革命家，斯拉夫派用保守理想论证了温和改革的必要性，正好表现出19世纪40—50年代的贵族自由主义的特点[4]。但他们又比传统的贵族自由主义大大前进了一步，确切地说，他们处于贵族自由主义向资产阶级自由主义转化的过渡阶段，起着承上启下的中介作用，在民族主义和传统主义的外衣下，他们的思想在本质上是自由主义[5]。概而言之，斯拉夫派是一定程度上的自由主义思想和保守的贵族思想的混合物，是俄国保守自由主义的先声，他们的继承者后来大多成为俄国自由主义阵营的右翼。[6]对此，沙皇政府也很清楚，认为斯拉夫派的主张是对专制制度的威胁，“在政权眼中他们是自由派”[7]，并下令禁止斯拉夫派组织的化妆游行，禁止他们创办杂志和宣传自己的观点。一些著名的斯拉夫派活动家受到特务机关的监视，萨马林、И• 阿克萨科夫等人还曾遭到逮捕和审讯。当现实粉粹了斯拉夫派关于重建田园诗般的宗法关系的天真幻想时，许多斯拉夫派分子纷纷走上了主张实行西方式的君主立宪制度的道路，从而使斯拉夫派具有更加明显的自由主义色彩。

（三）俄国激进自由主义派别的先声：西方派

与斯拉夫派相比，西方派是一些更为激进、更为欧化的俄国知识分子，其中既

[1] В.А.Китаев, Славянофильство и Либерализм, *ВопросыИстории,*1989(1), с.133.

[2] С.С.Дмитриев, Славянофилы и Славянофильство, *Историк—Марксист*,1941(1), с. 96.

[3] Н.Рубинштейи, Историческая Теория Славянофилов и Её Классовые Корни, *Русская Историческая Литература в Классовом Освещении*, Т.1, М., 1927, сс.81-82.

[4] Ю.З.Янковский, *Патриархально-Дворянская Утопия*, М., 1981, с.7.

[5] В.Я.Лаверычев, Н.М.Пирумова, Некоторые Проблемы Истории Освободительного Движения в России ⅩⅨ Века, *История СССР,* 1986(2) , с.37.

[6] В.А.Китаев, Славянофильство и Либерализм, *вопросы истории*, 1989(1).

[7] В.И.Кулешов, *Славянофилы и Русская Литература*, М., 1976, сс.270-271.

有贵族，也有平民。前者如季·尼·格拉诺夫斯基、康·德·卡维林、И•С•屠格涅夫、安年科夫、В•波特金、叶·科尔什等，后者如别林斯基等。至于赫尔岑，争议则较大，以往通常把赫尔岑划为革命民主主义者，但以赛亚·柏林却谓赫尔岑“最耿耿持恒的目标，是个人自由的保证”，从而把他看作是“十九世纪自由主义之最伟大心魄之一”[1]，目前人们更多地倾向于认为赫尔岑综合了斯拉夫派和西方派的思想，他的“农民社会主义学说”既是“斯拉夫的”，又是“西方的”[2]。

针对斯拉夫派关于俄国发展道路特殊性的观点，西方派则表明了俄国近代发展的资产阶级观念，他们不承认俄国文明和命运的独特性，认为俄国与西欧没有任何基本的不同，“一切差别仅仅在于以前的历史条件，而目标、任务、志向、今后的发展道路都是一致的”[3]。俄国的弱点在于国家落后，所以俄罗斯唯有学习和仿效西欧，走西方文明发展之路，才能迎头赶上，从而改善俄国的地位。他们相信，西欧是“我们在公民发展道路上的老师”[4]。但他们大多不是西方的盲目崇拜者。在他们看来，他们之所以主张学习西方主要在于借用外国的经验，这不但不会妨碍俄罗斯独特性的展现，相反还是展现其本民族独特性的必要条件：“有极高的发展能力的民族只有在实现掌握了自己不熟悉的东西，才能够展现出自己的东西。”[5]何况俄罗斯在融入“全人类生活”时，俄罗斯人仍旧还是俄罗斯族的斯拉夫人[6]。

西方派对俄国村社的看法与斯拉夫派也不同，认为村社的直接任务是把农民固定在土地上并强迫他们纳税服役。同时，西方派高度评价彼得一世的作用，认为是他把落后的俄国推上了欧洲发展的道路。西方派认为斯拉夫派的理论不是号召人民向前，而是向后，朝向那些落后的、早已过时的习俗和制度。

在对待俄国现实的问题上，西方派同样反对用革命的方式向资本主义过渡，而主张通过自上而下的和平改良方式来废除农奴制度、限制专制政权、实现公民自由

[1]　[英]以赛亚·柏林：《俄国思想家》，彭淮栋译，译林出版社2001年版，第248页。

[2]　曹维安：《俄国史新论》，中国社会科学出版社2002年版，第303页。

[3]　Ирина Сиземская, Лидия Новикова,Идейные Истоки Русского Либерализма, *Общественная Наука и Современность,* 1993(3), с.128.

[4]　Б.Н.Чичерин, *Философия Права,* СПб., 1998, с.526.

[5]　В.В.Шалохаев, *Русский Либерализм:Исторические Судьбы и Перспективы*, М., 1999, с.122.

[6]　Ирина Сиземская, Лидия Новикова, Идейные Истоки Русского Либерализма, *Общественная Наука и Современность,*1993(3), с.128.

和政治自由。他们害怕人民运动，从而把改变现状的希望寄托在沙皇政府的“明智”上面[1]。

总之，西方派力主吸收西方文明的成就以促进俄国社会的进步和发展，他们把资本主义制度视为理想社会制度，大肆鼓吹当时西方自由主义学者的政治经济理论和学说，赞赏资产阶级民主，实行资产阶级性质的改革，从而极大地促进了这些思想在俄国的传播。他们对西方经验的吸收、解释和宣传，对于俄国资产阶级自由主义思想体系的成熟具有重大意义。他们的要求反映了那种力图使俄国更全面、更彻底地欧化以加快其发展的愿望。

毫无疑问，西方派是自由主义派别，只不过相对于斯拉夫派的保守而言，他们的理念和主张显得更为激进而已，他们崇拜西方文化，赞赏西方民主、自由，向往资产阶级的君主立宪制。换言之，他们表达了俄国将来发展的资产阶级观念。如果把斯拉夫派看作是俄国资产阶级保守自由主义的先声，那么在这个意义上，也可以把西方派视为俄国资产阶级激进自由主义的先声，尽管这两个派别并没有形成真正意义上的“派别”。

总之，两派从不同的立场出发，从不同的侧面反映了正在形成中的俄国资产阶级自由主义的一些基本特征，促进了这一思想体系的发育与成熟，并由此奠定了俄罗斯自由主义思潮中保守与激进两翼并存的格局。

[1] 参见曹维安：《俄国史新论》，中国社会科学出版社 2002 年版，第 298—300 页。

第四章　大改革与俄国自由主义反对派的形成与发展

俄国自由主义的系统化完成于克里米亚战争结束之后，农奴制改革前夕，即19世纪50年代中期。自此之后，俄国自由主义正式作为一个独立的社会思想流派开始实际地影响和参与社会政治生活。鲍里斯·齐切林无可争议地成为大改革前后俄国自由主义的精神领袖。可以说正是在谋求和促使沙皇政府进行农奴制改革的过程中，自由派逐渐形成，并发展成为一股重要的政治力量。这两个过程相辅相成，互为作用，共同推进。事实上，大改革期间所进行的一系列改革与自由主义者都有或多或少的联系，不过，自由主义在进一步深化的同时，也出现了新的分化组合。

一、大改革前夕资产阶级自由主义反对派的正式形成

伴随着斯拉夫派与西方派的争论，俄国自由主义思想体系日趋成熟。俄国在克里米亚战争中的失败和尼古拉一世之死是俄国资产阶级自由主义走上前台的重要背景。对于俄国来说，克里米亚战争其实就是“一个生产方式落后的民族对几个具有现代生产的民族的一场无望的斗争”[1]，“战争显示出农奴制俄国的腐败和无能”[2]，其结局是“沙皇政府在全世界面前给俄国丢了丑，同时也在俄国面前给自己丢了丑。前所未有过的觉醒时期开始了”[3]。

在克里米亚战争前后，社会各阶级就围绕着农民问题和废除农奴制问题展开了激烈的斗争。萨马林写道：“近些年来……农民用体刑惩罚地主的现象屡见不鲜，

[1]　姚海：《俄罗斯文化之路》，浙江人民出版社1992年版，第180页。

[2]　《列宁全集》第20卷，人民出版社1989年版，第174页。

[3]　《马克思恩格斯全集》第22卷，人民出版社1965年版，第44页。

这恐怕是地主政权道德衰败的最切实的征兆。”[1]莫斯科政论家缅尔古诺夫针对第三厅的暴行，提出了“要自由”的口号。他写道：“我们长期没有自由地呼吸了。我们如同需要空气、面包、阳光一样，需要自由！”[2]在这种情况下，新登基的沙皇亚历山大二世被迫做出了一些自由主义的姿态。还在服刑的十二月党人得到赦免，书刊检查有所放松，出现了一些新的杂志，大学开始向更多的年轻人开放。被选派出国的机会也增加了。借助于这种有利形势，俄国国内各种政治派别开始公开议论时政，抨击现状，纷纷发表意见，探讨摆脱危机的良策，寻找复兴俄国的出路。在讨论过程中，那些昨天或许站在斯拉夫派队伍中，或许处在西方派阵营内部，或许只具有激进思想的进步人士而今由于共识日多，目标越来越相近，开始在自由主义的旗帜下联合起来，在农奴制改革前后逐渐形成一个以西方派为主体的包括其他派别的新的政治派别——自由派。诚如齐切林所言，斯拉夫派分子在实践方面“容易跟西欧派一致，因为二者的目的是一回事”，“实践活动的时候一到，理论的分歧就消失了，争论也就停息了”[3]。自由派最著名的代表人物有斯拉夫主义者尤·弗·萨马林、科舍廖夫和西方派卡维林、齐切林等人。

在西方派自由主义者中间，克里米亚战争后期就秘密传播着“手稿作品”，卡维林、齐切林、米尔古诺夫等著名的自由主义者都曾用这种方式表达自己的思想。“各种内容的文章被广泛传阅、大量转抄，从首都传到外省，又从外省传到首都。”[4]为了使自由主义的声音取得更广泛的社会反响，从1855年起，以卡维林和齐切林为代表的西方派自由主义理论家开始利用赫尔岑在伦敦的印刷所。在“致编辑部的信”中，他们表达了自己的主要观点：“我们在想，如何在整个社会机体不受震撼的情况下解放农民；我们希望把良心的自由引入这个国家，取消或至少放宽书刊检查制度……我们准备团结在哪怕能表现出一点自由主义倾向的政府周围并全力支持它，因为我们确信只有通过政府才能有所行动并取得结果。”[5]赫尔岑反对他们维护君主制的立

[1] 孙成木、刘祖熙、李建主编：《俄国通史简编》下册，人民出版社1986年版，第99—100页。

[2] 孙成木、刘祖熙、李建主编：《俄国通史简眖》下册，人民出版社1986年版，第101页。

[3] Воспоминания Бориса Николаевича Чичерина, *Москва Сороковых Годов*, М: Издание М.и С.Сабашниковых, 1929, с.225.

[4] 姚海：《近代俄国立宪运动的源流》，四川大学出版社1996年版，第71页。

[5] Н.М.Пирумова, Земское Либеральное Движение:Социальные Корни и Эволюция до Начала XXв, М., 1977, с.54.

场，但支持他们反对政府的观点，遂于1856年在《北极星》文集上以《来自俄国的呼声》为题开辟了专栏。赫尔岑在前言中写道："我们发表的这些文章特别重要，因为它们属于在这次战争期间和尼古拉一世死后不可遏制的力量发展起来的手稿作品之列。这是俄罗斯的声音议论俄罗斯的事情的最初尝试。"[1] 以此为契机，俄国资产阶级自由主义形成了系统的理论和纲领，并以独立的政治思想流派和社会运动的面貌出现在俄国社会生活的前台。故此次事件可以看作是俄国自由主义作为政治思想的特别派别正式形成的标志。

与此同时，斯拉夫派自由主义者也在以自己的方式进行活动。根据И•阿克萨科夫的建议，他们写了不少"札记"，就改善国家的经济和政治状况发表具体意见。科舍廖夫在"札记"中建议召集缙绅杜马，希望以此加强"沙皇与人民的联系"。К•阿克萨科夫认为，由于各阶层之间尚有很大距离，现阶段可首先考虑给政府以执行和立法的权利，给人民以表态和发言的权利。他们写的某些札记曾送达亚历山大二世。

1856—1858年，沙皇政府被迫放宽了对社会舆论的限制，自由主义者陆续出版发行了几种刊物。1856年，由科舍廖夫负责编辑的《俄国论坛》成为第一份公开的自由主义刊物。随后，又出现了《俄国通报》和《阿捷涅伊》。利用这些舆论阵地，自由主义者对迫切的社会政治问题发表意见，比较系统地阐述了自己的纲领和策略理论。作为新兴的资产阶级和资产阶化的贵族地主的代表，自由主义的基本政治主张是实现政治自由和公民自由，废除农奴制度，给予个人从事经济活动的权利，为资本主义的发展扫除障碍。他们也像西方自由主义者一样，坚持个人自由这一自由主义的核心原则，强调个人自由的至高无上性。正如卡维林所说的："对于那些想要参与新世界的全球性历史活动的民族来说，没有个性原则是不可能的。认识到自己的无限的绝对尊严，是人民整个精神发展的必要条件。"[2]

在农民问题上，自由主义者除了继续论证废除农奴制的必要性之外，还提出了不少具体的改革方案，自由派官僚的代表尼古拉•米留京更是直接参与了废除农奴制的筹备工作，并在其中发挥了举足轻重的作用。自由派的著名代表卡维林在《关于俄国农民解放的札记》中指责农奴制"使整个国家陷于不正常状态，并使国民经济

[1]　姚海：《近代俄国立宪运动的源流》，四川大学出版社1996年版，第72页。

[2]　Ирина Сиземская, Лидия Новикова,Либеральные Традиции в Культурно-Историческом Опыте России, *Свободная Мысль,* 1993(15), с.71.

中产生危害国家机体的人为的现象”。他认为，农奴制度的腐败是农民起义的根源，要防止拉辛、普加乔夫式的暴动，只有废除农奴制。“如果这个制度原封不动，那么，几十年以后，它就会把整个国家毁灭。”[1] 在解放农民的途径上，他主张“不仅必须连带属于他们的全部财产，而且一定要连带土地”；同时，地主应该为农民的解放而得到一笔赎金，以便把自己的经济转向资本主义的经营方式。赎金由国家以给农民贷款的形式一次付给地主，而农民在一定年限内偿还国家。科舍廖夫在《论消灭俄国农奴状况的必要性》札记中要求“直接地、彻底地、一次地、普遍地”解放农民并给予他们土地，这个过程既要通过地主和农民之间的自愿协议，也应在政府的鼓励、监督和强制下进行。贵族世家出身的萨马林在《整顿农村》等政论性文章中，反映了草原地主的利益，主张把全部土地分给农民，在规定的过渡期限内，农民有权赎取土地，亦即分阶段逐渐废除农奴制。

关于法制问题，自由主义者认为，法的意义既不能归结为立法者的专断，也不能归结为社会契约。人的生存、自由、财产等自然权利是法的基础，后者是人的自由和独立性的保障。他们坚持法律对政权的优先原则，将法律的至高无上的地位当成是正常国家制度原则中的最高价值加以捍卫[2]。

关于国家的作用问题，这一时期的自由主义者认为国家是超阶级的，应当是公民权利的保护者，但不能取代公民社会，不能干涉公民的私人生活，不应当规定公民的经济活动，而是应当保证他们的企业经营实践的自由和条件。正如齐切林所言：“也像任何经济活动一样，生产和资本积累都是私人的事，而不是国家的事。作为权利的保护者，国家的使命只是为所有的人创建一个它能创造的平等条件，避免人民遭受来自其他方面的侵害。”[3] 他们捍卫能够进行必要的改革、能够保证社会秩序的强有力的国家，认为只有强有力的国家才能捍卫公共利益。在国家制度上，他们的基本立场是俄国应该像西方一样，用体现政治自由原则的形式来代替专制制度，君主制度可以保留、但应该逐渐地和平地从君主专制向立宪君主制过渡。自由主义的主要思想家都认为，世界上每个文明民族都不可避免地追求代表制度，而对于俄国来说，立宪君主制是最好的治理形式。这是因为君主政权在数百年间一直是国家

[1] 孙成木、刘祖熙、李建主编:《俄国通史简编》下册，人民出版社 1986 年版，第 108—109 页。

[2] 姚海：《近代俄国立宪运动的源流》，四川大学出版社 1996 年版，第 73 页。

[3] Ирина Сиземская, Лидия Новикова,Идейные Истоки Русского Либерализма, *Общественная Наука и Современность,* 1993(3), с.133.

统一的象征和民族的旗帜，而且，俄国已经产生了一个“新”贵族集团，即走上资本主义道路的地主和随着工商业发展而兴起的资产阶级，在贵族与资产阶级结合的情况下，俄国走上立宪君主制的道路将是不可避免的[1]。在目前阶段，俄国还没有发展到能够以代表制来治理的程度，但作为最初的步骤，可以首先“在沙皇和人民之间建立直接的活跃的联系”，并在行政管理、地方自治、各阶层关系方面进行改革[2]。

在实现自己目标的方式和策略上，自由派对革命感到异常恐惧，革命民主派鼓吹“暴力推翻农奴制度”的口号极不合他们的口味，于是，在固守农奴制度与暴力革命这种两难选择中，自由派只好采取中间路线，主张通过改良将俄国变成资产阶级君主立宪制国家，可以说，这是自由派的显著特征。对于自由派来说，沙皇正宣布的准备改革的许诺确实让他们产生了新的希望。他们热烈欢迎1857年诏令的公布，指望沙皇政府采取“安民”措施，防止动乱。科舍廖夫宣称：“我们谁都相信，在广袤的俄罗斯帝国，一个专制制度能够控制帝国各部分之间的联系，维护国内秩序。”[3]齐切林曾指责赫尔岑的革命宣传，说他幻想破坏历史形成的机体，建立一个被人为鼓动起来采用激烈暴力的下层阶级的国家。为此，他高呼：“我们不需要宪章交易，而需要专制政府的改革。”[4]以这种理论为依据，自由主义的基本策略是通过合法的反对派活动促使沙皇政权实行改革。他们一方面愿意在某种程度上与政权合作，从上面来“解放俄国”以避免大的动荡；一方面不断警告政权：拖延改革将引起来自下层的激烈行动，如果政权坚持沿着旧的轨道走下去，革命就将成为这一政策的必然结果。

自由主义还把各省的贵族会议和为拟订改革方案而成立的省委员会作为自己主要的活动基地。尤其是在省委员会中，自由主义者具有相当大的影响。例如，梁赞省委员会的组成是自由主义者8人，保守地主14人，动摇于两者之间的4人；图拉省委员会的组成是10个自由主义者和17个保守派地主；而在特维尔省委员会中，

[1]　Ирина Сиземская, Лидия Новикова, Либеральные Традиции в Культурно-Историческом Опыте России, *Свободная Мысль,* 1993(15), с.74.

[2]　В.Д.Зорькин, *Из Истории Буржуазно-Либеральной Политической Мысли России Второй Половины XIX -Начала XXв.Б.Н.Чичерин*, М., с.89.

[3]　孙成木、刘祖熙、李建主编：《俄国通史简编》下册，人民出版社1986年版，第109页。

[4]　孙成木、刘祖熙、李建主编：《俄国通史简编》下册，人民出版社1986年版，第109页。

自由主义者占了多数[1]。事实上，大改革前夕被卷入自由派的人越来越多，他们的活动对沙皇政权形成了一定的压力，是推动大改革的一支重要的政治力量。

总体来看，俄国资产阶级自由主义形成于农奴制危机加剧的时期，代表了一种新的生产力。但俄国的资本主义不是像西欧资本主义那样从前资本主义社会中有机地生长起来的，而从一开始就与封建农奴制国家政权有着密不可分的联系；俄国资产阶级也还远未成为一支独立的社会力量。在西欧资产阶级文化的冲击下，俄国资产阶级的“大脑”要比“躯体”早熟，而“躯体”的先天不足又必然对“大脑”产生影响：自由主义如果不同专制主义实现某种程度的妥协，就无法存在。

二、大改革中官方自由主义与民间自由主义的合流

毋庸置疑，大改革年代，俄国的自由主义取得了不少积极成果，最典型的就是在大力促进资本主义经济发展和社会结构重组的同时，极大地推动了俄国政治结构的一系列调整。而政府所进行的这一系列改革反过来又为俄国自由主义的进一步发展提供了更为广阔的空间。

农奴制度的废除是俄国历史上的一个转折点，俄国的经济由此开始变为资本主义经济。虽然1861年改革与广大农民和革命民主派的要求相距甚远，但与贵族地主顽固派的立场相比则是进步的。改革结果使俄国资本主义得到迅速发展。列宁指出：“1861年以后，俄国资本主义的发展是这样的迅速，只用数十年的工夫就完成了欧洲某些国家整整几个世纪才能完成的转变”[2]，故“这是俄国在向资产阶级君主制转变道路上迈出的一步”[3]。

专制制度在迈出了从封建农奴制国家向资本主义国家演变的关键一步之后，不得不继续按照资产阶级的法治精神，在上层建筑领域进行相应的改造，以便“瓦解进攻者和更容易地击溃他们”[4]。为了解救自己，亚历山大二世政府被迫采取随机应变的让步政策，如：1862—1864年的财政改革和国民教育领域的改革、1864年的地方自治和司法改革、1865年在出版和书刊检查领域所进行的改革、1870年的城市改

[1] 姚海：《近代俄国立宪运动的源流》，四川大学出版社1996年版，第78页。

[2] 《列宁全集》第20卷，人民出版社1989年版，第175页。

[3] 《列宁全集》第20卷，人民出版社1989年版，第174页。

[4] 《列宁全集》第5卷，人民出版社1986年版，第58页。

革、1874年在普遍义务兵役制基础上进行的军事改革等。尽管这些改革具有不彻底性，但终究是顺应潮流的，以至于“俄国开明人士认为‘大改革’是最后建立立宪政府制度也就是‘大厦落成’的一个重要步骤”[1]。

1861年改革使资产阶级自由派们对改良更加充满了信心，与此同时随着他们在经济生活中的作用不断提高，他们对现存政治结构的不满也日益增长。1862年，科舍廖夫警告政府说：“逐步地、局部地改变产生和庇荫官僚主义的国家体制，是行不通的。必须根除孕育丑恶的根源，而要实现此举，要么通过流血的革命，要么借助于沙皇与人民的适时、坦诚、全面的团结。”[2]当然他认为在莫斯科召集地方自治杜马并使之成为民众代议机关，才是最合适、最有效的途径。科舍廖夫的这种看法在自由派中非常普遍，当时许多省的贵族会议和地方自治会议不断提出向立宪制度过渡的要求，主张召开“俄国全国代表会议”，或建立地方自治的中央代表机关。虽然当时自由派们力图跻身于政府的决策行列，不过由于他们本身没有力量，对政府的态度又很软弱，害怕任何形式的革命，只要求通过改良的步骤，逐步实现对国家制度的改造，故而在大改革中，俄国大多数自由主义反对派支持政府的政策，采取了温和的、保守的立场。当时，齐切林曾把自由主义反对派的纲领概括为“自由主义的措施和强有力的政权”，即促使沙皇政权推行自由主义性质的改革，给予社会独立活动的权利，以实现公民权利以及思想和信仰的自由，逐步向立宪制度过渡；同时也要支持政府采取强硬手段对付革命运动，维持社会秩序[3]。也就是要求政府正视自由主义作为一种现实力量的存在，给予它相当程度的独立性，在社会生活的各个领域向每个人提供活动的自由。强有力的政府只需要在秩序受到破坏时采取行动，而不必在政策上收缩和倒退。事实上在代表资产阶级利益的自由主义和反映农民愿望的革命民主主义都还不可能对国家的发展起决定作用、专制主义虽遭到削弱但仍足够强大的条件下，国家的发展只能通过官方的改革来实现。

从总体上来看，在大改革期间，革命运动已经明显进入低潮，自由派则既不愿

[1]　[苏]М•К•杰瓦诺夫斯基：《苏俄史》上册，山西师范学院《苏俄史》翻译组译（内部交流教学参考），第51页。

[2]　А.Голoватенко, *История России:Спорные Проблемы*, М., 1994, с.126.

[3]　В.Д.Зорькин, *Из Истории Буржуазно-Либеральной Политической Мысли России Второй Половины XIX-Начала XXв.Б.Н.Чичерин*, М., сс.146-171.

反动倒退，也不愿革命性变革，而要走一条温和的改良道路。当时，政府迫于形势，既没有听命于反动贵族，也没有容忍革命运动，而是着手改革。这种政策与自由主义的目标一致，并使自由主义者产生了一种错觉，即沙皇政权是在认识到了农奴制的非理性和绝对专制制度的不公正之后而自愿进行改革的[1]。此外，在政府机关中确有一批具有自由主义倾向的官员，他们懂得并且主张，在废除农奴制后仍有必要继续做出自由主义的让步。这些情况使自由主义对政府寄予较高的期望，显得特别活跃。事实上，政府所推行的一系列改革都是在自由主义者的直接参与下，或是在他们提出的社会观点的影响下进行的。自由主义在大改革年代的理论和行动表明，它在本质上是反传统的，尽管它实现自己目标的方式是与传统妥协。亚历山大二世的所作所为赢得了自由派的喝彩，他们称颂亚历山大二世的政策是“感化专政”，对此感激涕零，安分守己地期待着政府新的让步。1881 年 3 月 13 日，亚历山大二世批准了在 3 月 26 日讨论洛里斯 - 梅利科夫提出的关于建立由具有咨询权的地方自治局选举的代表组成的委员会的提案。

然而事与愿违，1881 年 3 月 13 日这一天，亚历山大二世被炸死，继位的亚历山大三世宣称，他将按照“对专制政权的力量与真理的信念”行事[2]。之后直至 19 世纪 90 年代初，俄国历史处在“一种肆无忌惮、毫无理性和残暴至极的反动”时期[3]。

在政府的高压下，自由派资产阶级越发胆小怕事，于是进入了其发展史上短暂的蛰伏期。其实亚历山大二世刚一去世，自由主义就集体退缩了，他们连 19 世纪 60—70 年代所提出的十分温和的纲领也放弃了。因为“自由主义觉得自己是有愧的，他们无力继续坚持改革要求”[4]。加之亚历山大三世在他当朝执政之初一直玩弄的一种类似“有限制的宪法”的手段也迷惑了一部分自由派，以至于当亚历山大三世让各地方自治机关发表关于地方行政改革的意见时，各地方自治机关一致反对“乡属于一切等级”（也就是取消地主在地方行政中的所有特权）的主张，而异口同声地支持另一种主张，即必须“委由一个拥有广泛权力的人支持乡政，他的地位应该是

[1] 姚海：《近代俄国立宪运动的源流》，四川大学出版社 1996 年版，第 89 页。

[2] [苏] 安•米•潘克拉托娃主编：《苏联通史》第 2 卷，生活•读书•新知三联书店 1980 年版，第 504 页。

[3] 《列宁全集》第 1 卷，人民出版社 1984 年版，第 250 页。

[4] Д.Н.Шипов, *Воспоминания и Думы о Пережитом*, Иг., 1918, c.132.

独立的，他必须具有必要的道德品质和健全头脑……并能负责维持本乡的秩序和安宁”[1]。而这恰好为政府后来设立地方自治长官提供了依据和口实。

自由主义者对政府在1890年地方自治改革中的倒行逆施异常愤怒。如果说，地方自治机关在过去也是属于地主的，过去的选举也是以等级资格为基础的，但至少在表面上还是伪装成财产资格，而在1890年的改革中连这个伪装也被抛弃了。在这样大大加强地主主宰地方自治机关里的权力的同时，也限制了地方自治机关本身的权利，资产阶级自由派在谈到亚历山大三世的反动时总是对这一点怨声载道。在出现新的革命形势的条件下，自由主义反对派推波助澜，自由主义的理论趋向激进。他们开始认识到，那种认为可以在专制条件下发展自由的意见只能是美好的幻想，社会应该立即采取措施限制专制制度。他们也注意到，俄国生活正在发生深刻变动，专制制度的支柱——贵族地主阶级——在没落，金融、工业和商业资产阶级正在取代他们的地位；政府无力也不愿保证工商业的正常发展，国家面临着财政枯竭，饥饿和革命运动形成严重威胁。这一切把政治变革的任务提上了日程。

从总体上看，这一时期俄国自由派运动主要具有以下四个特点。

第一，地方自治机关是自由派运动的主要活动场所。俄国自由派虽早在克里米亚战争之后、农奴制改革前后就已开始活跃于政治舞台上，但尚未真正形成一股强大的政治运动。这种状况直到1864年1月13日（俄历1864年一月一日）沙皇政府颁布《省、县地方自治机关条例》之后才得以改观。这一时期，俄国自由派虽未能形成统一的政治派别，更没有建立自己共同的组织机构，他们的活动也是分散进行的，但地方自治机关一经建立，便成为俄国自由派麇集之所——自由派人士大量涌入地方自治机关，成为地方自治会议议员，并以此为根据地开展反政府活动。渐渐地，地方自治机关成了自由主义反对派的活动中心和传统基地。这种状况一直持续到20世纪初。据不完全统计，20世纪初，在34个实行地方自治的省份中，有33个省的241名地方自治会议议员直接参加了自由主义运动，约占这33省地方自治会议议员总数的22%[2]。因此，这一时期主要以地方自治机关作为活动场所的俄国自由派又称地方自治自由派。

---

[1]　[苏]波克罗夫斯基：《俄国历史概要》上册，生活•读书•新知三联书店1978年版，第280页。

[2]　А.Я.Аврех, Русский Буржуазный Либерализм:Особенности Исторического Развития, *Вопросы Истории* 1989(2), c.17.

第二，集会、上书、请愿是自由派运动采取的主要斗争方式。俄国自由派是矛盾二重性的集合体。他们不能容忍农奴制度，希望进行社会变革，由此获取各种自由，分享权力，但又害怕暴力革命，害怕能够推翻专制制度和地主政权的群众运动。在这种情况下，自由派在纲领方面主张自上而下实行渐进的社会改良，在策略上则选择了集会、上书、请愿等合法方式作为自己的斗争手段，幻想用这些温和的方式去感化沙皇，换取政府对他们的让步。与此同时，沙皇政府为了平息民怨，拉拢贵族，稳定局势，对来自贵族农奴主的呼声和要求采取"疏"的政策，允许各地方自治机关和贵族会议通过上书、请愿的方式传情达意。1865 年 12 月，在彼得堡省地方自治局会议上，自由派议员 А•П• 普拉东诺夫提议召开"地方自治机关中央会议"，提高自治局的社会地位，扩大其权限，与会大多数人支持他的建议；1866 年，该省自治局再次召开会议，议员舒瓦洛夫在会上建议政府将行政机关和地方自治机关合并，共同讨论地方自治局征税权问题，会议赞同他的建议并通过了相应的决议；1871 年 3 月中旬，在莫斯科召开了地方自治人士第一次秘密代表大会，出席大会的有 8 个省地方自治局主席和来自其他各省约 20 个地方自治局的代表，会议讨论了宪制问题；1878—1879 年，哈尔科夫、波尔塔瓦、切尔尼戈夫、特维尔、萨马拉 5 省地方自治会议向沙皇上书，请示召开国民代表会议，"赐予真正的自治、人身不容侵犯的权利以及审判独立、出版自由"[1]；1879 年 4 月，在莫斯科召开了地方自治活动家秘密代表大会，通过了联合各省要求政治改革的决议。从 1878 年底到 1882 年初，地方自治自由派共同向沙皇上书 22 次，呈递了 50 份请求状，要求政府允许各省地方自治机关彼此联系，要求"顺利完成大厦"即召开地方自治机关中央会议[2]，博得了 14 个省、12 个县自治机关的响应[3]。1894—1895 年，特维尔等 9 省自治局上书沙皇，要求将地方自治机关的呼声切实传达到皇上，加强沙皇与人民的联系，并强烈呼吁建立法制、保护个人与社会机关的权利。据不完全统计，仅 1865—1884 年间，县地

[1] *Большая Советская Энциклопедия*, третье издание, Москва:издательствосоветская энциклопедия, т.9, 1972, с.508.

[2] Ф.А.Петров, Нелегальные Общеземские Совещания и Сьезды Конца 70-х—Начала 80-х годов, *Вопросы Истории,*1974(9), с.33.

[3] Н.М.Пирумова, *Земское Либеральное Движение:Социальные Корни и Эволюция до Начала XXв*, М., 1977, с.128.

方自治机关就呈递了 1 273 份请愿书，省地方自治机关呈递了 1 350 份请愿状[1]。

第三，贵族构成自由派运动的主体。在这一时期，参加自由派运动的人士，就其社会成分来说，主要是贵族出身。他们虽然人数不多，但代表了几十年来俄国自由主义的传统，具有较强的活动能力、较多的从政经验和较大的社会影响，是地方自治机关中最活跃的、起支配作用的力量。直到 19 世纪末，贵族出身的自由主义者仍在很大程度上影响着自由主义运动的发展。据专门研究俄国地方自治自由派的比鲁莫娃称，她通过报刊、信件、日记、回忆录、地方自治会议记录等多种途径，收集了来自除沃罗涅日省以外的其他 33 个省地方自治机关的 241 名议员的材料，他们既是省议员，又是县议员，都曾参加过 19 世纪 90 年代至 20 世纪初的自由派运动，经过分类统计，结果发现他们当中世袭贵族人数最多，达 207 人，占总数的 86%，其他依次为终身贵族 (10 人)、世袭名誉公民 (9 人)、农民 (8 人)、商人 (4 人)、小市民 (2 人)、神职人员 (1 人)。如果取世袭贵族与终身贵族之和，则达到自由派议员总数的 90%。而且，他们绝大多数拥有超过 500 俄亩以上的大地产，受过高等教育，在社会上担任比较高的官职[2]。

第四，自由派运动在进一步深化发展的同时出现了新的分化组合。尽管在专制与革命的狭小缝隙中，自由主义者不得不同政府虚与尾蛇，委曲求全，但“整个资本主义发展的利益，必然要产生反对专制制度的自由主义反政府派”[3]，这样的自由主义反对派的确产生了。按照他们对沙皇政权和革命民主主义的态度以及反对专制的斗争方式和策略，这一时期的自由主义又可以粗略划分为三个派别。其中大部分自由主义者更加积极地寻求与政府的合作，他们把地方自治机关作为活动中心，形成了自由主义阵营中人数最多的中间派别——地方自治派，其代表人物有彼得伦克维奇、穆罗姆采夫等人；一小部分自由主义者较多地受到民主主义思潮的影响，或是从原先的革命民主主义者转为自由主义者的，他们大多同情甚至参加革命斗争，从而构成了自由主义阵营中较为激进的派别，其中以自由民粹派及稍后的“合法马克思主义者”和“经济主义者”最负盛名；还有一部分以齐切林为核心的自由主义

---

[1]　Н.М.Пирумова, *Земское Либеральное Движение:Социальные Корни и Эволюция до Начала XXв*, М., 1977, сс. 178-179.

[2]　А.Я.Аврех, Русский Буржуазный Либерализм:Особенности Исторического Развития, *Вопросы Истории*, 1989(2), с.17.

[3]　《列宁全集》第 6 卷，人民出版社 1986 年版，第 248—249 页。

者始终坚持自由主义的“正统”或“古典”观念，坚持法治思想和立宪原则，他们构成了自由主义阵营中的保守派别——法学学派，其代表人物除齐切林外，还有卡维林、索洛维约夫等。俄国自由主义之所以出现不团结并非像有些人所说的那样是由其成员的贵族出身造成的，而应该归结为俄国复杂的社会关系，主要原因在于缺乏发达的资产阶级的社会支持，缺乏广泛的社会基础。总之，自由主义阵营出现的这种分化组合，对大改革后俄国的社会政治生活及自由派本身都产生了重要影响。

总的来说，这一时期自由主义的活动从内容来看，主要关心的是地方自治事务，而活动方式则是非常谨慎的，基本上是在合法范围内进行。即便有一些实质上已超越限制的行为，其表面上也还是披上一层合法的外衣。此外，自由主义的活动还缺乏良好的组织和协调，基本上是分散的、无计划的，因而比较容易被政府压制下去。但随着社会与政权之间矛盾的积聚和自由主义力量的增长，自由主义活动在形式和内容方面必将发生新的变化。

三、“第三种人”与地方自治自由主义运动

19世纪80年代初“民意党”被镇压后，俄国知识分子迅速发生分化。其中一部分知识分子对恐怖活动产生了自责和愧疚感。他们表示，既不做“奥勃罗摩夫式的”“多余的人”，也不做“英萨洛夫式的”无政府主义者，而是要在现有的政治舞台的框架内尽可能为社会创造一种良性互动的发展平台，做既不同于思想者的贵族知识分子、也不同于行动者的平民知识分子间的第三种人——实践知识分子。他们不但反对恐怖主义，而且对掌握话语权也兴趣不大，只是想多做些实事，即“只想成为社会医生”[1]。在他们看来，迷恋于街头政治的社会主义极端派是自由主义的大敌，是俄国在自由主义道路上发展的障碍和主要危险。他们认为，社会变革要远比制度变更复杂，这项长远细致的工作是不可能一蹴而就地通过“革命的方式”来实现。于是，他们提出新的长远的“行动模式”，即破除“政权万能论”和精英领导群氓的思维模式，放弃不切实际的“宏大叙事”，而把注意力转向政权以外的社会层面，为促进个人的“自主意识”成长和建立起“自我负责”的公民社会做努力，也就是转向“具体的实际工作”，从身边的微不足道的“小事”做起，以“切实可行”的方式关注底层，

[1] 金雁：《倒转“红轮”：俄国知识分子的心路回溯》，北京大学出版社2012年版，第601页。

在政府允许的范围内展开地方自治运动，建构起一个可以上通下达的桥梁。既然不能去写“大历史”，步入退而求其次地脚踏实地地从事一些实际工作，从“小处着眼”帮助农民，缩短俄国社会的差距，在有利于农民的实际工作中帮助农民开阔眼界、提高农民的文化水平、增强俄国社会的组织能力和提高农民的宪政意识。“小事理论”的主导思想是“只管问题，不问主义”，他们自诩为“脚踏实地”的“实践派”，这便是俄国历史上的“第三种知识分子”。他们自我定位为“既非孔雀又非乌鸦”，“既非狐狸又非刺猬”，而是干实事的人[1]。

从此，“第三种人”开始与那些“直接卷入政治”的知识分子平行展开了创新自我定位的另一种选择，他们通过开启民智和大量的社会工作以迂回的方式、以合法渠道为大部分不愿意卷入“革命恐怖”活动的知识分子创造一种建设性的“非暴力的活动平台”。很显然，作为大改革副产品的地方自治局就是这样一个可良性互动的平台。故而在大改革期间及之后，相当一批原来激进的知识分子一改民粹派运动时期的革命宣传鼓动工作，而开始学会从身边的事做起，一点一滴地从小事出发来改造社会，通过参加政权容忍的地方自治局活动，去关心农民的疾苦、解决农民的实际生活问题。所以，“第三种人”的历程是与俄国的地方自治运动的发展壮大同步成长起来的。

毫无疑问，地方自治改革是1861年改革的副产品，是专制主义与自由主义在政治上的妥协，是俄国国家制度向立宪君主制转变的最初步骤。一方面，农奴制的废除，俄国走上了资本主义发展的道路，生产关系的变革必然要求对政权机构和管理制度等上层建筑做出相应的调整，而沙皇政府为巩固其统治基础也不得不考虑以某种方式在政治上弥补其经济损失；另一方面作为一支正在形成的新兴政治力量，自由派在支持了沙皇政府的革新措施的同时也提出了分享政权的要求，地方自治机关就是这些要求的一个产物。

其实早在19世纪50年代末，自由派们就围绕着政治集权与行政集权的区别、利弊关系诸问题展开了激烈的辩论，争论的结果是，多数人赞成在保存专制制度的前提下分享权力，即应将国家的行政权力从中央分散到地方去，使地方机关享有自治权。卡维林甚至断言：“在地方自治机构出现之前……我怎么也难以期望国家中

[1]　金雁：《倒转“红轮”：俄国知识分子的心路回溯》，北京大学出版社2012年版，第606页。

央管理向好的方面转化。”[1]尽管在自由派中间对实行立宪制的条件是否成熟存在着分歧，但所有的自由派人士均确信建立地方自治机关、实行地方自治是俄国社会的当务之急。1861年特维尔省贵族会议在给沙皇的呈文中严词谴责了现政府的无能，要求建立代议制机关，从而将以前的自治主张发展到一个更高的水平。他们认为“官僚制度不可能实现目前迫切所需要的变革”；将“召开俄国全国代表会议，作为圆满解决2月19日的法令所提出的、但没有解决的问题的唯一手段”。[2]沙皇政府在收到呈文后，立即逮捕了在上面签名的13个贵族。然而沙皇政府的惩戒措施并未能压制住自由派的立宪要求。相反，特维尔贵族倡导的立即实行立宪、建立代议制机关的有关思想主张在贵族和知识分子当中广为流传，如梁赞、莫斯科、图拉、斯摩棱斯克、诺夫哥罗德等地的贵族也相继表达了类似的要求，提出召集“人民代议制机构”，“把全国各地的代表或当选人汇集到一个国家自治杜马内”，“共同讨论立法草案和政府所要采取的措施”[3]。

可以说，正是在这些自由派的推动和施压下，沙皇政府才不得不于1864年1月13日（俄历1864年一月一日）公布《省、县地方自治机关条例》，正式实施地方自治改革。该条例满足了自由派长期以来要求建立地方自治机关的愿望，因此，得到了自由派的热烈欢迎。因为在此以前，俄国人口90%的地方事务均由贵族管理，对于“地方自治”几乎谁也不去注意，所以当1864年设立了“地方自治机关”时，大家都认为似乎在俄国出现了某种新的东西，甚至在一些自由主义者看来，这也是完全别出心裁的东西，是其他各国从未想到过的东西。故该条例刚刚颁布，自由派就给以肯定评价。卡维林在《关于省、县地方自治机关》一文中认为，这是俄国社会生活中“至关重要的事件”，地方自治机关是“根据广泛选举的原则”由“居民各阶级的”代表组成，被委托管理“很多”经济事务，其活动具有很大的独立性。对此他觉得很满意，他说：“我们坚信，需要的都做到了，不应该做得更多；我们认为1864年1月1日条例是目前我国生活和法制转换方向的最深思熟虑的、成熟和自觉的成果之一。”阿克萨科夫也认为条例“消灭了法律上和等级上的隔阂，使农民

[1] Н.М.Пирумова, *Земское Либеральное Движение:Социальные Корни и Эволюция до Начала XXв*, М., 1977, с.57.

[2] А.А.Корнилов, *Курс Истории России XIX века*, М., 1993, с.242.

[3] Н.М.Пирумова, *Земское Либеральное Движение:Социальные Корни и Эволюция до Начала XXв*, М., 1977, с.68.

和地主的权利平等”[1]。实际上俄罗斯的地方自治机关是从西欧最官僚化的国家普鲁士原封未动抄袭来的。比如地方自治的“选举资格”就是从那里抄来的。这就是在地方自治机关的选举中把居民分为三个“选民组”，即地主、农民和城市市民[2]。只不过，普鲁士的选举是根据纯资产阶级原则即财产原则来进行的。这个原则的“俄罗斯化”的表现是，在俄国实行的——尽管是隐蔽的——是等级原则，其目的就是为了保证贵族在地方自治会议中占优势。

根据1864年《省、县地方自治机关条例》和1869年《大臣委员会条例》的规定，地方自治机关的权力严格限于“管理与各省各县的地方经济利益和需要有关的事务”[3]，主要包括如下的地方经济和社会事务：①普及教育、扫除文盲；②开设诊所、培训医务人员、改善农村医疗卫生条件；③推广农业新品种、普及农学知识；④开展农村经济普查、编辑出版农村经济统计汇编；⑤开办社会救济和保险、从事社会慈善事业；⑥改善地方交通、管理地方财政、“保护”地方工商业等。尽管地方自治机关的权力如此有限，沙皇政府还对其活动范围千方百计地加以限制。采取的措施主要有：①限制征税，断绝其经济来源；②剥夺权限，加强行政监督；③使用暴力，进行政治迫害。诚如列宁所言：“……地方自治机关从建立之初就注定作为俄国国家管理机关这个四轮大车的第五个轮子，官僚政治只有在它的无上权力不受到损害时才容许这个轮子存在，而居民代表的作用只限于单纯的事务工作，只限于在纯粹的技术工作方面执行此等官僚所规定的各项任务……而且，政府在作了这种无伤自己的让步之后，在建立地方自治局的第二天，就开始有步骤地对它们加以约束和限制：握有一切大权的官僚集团是不能同选出的各等级的代议机关和睦相处的，所以要用种种方法对它进行破坏。”[4]

尽管地方自治机关的权力有限，但作为一种由选举产生的机构，事实上它也享有一定的独立性。诚然内务大臣和省长可以否决下一级地方自治机关的决议，但地方自治机关也可以把问题提交参政院裁决。地方自治机关的决定要通过行政权力来

---

[1] В.В.Гармиза, Земская Реформа и Земство в Исторической Литературе, *История СССР*, 1960(1), с.83.

[2] [苏]波克罗夫斯基：《俄国历史概要》上册，生活·读书·新知三联书店1978年版，第185页。

[3] К.Ф.Шацилло, *Русский Либерализм Накануне Революции 1905-1907 гг*, М., 1985, сс.28-29.

[4] 《列宁全集》第5卷，人民出版社1986年版，第30页。

实现，但如行政首脑不执行它的决定，它也可以诉诸参政院。在一定程度上可以说，这是“……开始建立起资产阶级的地方代表机关”[1]。

地方自治机关的政治立场不是单一的，它的反对派立场具有非常浓厚的贵族福隆德色彩，从而在反政府过程中起到了双重的作用：一方面，地方自治机关无疑是反对专制制度的力量；另一方面，又支持政府反对试图通过革命推翻政府的激进力量。大量的证据表明，地方自治机关工作人员中有很大一部分人追随自由主义。1865—1875年在34省设立的地方自治机关成为自由主义活动的基础，同时又是《俄罗斯新闻》、《欧洲通报》和其他资产阶级自由派机关刊物最主要的理论来源地[2]。众多的自由主义者以地方自治机关为纽带，逐渐形成了独具俄国特色的自由主义反对派——地方自治派。造成这种状况的原因有三：第一，“地方自治机关是俄国唯一可以体现社会独立性的机关，是供实际上有头脑的人开展活动的几乎唯一合法的避难所”[3]，而且从性质上说，地方自治机关是资产阶级地方代议制机关，自由派视之为立宪的萌芽，是培养代议制意识的学校。当时这种思想在自由派中间普遍流行。卡维林曾不止一次地说，地方自治机关是为俄国各阶级培养未来代议制国家管理人才的必不可少的学校。据此，他号召全体有文化的进步人士仔细地研究1864年《省、县地方自治机关条例》，踊跃参加地方自治机关。而B•A•马克拉科夫则更认为：“俄国已存在着‘自行’生长宪制的种子，这粒种子就是地方自治制度，即地方自治局……只要逐渐地向上层和下层发展这个基础，那么，宪制就会自然而然地降临。”[4]正因为如此，自由派人士纷纷涌入地方自治机关，并以此作为活动场所，不断向沙皇政府呈请，要求完善地方自治机关的组织系统、建立乡一级和全俄中央地方自治机关，要求扩大地方自治机关的权限，希图由此走向立宪。第二，地方自治机关的选举原则也有利于自由派进入其中。地方自治机关按照等级、财产选举原则组建。1864年《省、县地方自治机关条例》规定，地方自治机关议员由三个选民团选举产生。但是，拥有议席最多的地主选民团中一些保守、落后的农奴主对地方自治机关的公益事业不感兴趣，于是常常抵制选举，拒不与会，结果许多地方地主选民团产生的议员绝

[1] 《列宁全集》第17卷，人民出版社1988年版，第321页。

[2] Н.М.Пирумова, *Земское Либеральное Движение:Социальные Корни и Эволюция до Начала XXв*, М., 1977, с.29.

[3] Н.И.Иорданский, *Земский Либерализм*, М., 1905, с.52.

[4] *В.И.Ленин о Социальной Структуре и Политическом Строе Копиталистической России*, М., 1970, с.169.

大多数是半封建性的农奴主，是资本主义化的贵族自由派[1]。他们拥有雄厚的资金，受过系统的高等教育，在社会上担任比较高的官职，这些有利的条件使得他们轻易地占据了地方自治机关的领导地位。第三，针对沙皇政府对地方自治机关的一系列严厉限制措施，自由派人士开展了以维护和扩大地方自治机关权利为目的的反限制斗争。这种限制与反限制的斗争逐渐使地方自治机关成了这一时期俄国自由派运动的中心。

1871 年在莫斯科非法召开了地方自治工作者第一次大会，来自各省的近 30 名代表与会，齐切林“向政府要求立宪”的主张曲高和寡，被多数人认为为时过早。如卡维林认为当时国内尚缺乏准备立宪所需要的因素，萨马林则明确地说，他不是反对立宪，而是认为当时人民的思想觉悟尚不足以达到立宪的程度[2]。待到 19 世纪 70 年代末 80 年代初，专制制度的危机和国内社会运动的高涨使地方自治机关自由派越发活跃起来。而俄土战争则给地方自治自由派带来一缕“立宪曙光”。亚历山大二世把自己装扮成巴尔干斯拉夫人的“解放者”，在保加利亚“慷慨”地颁布了宪法。自由派为此兴高采烈。哈尔科夫地方自治局上书沙皇：“恳请陛下将赐予保加利亚人民者，亦赐予陛下的忠诚赤子。”莫斯科的自由派杂志刊载致内务大臣的公开信，请求在俄国实行“与解放同一民族人民的伟大事业相伴随的内部解放”[3]。沙皇政府害怕革命运动的威胁，便在 1878 年 8 月民粹派暗杀宪兵头子麦津佐夫后，公开号召自由派支持其同革命力量作斗争。大多数地方自治局里的自由派表示效忠于沙皇，纷纷献计献策，提出政治改革的建议，要求立宪。1878—1882 年地方自治工作者 22 次上书沙皇，提出自由主义建议，50 次请求政府解决各省地方自治机关之间的联系。1878 年在哈尔科夫、基辅和莫斯科纷纷非法召开地方自治工作者大会[4]，地方自治工作者逐渐意识到为防止政府官僚对地方自治的攻讦必须自我联合。莫斯科的自由派在刊物上指出：“解脱我们国家的困境，唯一出路就是建立独立的地方自治局代表会议，使其参与国家政治生活。”[5] 但他们这一看似合情合理的要求还是遭到了沙皇政府的无理拒绝，由于他们的利益没有得到满足，地方自治自由派对沙皇政府明

[1] Е.Д.Черменский, *Буржуазия и Царизм в Революции 1905-1907*, М., 1970, c.14.

[2] А.М.Давыдович, *Самодержавие в Эпоху Империализма*, М., 1975, c.84.

[3] 孙成木、刘祖熙、李建主编：《俄国通史简编》下册，人民出版社 1986 年版，第 174 页。

[4] К.Ф.Шацилло, *Русский Либарализм Накануне Революции* 1905-1907 *гг,* М., 1985, cc. 30-31.

[5] 孙成木、刘祖熙、李建主编：《俄国通史简编》下册，人民出版社 1986 年版，第 174 页。

确采取了反对派立场，他们不断地批评官吏的专横、表示不满情绪。这在一定程度上促进了革命形势的发展。结果，地方自治局“成了政府对付革命者的不中用的同盟者，它对革命者保持友好的中立态度，给他们以虽然间接的，但却是无疑的帮助。在紧要关头使政府不能果断地采取镇压手段”[1]。事实上，19世纪80年代几乎所有的自由主义反对派的活动都和地方自治机关的活动密切相关。如果考虑到直至19世纪末俄国自由主义反对派还没有形成为具有确定形式的政治组织，那么这些通过地方自治机关而聚集在一起的自由主义者实际上起了俄国自由主义运动核心的作用。

在整体上，地方自治自由派大多采取了合法的反对派立场，只是在地方自治机关内小心翼翼地推进自己的事业，从事着一些具体的经济和社会方面的活动，即安心于“做小事”，或者仅是“以偷偷地提示别人的人的身份暗中帮助那些迷恋提议的自由派人士”[2]来开展活动。他们以地方自治局和合法报刊为阵地，向政府请愿，向沙皇上书，提出他们“治国安邦”的良方妙策，更多的人则选择了在自治局里“脚踏实地”的工作，即在地方自治机关内从事发展地方社会经济文化的工作。这些工作吸引了大批小资产阶级知识分子到地方自治机关去担任教师、医生、统计员、农艺师等职，从而形成了地方自治机关中的“第三种成分”[3]。19世纪70—80年代，随着资本主义向广度和深度发展，贵族经济地位日趋衰落，从而导致其政治地位的弱化，相反，“第三种成分”在地方自治机关里的作用渐渐加强，人数也不断地增加：1886—1903年地方自治机关议员人数几乎没有什么变化，而受雇的知识分子职员的队伍增加了一倍多[4]。根据34个省的统计，至19世纪末，共有65 000—70 000名地方自治机关职员[5]。这些人大多数是遭到沙皇政府迫害的知识分子，其中包括被开除出高校的大学生以及被政府逐出首都的激进主义者。在这种情况下，自由派的反抗意识趋于强硬，它与政府之间的裂痕越来越大。越来越多的地方自治自由派人士参加了随后的解放运动，他们的加入推动了自由主义运动中的左翼激进倾向的不断发展。还有一部分人则干脆走上了革命的道路。

---

[1] 《列宁全集》第5卷，人民出版社1986年版，第57页。

[2] К.Ф.Шацилло, *Русский Либарализм Накануне Революции* 1905-1907 гг, М.,1985, с.48.

[3] “第三种成分”一词首次出现于萨马拉省副省长В·Г·康多伊迪在1900年该省自治会议的开幕词中，指的是在地方自治机关里受雇担任农艺师、统计员、技术员、医生、兽医、教师等职务工作的知识分子。

[4] Е.Д.Черменский, *Буржуазия и Царизм в Революции 1905-1907*, М., 1970, с.14.

[5] 《列宁全集》第11卷，人民出版社1987年版，第460页。

作为管理地方事务的资产阶级和自由派地主的机关，俄国地方自治机构的活动对于推动俄国资本主义的发展以及俄国社会进步无疑具有极为重要的作用，特别是在社会福利和文化卫生事业中取得了不小的成就。因为这些自由主义者们认为，俄国的农民还没有为参与自治做好准备，这使得他们并不奢求取得立竿见影的显著成功，于是他们着手制定长期计划，利用大改革所创立的公共机构来完成农民的解放，这个过程虽然由于解放法令的颁布已经开始了但还远未完成。他们主要通过地方自治局来改善农民的物质条件，同时准备通过教育让农民在大改革后正经历急剧转变的社会中担任新的角色。他们假定，一个受过教育的农民必然会选择自治，反对独裁。由于这种原因，自由主义者们把学校建设看作是一场政治运动。地方自治局的活动为改变当地落后的生活条件和陈规陋习起了良好作用，尤其是在这期间地方自治局所修筑的道路、修建的铁路、开设的银行等，对促进和加速俄国资本主义的发展发挥了举足轻重的作用。地方自治局在教育领域的成绩同样不菲。正是在他们的努力下，在农村民办的学校——私塾开始普遍流行。据不完全统计，在19世纪90年代初，念私塾的总共有30万—40万人之多[1]。地方自治局和村办的小学也发展起来。与此同时，这一时期的中高等教育都有所发展。19世纪90年代中期，中学生的人数达15万。尽管新增的大学不多，但学生人数却增加很快。大学生人数在1885年只有3 500名，到19世纪末增至16 000多名[2]。更重要的是，地方自治的发展，在一定程度上促进了不依赖国家政权的、独立的社会公民生活的出现。从长远来看，正是这些表面看来琐碎但非常扎实的“开启民智”的社会工作，才有了俄国地方面貌改观的长足发展；也正是“第三种人”通过地方自治局持续不断地蚕食政府权力，缓慢而坚定地通过“迂回斗争”“在专制国家中争取民主”[3]，才有了1905年“二元法制”下君主立宪的《十月十七日宣言》，并建立了其后的反对党活动平台。据统计，20世纪初，在34个省的自治机构中有33个省的自治局议员参加了自由主义反对派运动，地方自治局在自由主义的引领下成为后来立宪运动的倡导者。可以说，“在1905年革命前，自由主义反对派的主要发展是在地方自治机关中实现的。”[4]

[1]　孙成木、刘祖熙、李建主编：《俄国通史简编》下册，人民出版社1986年版，第247页。

[2]　孙成木、刘祖熙、李建主编：《俄国通史简编》下册，人民出版社1986年版，第248页。

[3]　[奥]凯尔森：《法与国家的一般理论》，中国大百科全书出版社1996年版，第348页。

[4]　Е.Д.Черменский,*Буржуазия и Царизм в Первой Революции*,М.,1970.,с.14.

第五章　个案分析Ⅰ：齐切林的古典自由主义思想评析

终其一生，齐切林[1]的基本目标是想在俄国建立法制国家，当然他尽可能地在现存的立法传统范围内以最小限度的偏差来达到目的。在这方面齐切林是德国自由主义法学的坚定追随者，但齐切林坚持不应该生搬硬套西欧宪法，而应从中吸取对俄国法律有意义的原则。这与俄国自由主义阵营中的其他头面人物索洛维约夫、卡维林和格拉诺夫斯基等人不谋而合，他们构成了自由主义阵营中的古典或正统派别——法学派。

齐切林试图在俄国的条件下推行立宪国家的西方模式。他坚信立宪君主制的必要性，这意味着拒绝无限专制制度。齐切林提议根据阶层原则建立拥有相当权力的两院制代表机关。作为真正的自由主义者，齐切林站在自然权利、法制国家、分权的立场上，坚持国家保护公民自由和政治自由的责任，特别强调法律的独立性。20

[1]　鲍·尼·齐切林（1828—1904）是俄国著名的政治学家、法学家、哲学家、科学家和历史编纂学中"国家学派"的奠基人，还是俄国19世纪下半期自由主义社会政治运动的著名活动家和精神领袖。他出生于坦波夫省的一个贵族家庭。在莫斯科大学读书期间，他就积极参与了斯拉夫派与西方派的争论，表现出了强烈的自由主义倾向。毕业以后，从事理论研究和创作。他不但非常了解俄国知识界和贵族上层的思想，也十分熟悉法国、德国、奥地利等国的政治科学界，与欧洲科学思想的中心保持着密切的联系。从19世纪50年代初开始，年轻的齐切林因其出众的才华崭露头角，他发表了一系列文章和著作，阐述俄国自由主义的政治思想，他也因此很快成为俄国资产阶级自由主义最主要的理论家。从1861年到1868年，他任莫斯科大学国家法教授。1862年齐切林出版了《若干现代问题》，在书中，他详细论述了自由主义在改革形势下的新纲领。此书可以看作是齐切林法治自由主义思想的集大成者，齐切林也因此书而奠定了他在自由主义阵营中的精神领袖地位。1863—1865年他为王储尼古拉·亚历山大洛维奇讲授国家法课程。1868年为了表示对校长的不满他和另外一些著名的教授一起示威性地离开了大学，之后便在坦波夫省地方自治局从事社会活动。1882—1883年被选为莫斯科市长。根据亚历山大三世之命而被解除这一职务后，齐切林在其坦波夫省的卡拉易尔庄园度过晚年，1904年2月3日逝世。

世纪初齐切林不无遗憾地警告说，在俄国还没有实行议会制的条件：“议会政治需要经验、文化和业已形成的政党。所有这些我们都没有。”[1]

一、齐切林的法律哲学观

齐切林是法制国家理论的重要奠基者，他全部理论体系的核心就是他的法律哲学。法律和国家的哲学理论观点被认为是捍卫自由主义政治观的特殊手段。自由派的纲领性要求如立宪君主制、私人企业活动的自由、资产阶级权利的不受侵犯等是法律哲学所制定的理论架构的直接后果。这一理论与公民社会的学说一起构成了作为俄国近代思想派别的自由主义法学派的思想基础。

齐切林猛烈抨击国家和法律的教条主义和实证主义理论的各种方案[2]，并提出了自己的客观—唯心主义法律哲学。后者“不是狭隘的法律教义或法律的经验论社会学，而是一切社会政治和法律生活的普遍哲学。这种理论不但可以解释政治、国家和权力的‘形而上学因素’，还可以揭示出它们的实质、终极目标和价值”[3]。

齐切林把黑格尔的辩证法看成哲学的高峰并把辩证的规律叫做“人类思想弹性运动的发展”，它唯一“解释了人类的全部历史”[4]。总之，“哲学史使我们相信：最开始的内部矛盾是发展的推动力。”[5]但齐切林没有盲目追随黑格尔，而是试图把他的思想发展得更远。齐切林原则上接受黑格尔从抽象到具体的逻辑方法，它可以作为哲学手段用来证明一定的政治法律制度和观点比如自由主义的观点。但齐切林抛弃了矛盾的统一和斗争规律，把所有的发展都解释成四个绝对“因”相互作用的结果：（1）自己决定自己的初始因的分解引起了（2）物质的和（3）理性的实体（即“质料因”和“形式因”），它们相互作用结合成（4）存在的绝对完满（统一的多样），

[1]　О.А.Кудинов, Б.Н.Чичерин—Выдающийся Конституционалист, *Юридическое Образование и Наука,* 2002(2).

[2]　齐切林认为18世纪的唯物主义者只是从利己主义的角度来理解唯物主义的，而严重匮乏对道德的高要求，故而他们不足以延续下去；同样实证论也不够，并对它的支柱之一康德哲学提出了批评。例如他在1892年的文章《实证哲学和科学的统一》中就指出，实证主义者不能正确掌握唯物主义。至于马克思主义者，在他看来则是“误入歧途的黑格尔分子”。Г.Б.Кизельштейн, Борис Николаевич Чичерин, *Вопросы Истории*, 1997(4)

[3]　В.Д.Зорькин, *Чичерин*, М.:Юридическая Литература, 1984, с.21.

[4]　Г.Б.Кизельштейн, Борис Николаевич Чичерин, *Вопросы Истории,*1997(4).

[5]　В.В.Зеньковский, История Русской Философии, Т.2, Париж.:YMCAPRESS, 1989, с.161.

或目的因、绝对精神。他认为，在“正题”和“反题”之间的对抗斗争中，后者本身后来分裂成两个新矛盾，反映了统一和多样性。这样，用“四个绝对因素”取代了黑格尔的三段式并否定了黑格尔辩证法中的主要东西——矛盾的统一和斗争之后，齐切林用循环发展代替了螺旋运动发展的学说。这是改良的政治法律哲学的理论基础，用齐切林的话说则是，“当我坚持黑格尔的纯粹唯心主义观点时，我认为过去的一切是人类历史上暂时的时刻……后来我明白了，黑格尔称为发展的时刻的那些阶段构成了人类精神的永恒成分。”[1] 因此他不接受用新事物否定旧事物这种革命式发展的辩证飞跃。

齐切林进而认为，这四个绝对因素在社会政治存在中表现为共同福利、自由、法律和权力。权力、法律、自由和公共福利是任何共同体都固有的，但在每一个共同体中只有这四个成分中的一个占据优势。这四种社会成分对应着四个共同体：家庭、公民社会、教会和国家。

家庭——社会生活的最基本单元，天然的共同体，国家的基础单位。由个人权力调节的人与人之间的私人关系网络形成第二个共同体——公民社会。享有权力和利益的人的自由是公民社会的主要因素。第三个共同体——教会——在齐切林那里主要是道德的代表。最后，国家作为权力因素的最高表达超越这些对立，因此，世界上的最高权力属于它。国家是“为了共同福利受最高权力支配而形成的一个法律上的全体人民的共同体”；“人类社会生活的所有成分都集聚在这个共同体之下，支配其他的共同体。”[2] 但国家并“没有取消”，也“没有吞没”其他的共同体，而只是在它们之上构建起了在外延上居统治地位的最高领域，但为它们保留了属于它们各自活动范围内应有的独立性[3]。

在黑格尔之后，齐切林把国家看成人类社会思想最高阶段的发展和客观道德的体现，但他认为黑格尔的法律哲学是国家主义的、反自由主义的和反个人主义的。与黑格尔不同，齐切林提出了下面的原则：“不是人为机构服务，而是机构为人服

[1] Е.С.Козьминых, *Философско-Политические Взгляды Б.Н.Чичерина*, Источник.:ВУЗ Ⅹ Ⅺ ВЕК. НАУЧНО -ИНФОРМАЦИОННЫЙ ВЕСТНИК.Выпуск 9, Пермь., 2004.

[2] Quoted Andrzej Walicki, *Legal Philosophies of Russian Liberalism*, Clarendon press, 1987, p.132.

[3] О.А.Кудинов, Б.Н.Чичерин—Выдающийся Конституционалист, *Юридическое Образование и Наука*, 2002(2).

务。”[1] 像其他新黑格尔分子——自由派一样，他用康德学说的个人主义成分“稀释了”黑格尔的关于国家的客观性和本身为目的性的观点。他认为，个人是“所有社会关系的根源和决定性因素”，而个人主义则构成“人类历史上一切社会建筑的基石”[2]。这样，一方面个人、个人自由，另一方面公共法律、社会和国家彼此独立存在。齐切林认为，夸大这些因素中的一个因素，一方面导致无政府主义式的个人主义，另一方面导致国家主义。按照国家主义的观点，个人就会丧失独立性并被国家吞没。齐切林由此放弃了黑格尔的哲学、社会主义学说和马克思主义。在齐切林那里，国家与社会和个人并不矛盾，而被想象成最高的精神实质，社会政治发展的理想、最终目标就是个人和国家、个人自由和公共法律“终极的和谐结合”[3]。

带着这些自由主义—个人主义的修正，齐切林再现了黑格尔对法律作为自由思想的发展、自由意志的体现的观念。他猛烈抨击庸俗的功利主义理论，认为它把权力与利益、好处视为同一。齐切林坚信，缺乏作为个人主义的和先验形而上学因素的自由概念不可能揭示法律的实质。“作为绝对精神的代表，人本身就是因素，本身就是自己行为的绝对来源……正是由于这个特点他才能被承认为是有权利的自由的人；也正是因为如此，他才不能容忍把他看成简单的工具。”[4] 齐切林认为，外部自由构成了权利的实质。因为人必然会遇到冲突，那么就会出现强制性调节他们关系的必要性。由此会出现自由的准则，公共法律下自由的相互制约。在把权利分成客观权利和主观权利之后，齐切林给出了权利的定义：“权利是由公共法律决定的人的外部自由。”[5] 他说，如果以我们得到的不是主观的，而是客观的权利作为出发点，那么就会“导致这样的结果，即要求确定法律并把法律作为构成权利的主要因素。因为法律的真正内涵就在于它规定了权利和义务，因而人们的自由总是带有它的限

---

[1] B.N.Chicherin, G.M.Hamburg ed., *Liberty, Equalituy, and the Market*, Yale University Press, 1998, p.359.

[2] B.N.Chicherin, G.M.Hamburg ed.,*Liberty, Equalituy, and the Market*, Yale University Press, 1998, p.363.

[3] В.Д.Зорькин, *Чичерин*, М.:Юридическая Литература, 1984, с.40.

[4] B.N.Chicherin, G.M.Hamburg ed., *Liberty, Equalituy, and the Market*, Yale University Press, 1998, p.364.

[5] О.А.Кудинов, Б.Н.Чичерин—Выдающийся Конституционалист, *Юридическое Образование и Наука,* 2002(2).

度及因此而出现的各种关系”[1]。这样，借助于法律齐切林确定了个人自由的界限：“个人权利的来源处于国家之外，它包含在人的自由中；但权利界限的确定属于国家政权，任何其他权力都不能确定。”[2]但齐切林特别强调国家“要善于调节对自由的不同追求与国家的最高要求之间的关系，使之和谐”[3]。

同时，齐切林认为，自由作为理性的形而上学因素的思想在认识上和生活中得到了发展。自由的发展程度实际上就是权利的发展程度，因为权利思想充分揭示了“完全理性的道德秩序”所规定的不是历史运动的起因，而是人类社会发展的结果、目标。在齐切林看来，权利思想在发达的公民社会中达到了自己的终极目标。以前的制度——奴隶制和农奴制——违背了人作为理性—自由存在的天性，因而是权利发展的衰亡阶段。齐切林认为，资产阶级的权利和自由——首先是法律面前的平等、私有权、契约自由、人身的不可侵犯等——构成了人类发展的最终目标——法律秩序的理想。“这些准则以后不可能不进入公民领域，通过确立以自由和平等为基础的制度，理想终究会实现。”[4]也就是说，齐切林把在公民社会制度下实现的政治平等（形式上的平等、法律面前的平等）看成是自由、自然权利和公平发展的顶峰，但齐切林坚决反对实际平等和物质平等，因为“地位的平等很少来源于公平的要求，就像个人的力量、智慧和美貌一样”[5]，所以保持“自由条件下的平等无非是空中楼阁”[6]。

总之，齐切林在复兴和发展俄国的法律哲学上做出了巨大的贡献，他的著作不仅在俄国、而且在世界的哲学和社会—政治思想的发展中都有着举足轻重的作用，例如，他发展了黑格尔唯理论原则和个人主义的学说等[7]。他所提出的一系列哲学—

[1] О.А.Кудинов, Б.Н.Чичерин—Выдающийся Конституционалист, *Юридическое Образование и Наука,* 2002(2).

[2] Quoted Andrzej Walicki, *Legal philosophies of Russian liberalism*, Clarendon press, 1987, p.134.

[3] Quoted Andrzej Walicki, *Legal philosophies of Russian liberalism*, Clarendon press,1987,p.135.

[4] B.N.Chicherin, G.M.Hamburg ed., *Liberty, Equalituy, and the Market*, Yale University Press, 1998, p.384.

[5] B.N.Chicherin, G.M.Hamburg ed., *Liberty, Equalituy, and the Market*, Yale University Press, 1998, p.386.

[6] B.N.Chicherin, G.M.Hamburg ed., *Liberty, Equalituy, and the Market*, Yale University Press, 1998 ,p.387.

[7] Е.С.Козьминых, *Философско-Политические Взгляды Б.Н.Чичерина,* Источник.:ВУЗ Ⅹ Ⅺ ВЕК, НАУЧНО - ИНФОРМАЦИОННЫЙ ВЕСТНИК, Выпуск 9, Пермь, 2004.

政治问题直到今天还引起广泛的争论，其中最引人关注的是他在他有关哲学和法律理论问题的主要著作中所系统论述的理念，主要有他的法律哲学、批评法律实证主义观念、坚决捍卫自由主义的国家—法律形式和个人自由等，这些构成了俄国自由主义法学派乃至整个自由主义的理论基础。

二、齐切林的政治自由主义观

齐切林关于国家和法律的观点与他在政治法律哲学上的普遍自由主义—个人主义理念紧密相连。自由的概念贯穿在齐切林的所有哲学中不是偶然的。齐切林认为理想的国家形式是立宪君主制，权力本身在不同的主体之间分配，公民的权利和自由的保证与分权紧密相连。基于此，他将俄国政体的进化视为专制制度改造为法制国家的有机过程。当然，齐切林认为在农民解放结束前俄国是不可能过渡到立宪制度的。

（一）立宪君主制是最理想的国家制度

齐切林是俄国立宪君主制理论的重要奠基者和坚定拥护者，他认为建立在分权基础上的立宪君主制是理想的国家制度，不同政治因素（自由、法律、公共福利和权力）都能在其中实现和解。

齐切林深信："所有要想获得发展的民族或早或晚都得实行代表制"[1]，但他也知道，"代议制具有双重性质，在讨论所有涉及到它的问题时都必然要考虑到这一点。它同时既是自由的表达者又是权力的机关。"[2]

那么，为什么基于个人主义之上的自由能够使人统治他人并将这种形式扩展到社会权力的范围呢？对此，齐切林解释说，"人民代议制双重性的根源在于它自身，也就是说缘于政治自由的诉求。"[3] 换言之，这样的情况之所以发生，是因为自由的人是共同体的成员并因此相互影响。而在相互作用的过程中，一些人的自由会影响另一些人的自由，由此出现了相互制约的必要性。"成为法权后，自由就获得了共性。

[1] Б.Н.Чичерин, Конституционный Вопрос в России., http://old-liberal.by.ru/source/c_kv.html /.

[2] В.Э.Берёзко, Взгляды Б.Н.Чичерина на Политическую Свободу как Источник Народного Представительства, *Право и Политик,* 2000(1).

[3] В.Э.Берёзко, Взгляды Б.Н.Чичерина на Политическую Свободу как Источник Народного Представительства, *Право и Политик,* 2000(1).

它由社会法权来确定并得到社会法权的保护，而法律产生于社会权力，因而每个人都应服从社会权力，因为谁也不能成为私人法权的法官。”[1]

另一方面，齐切林认为，一切法权都应该免受专横的侵害，每个自由的社会成员都应该有能力捍卫自己的法权。但他发现，“在个人自由服从社会权力的情况下，只有当公民切实参与到政权中去确定并保护法权时，这个要求才能得到满足。当公民被排除到政权之外时，他们的法权就免不了会遭到政权的践踏，在这种情况下人是没有权利可言的。在人类社会中自由的社会性决定了政治权是个人法权得以实现的保证，只有在拥有政治权的情况下，每个人才有可能在参与共同决议时对别人施加影响，就像别人影响自己一样。在权利和义务的相互性中，作为最后防波堤的政治自由是个人自由的结果。”[2]

这样，政治自由的落脚点就在于作为社会、国家成员的公民能够自由地参与公共事务，而要做到这一点首先就要允许他参与管理公共事务的政权。齐切林强调，在从个人自由到政治自由的自身演变过程中，自由获得了“与在个体私域完全不同的另一种性质。它从个人的变成了社会的整体工具，与所有人的命运息息相关。因而对政治自由而言，从一开始权利与义务就紧密地结合在了一起。拥有部分权力的公民的行动应该不是为了个人利益而是为了共同福利；他不但应该从自己的私人目的出发，而且还应该考虑在社会生活中占主导地位的共同意识”[3]。很明显，齐切林在这里表明了他坚决反对在政治共同体中将自由的因素绝对化的立场，他特别关注人在反对个人自由的政治共同体面前的责任，这赋予齐切林的立宪思想以自由主义—保守主义的性质。

正如齐切林所言，在代议制中公民参与国家事务主要表现在选举权上[4]。是不是对所有的人都同等地赋予选举权呢？齐切林的看法是，“如果自由构成了政治权利

[1] В.Э.Берёзко, Взгляды Б.Н.Чичерина на Политическую Свободу как Источник Народного Представительства, *Право и Политик,* 2000(1).

[2] В.Э.Берёзко, Взгляды Б.Н.Чичерина на Политическую Свободу как Источник Народного Представительства, *Право и Политик,* 2000(1).

[3] В.Э.Берёзко, Взгляды Б.Н.Чичерина на Политическую Свободу как Источник Народного Представительства, *Право и Политик*, 2000(1).

[4] Andrzej Walicki, *Legal Philosophies of Russian Liberalism*, Clarendon press, 1987, p.136.

的来源，那么能力就是它的必要条件。”[1] 因而他提出政治能力是选举权的最重要条件：“不能让不理解国家利益的人参与管理。这意味着为了共同福利而牺牲个人自由，实际上所有的社会生活都遵循这样一个准则，即个人因素服从社会因素。因此，没有能力的人应该被禁止参与政治权利。”[2] 后来齐切林非常合乎逻辑地论证了引入选举团资格限制的必要性，首先是财产资格。齐切林指出：“在个人方面，财产尺度经常是错误的：穷人往往比富人更有能力。但运用到整个阶级时，这个特征是非常重要的。”[3] 同时他认为还可以用其他一些东西来补充这一资格限制，例如教育水平。

那么，政治能力由哪些素质构成呢？齐切林确信，它包含“各种特性的”素质：“智力的、道德的、物质的。其中能够认清国家的要求是最基本的素质，而熟悉文化和社会事务也是必备的……但应该把认识水平与道德品质结合起来，（他必须）永远都准备竭尽全力支持共同事业。政治自由要求公民全心全意地追求共同目标。而这就要求公民首先要有对政治利益的敏锐性，对秩序的向往，也就是对国家生活的重要基础、对权力的要求、对法律、对祖国利益、对家庭、对私有制的向往，一句话，对构建这个社会所必需的那些基础要素的追求，一旦破坏这些基础就会导致社会有机体和道德的紊乱。需要补充一点的是，对政治活动来说，需要或多或少的独立性，这种独立性让人不至于成为别人手中的工具，从而能够表达出自己的声音。”[4] 同时，齐切林指出，他所谓具备这些素质的人指的不是单独的某一个人，而是被委托了部分权力的阶层。

齐切林认为，政治自由有着不同的发展水平。他发现，“国家不同领域的不同事务需要不同能力的公民参与其中。对下一层级来说足够的能力水平对上一层级来说则可能完全不够。因此，公民的政治权利只应限于参与法庭、地方自治或扩大到参与最高国家权力。”[5] 为此，齐切林特别关注地方代议制度与中央代议制度的原则差别，它不在于“利益的规模，而在于代议制的本身质量。一个周旋于行政领域，另一个在政治领域运作；一个给予公民参与管理社会下层利益的从属权利，另一个

[1] В.Э.Берёзко, Взгляды Б.Н.Чичерина на Политическую Свободу как Источник Народного Представительства, *Право и Политик,* 2000(1).

[2] Andrzej Walicki, *Legal Philosophies of Russian Liberalism*, Clarendon press, 1987, p.137.

[3] Andrzej Walicki, *Legal Philosophies of Russian Liberalism,* Clarendon press, 1987, p.138.

[4] Andrzej Walicki, *Legal Philosophies of Russian Liberalism,* Clarendon press, 1987, pp.138-139.

[5] Andrzej Walicki, *Legal Philosophies of Russian Liberalism*, Clarendon press, 1987, p.139.

使他们成为国家最高意志的参与者；一个让最高权力的统一和独立的不可侵犯性得以保证，另一个则是在没有把它委托给代表会议的情况下，分属于不同的机关。不需要对国家的重要基础做任何改变就能完全推行地方代议制，而全国的代表会议的机构则会从根本上改变最高权力——人民政治生活的基础”[1]。

就代议制的形式而言，齐切林特别推崇立宪君主制，主要是在他看来，立宪君主制完美地体现了国家是所有社会成分的联合这一思想：“君主代表着政权要素，人民或他的代表构成自由要素，贵族会议则是法律永恒的象征，所有这些成分被纳入一个共同体之后，就应该为了共同目标而一致行动。国家思想在这里得到最大程度的发展。”[2] 齐切林认为，这些成分即君主和人民（贵族和民主力量）在立宪君主制中通过最高政权授予他们参与最高权力的方式实现了他们之间的权力分配，从而各司其职，和谐相处。而最高权力之所以能够分配到各个部门是由权力“本身的属性”决定的，即不同成分对权力的需求有所不同[3]。在齐切林看来，在一切成熟的国家中都存在着权力的部门分配，这些国家多少都代表着绝对精神的完全实现。“在那里，权力本身在不同的主体之间分配”[4]，但共同统治保证了最稳固的分权。在这个意义上他把立宪君主制看作是理想模式。

齐切林认为从整体上对权力进行划分是公民自由、法制的重要保障。国家的最高目标在于确定法制，使同样来自最高权力的权力既相互独立，又相互制衡。齐切林将主要的部门权力划分为三种：立法、行政和司法[5]。齐切林反对将司法权归属于行政权，他认为将二者的权力分开是必要的，不仅是因为权力内容的不同，而且是为了保障法律和公民的权利。“……无论任何统治形式，司法的独立性都是基本要求。”[6] 这种认识，特别是在专制制度条件下，无疑具有进步意义。与此同时，根据统一国家意志的必要性，齐切林设想分权到“并不破坏他们一致行动”的程度。他没有把分权理解成绝对的独立，互相分开，而是理解为相互制衡的体制：“国家构

[1] Andrzej Walicki, *Legal Philosophies of Russian Liberalism*, Clarendon press, 1987, p.140.

[2] В.Д.Зорькин., Взгляды Б.Н.Чичерина на Конституционную Монархию,*Вестник Московского Университета*, 1969(1).

[3] Andrzej Walicki, *Legal Philosophies of Russian Liberalism*, Clarendon press,1987, p.142.

[4] B.N.Chicherin, G.M.Hamburg ed., *Liberty, Equalituy, and the Market*,Yale University Press, 1998, p.112.

[5] Andrzej Walicki, *Legal Philosophies of Russian Liberalism*, Clarendon press,1987, p.145.

[6] Quoted Andrzej Walicki, *Legal Philosophies of Russian Liberalism*, Clarendon press, 1987, p.141.

成了统一的整体，它的任务就在于协调各个成分的一致行动。最终的一切发展都必须服从于这种要求。”[1]

这样，齐切林不仅试图为权力划出界限、使权力独立，还力保政治制度发挥职能，保持统一统治。他强调，尽管存在着阻碍和制衡力量，但一种权力占优势或超越它的界限是不可避免的[2]。这与他关于立宪君主制的使命观完全符合，而与他之前的思想家的观点有所不同。例如，洛克和孟德斯鸠主要致力于限制专制制度，在他们的学说中居于首位的是使权力独立、为权力划分界限。他们很少考虑权力可能会出现不协调的思想，因为摆在他们面前的是另一个任务。

齐切林的分权和立宪君主制的学说追求的目标不仅是限制专制制度和保证资产阶级自由，而且要继续保障社会的发展不会出现革命。齐切林主张，应该避免其他的统治形式，因为它们主要代表一个阶级或集团的利益。他认为，绝对君主制的崩溃是因为它不能保证自由的发展和坚持阶层制度[3]；民主制似乎注定也要灭亡，因为它不能满足贵族的要求也不能应付社会主义运动，与社会主义的斗争需要强权、专政[4]。按照齐切林的理论，立宪君主制没有这些缺点。由于在其中联合了三种“纯粹”形式（君主、贵族和民主），它随着社会的发展并且根据社会的要求将这个或那个成分作为占多数的力量提到了首位：“立宪君主制具有相对所有其它统治形式的极大优越性，它无需经过任何根本变革就能适用于人民生活不断变化的要求。在这里，所有的社会成分都要求参与共同事务，他们中的每一个实际上都能视当时的需要而获得优势。当贵族在社会上具有巨大力量时，由于得到人民的尊敬，他在国家统治中就占优势……由于民主的发展，后者（人民）得到了优势。当要求集中权力时，君主就走上舞台。”[5]

当然，齐切林认为贵族与大资产阶级的联盟是立宪君主制的稳固基础。他认为，这种形式的意义在于它在一定程度上能够扩大民主而不会造成统治阶级的动荡。在

[1] Quoted Andrzej Walicki, *Legal Philosophies of Russian Liberalism*, Clarendon press, 1987, p.146.

[2] В.Д.Зорькин., Взгляды Б.Н.Чичерина на Конституционную Монархию,*Вестник Московского Университета*, 1969(1).

[3] Б.Н.Чичерин, *Конституционный Вопрос в России*, http://old-liberal.by.ru/source/c_kv.html.

[4] B.N.Chicherin, G.M.Hamburg ed., *Liberty, Equalituy, and the Market*, Yale University Press, 1998, p.387.

[5] B.N.Chicherin, G.M.Hamburg ed., Liberty, *Equalituy, and the Market*, Yale University Press, 1998, p.171.

齐切林的设想中，大资产阶级的选民范围应逐渐扩大："资格应该随着政治生活在人民中的扩展而下降。否则代议制就达不到真正的目标。要想把国内所有的政治力量都聚集到有组织的机构里，让他们接受教育并习惯于共同活动是不可能办到的，相反他们中的一部分留在了所有的组织之外并成为动荡的源泉。但如果这部分过大，那么所有的大厦都会坍塌，就像发生在法国七月王朝君主身上的事情一样。"[1] 为了避免这种悲剧再次发生，他希望贵族、大工业企业家与中等资产阶级能保持长久的联盟关系，切忌在这些"既得权力者"集团之间发生"内耗"。与此相应的是，他对建立那种所谓"纯粹的"贵族政体和资产阶级民主共和国一直耿耿于怀，因为在他看来，民主共和国容易受到"群氓"的影响而变得非常危险。基于这种认识，齐切林认为代表议院影响的扩大与资产阶级的发展息息相关，从而把二者的密切关系提高到了无以复加的地步。在齐切林的理论体系中，立宪君主制将经过两个阶段：二元制立宪君主制和议会制立宪君主制。第一个阶段在下议院中大资产阶级整体上居于统治地位，议会的实际影响并不是很大。皇帝作为不同成分的调和者的权力与政府的权力合二为一。"只要社会意识还处于低级水平，只要不同的政治派别还没有形成，那么扩大议会权力的时机就还没有成熟。在这样的条件下，政府的权力取决于皇帝，因而皇帝必然会具有决定性意义。"[2] 随着资产阶级和相应的下议院影响的扩大，议会的统治终会得到确立："议会统治是人民政治成熟的标志。这是立宪君主制的最高发展阶段。它虽姗姗来迟但保证了人民的自治，国家的目标需要这些保证。"[3] 齐切林认为，像民主制一样，议会君主制的存在必须以牢固的两党制作为基础，因为只有两党制才能稳固地保证私有者的统治，抑制群众的激进偏好[4]。

---

[1] B.N.Chicherin, G.M.Hamburg ed., Liberty, *Equalituy, and the Market*, Yale University Press, 1998, p.375.

[2] B.N.Chicherin, G.M.Hamburg ed., Liberty, *Equalituy, and the Market*, Yale University Press, 1998, p.376.

[3] B.N.Chicherin, G.M.Hamburg ed., Liberty, *Equalituy, and the Market*, Yale University Press, 1998, p.364.

[4] 齐切林认为，议会统治不可能没有稳固的政党体制："在没有忠实的和有组织的、能够站在统治前列的政党的地方，国王必然会按照自己的主动性进行统治。而如果不能形成多数的时候，那么就会出现政党的分裂。"齐切林也指出了两党轮流统治的必要性："反对派多数领袖的权力交接具有重要的政治利益：它使反对派熟悉了政府的要求并使它成为权力的捍卫者。"B.N.Chicherin, G.M.Hamburg ed., Liberty, *Equalituy, and the Market*, Yale University Press, 1998, p.162.

按照齐切林的设想，由议员居多数的政党行使议会统治下的政府权力并在实际上与国王分权[1]。在这种情况下君主“不再进行积极的操纵”[2]，用齐切林的话来说，就是君主具有自己的“真正”使命：“这是第四种权力，抑制的权力，或大公的权力，它在分权的情况下代表着国家的统一，抑制政党，缓解恐惧，保护少数的权利和利益，总是高尚地考虑到整体的而不是部分人的福利。超然于所有人之上的国王是立宪统治的关键和国家的最高代表[3]。可以说，按照齐切林的学说，尽管议会居于统治地位，但实际上国王应该起着比名义上的国家元首更大的作用：“许多人认为，立宪制的国王不应该拥有自己的政治。但这样一来，他就不能履行本属于他不可剥夺的政党调和者的作用。只有对政治事务的进程有着自己意见的人才能抑制政党；只有这样才有权威。绝不能这样要求国王，即除了在决定性时刻出现之外，他完全退出政务。相反，他应该经常关注政务，否则他提不出任何建议和决议来。”[4]齐切林努力证明，君主在“平凡的事务”中能够“以自己的建议和自己的个人分量对统治产生巨大的影响，君主的分量越重，他就越能超越政党，成为全国和所有阶级利益的代表”[5]。

可见，在齐切林的学说中，立宪君主制是一种模糊的和可塑性极强的形式，是一种能够经受得住各种强大的冲击和自身内容变动的形式，是一种让统治阶级和社会全体力量都可以接受的最恰当的权力分配形式。在他看来，立宪君主制即便在未来服役贵族让位于“新”贵族—大金融—工业资产阶级、技术统治论者和知识分子上层的时候，它也是最理想的形式。从这个角度来看，齐切林不仅理解了俄罗斯国家发展的要求，而且也理解了西欧国家发展的要求，因此他不仅是论证了在俄国确立立宪君主制必要性的思想家，而且他也是西欧国家特别是英国立宪君主制当之无愧的理论家。他的理论的这一部分至今都没有失去自己的意义，不仅在二元制君主

[1] B.N.Chicherin, G.M.Hamburg ed., Liberty, *Equalituy, and the Market*, Yale University Press, 1998, p.166.

[2] В.Д.Зорькин., Взгляды Б.Н.Чичерина на Конституционную Монархию,*Вестник Московского Университета*, 1969(1).

[3] В.Д.Зорькин., Взгляды Б.Н.Чичерина на Конституционную Монархию,*Вестник Московского Университета*, 1969(1).

[4] B.N.Chicherin, G.M.Hamburg ed., Liberty, *Equalituy, and the Market*, Yale University Press, 1998, p.18.

[5] B.N.Chicherin, G.M.Hamburg ed., Liberty, *Equalituy, and the Market*, Yale University Press, 1998, p.47.

制中，而且在议会制君主制中他关于统治阶级可以利用君主的权力来维持群众中存在的全民国家的幻想、作为在阶级冲突中所需要的“调解人”的设想都没有失去意义。王权的特权能够被用于抑制和平衡在议会中得到多数的民主力量的权力，而全民福利实际上也不过是“上层”、“富裕”阶级在“纯粹”形式上的统治制度，因为要么是贵族要么是资产阶级承担着这种形式，应该说齐切林在一定程度上捕捉到了立宪君主制发展的趋势。在这个意义上可以把他称为“资产阶级国家这一形式的当代辩护者的先驱”[1]。

（二）通向自由之路：温和的改良

长期以来，齐切林一直被作为综合了自由主义与保守主义理论的典型代表，这与齐切林实现自由主义的手段和策略不无关系。正如司徒卢威所评价的那样，“齐切林之所以能够在俄国文化和社会历史上取得如此特殊的地位完全是因为在他一个人身上最充分、最显著地实现了自由主义和保守主义思想的和谐结合。”[2]齐切林深信：文明的社会和政治发展的主线毫无疑义地与自由主义相连，而自由主义因素最终必然会进化为政治传统和制度的历史内容，只不过实现的方式是改革，而不是通过革命方式来推行。因为自由是构成社会福利和政治权力的最重要成分之一，它将自然而然地催生出社会和政治制度的自由民主组织。更重要的是，按照进化式的改良路径，可以尽量避免革命所带来的动荡、血腥和嗜杀。用齐切林的话说就是：“只有理性和自由保守主义的力量才能使社会摆脱无休止的动荡。”[3]

齐切林始终认为社会和国家发展的进化道路而非革命道路是唯一合法的。在实现自由主义理想目标的方式和策略上，他断然拒绝革命，主张自上而下地改革。还在1853年，齐切林就写信给赫尔岑，指责他进行革命宣传：“您幻想推翻现存制度，幻想破坏历史形成的集体，幻想建立一个由革命政党鼓动起来的、用激烈的暴力改造世界的下层阶级的国家。”[4]后来，他又进一步指出：“革命是以暴力推翻法律，如果它经常在历史过程中得到反映，那就根本谈不上实现普遍的规则……在国家问

---

[1] В.Д.Зорькин., Взгляды Б.Н.Чичерина на Конституционную Монархию,*Вестник Московского Университета*, 1969(1).

[2] П.Струве, Патриарх русской идеи, *Новое время,*1996(1-2), с.61.

[3] П.Струве, Патриарх русской идеи, *Новое время,*1996(1-2), с.61.

[4] В.Д.Зорькин, *Из Истории Буржуазно-Либеральной Политической Мысли России Второй Половины XIX-Начала XXв.Б.Н.Чичерин*, М.,1984, с.92.

题上，正确的观点应该是承认法的统治是全体居民的要求之一，因此要把国家机构的合法发展视为政治生活的准则。在此基础上，实行新秩序的权利只能属于惟一合法的政权。”[1] 这一番话可以被认为是齐切林自由主义策略的理论依据。

齐切林担心，任何冒险的步骤会葬送俄国尽快实现改造的可能性，就像十二月党人起义后出现的情况那样。因而他坚持认为，俄国进一步发展道路的选择问题，不应由贵族阵营与革命民主力量之间的公开斗争来解决，而应由沙皇政权的主动改革来解决。为此他建议为了推动沙皇政权实现自由主义的目标，自由主义者需要对专制制度做一定程度的妥协。同时贵族与资产阶级之间也应该妥协，从上面重建政治结构。

实际上，这与齐切林的法律哲学和国家理论是完全一致的。作为俄国历史上国家学派的最伟大理论家，齐切林把俄国历史上所有意义重大的现象都与国家的活动联系起来。同时他也明确指出，国家迫使个人对它的服从和对阶层的奴役，引起了政治上的不自由。这个观点从历史的角度论证了俄国社会中发展公民自由的必要性，特别是解放农民的必要性。同时齐切林强调国家应该给予并不断扩大社会力量独立活动的范围和发展的空间，吸收“人民中间的”新生力量参与管理。因此齐切林把1861年改革看作是国家和社会明智妥协的结果和确立“公民自由”[2] 的开端，而认为批判1861年改革的任何企图都是对社会原则本身的破坏：“2月19日条例是俄国新文明的基石，如果不想动摇社会秩序的法律原则本身，不想给新骚乱以借口，就不能触犯这一基石。”[3]

但19世纪下半期资本主义的发展推动了工人阶级的团结，齐切林对此始终保持着高度的警惕，他警告说，这对于统治阶级来说是非常危险的。在《论人民代议制》（1866）、《政治学说史》（1869—1902）、《私有制与国家》（1881—1883）、《国家科学教程》（1894—1898）等著作中，齐切林提炼出了自己的政治纲领——“自由主义的措施和强权”，建议政府一手拿鞭，一手抛撒甜饼，即在镇压无产阶级反抗的同时吸收它参与到资产阶级的政治利益中来。只有把所有反对派阶层的力量和

---

[1]　В.Д.Зорькин, *Из Истории Буржуазно-Либеральной Политической Мысли России Второй Половины XIX-Начала XXв.Б.Н.Чичерин*, М., 1984, сс.144-145.

[2]　Б.Н.Чичерин, Наука и Религия, М.:Республика, 1999, с.7.

[3]　Е.С.Козьминых, Философско-Политические Взгляды Б.Н.Чичерина, Источник:ВУЗ XXI ВЕК, Научно -Информационный Вестник, Выпуск 9, Пермь., 2004.

不满都引入合法轨道才是最为安全的，这会造成全民国家的幻觉。同时齐切林指出，在现阶段保持小资产阶级和工人阶级在政治上的孤立是适宜的，但是如果在下一个阶段“工人们对政治活动的追捧表现出无法遏止的势头”的话，尽管他们所提的要求更类似于共和国的情形，那么，也只能效仿共和国的形式给予他们投票权[1]。在这种情况下为了保护资产阶级的利益，齐切林建议以居民缴纳赋税的数量为准进行等级划分，就像奥地利和普鲁士那样，或者采用其他方式推行“弱化了的”投票权。“只有采用这些手段，中等阶级才不会受到群众的干扰，也才有继续保留的价值。”[2]

但齐切林终究是沙皇政权的反对派，是主张变革和发展的，所以齐切林不断告诫政府：拖延改革将引起革命；如果政府沿着旧轨道继续走下去，革命就将成为这一政策的必然结果。“压迫越强，实行另一种制度的愿望越活跃……防止革命的方法只能是满足正义的自由要求。及时的改革将消除政变。”[3]作为立宪君主制的坚定推崇者，齐切林虽然直到20世纪初依然认为俄国还不具备实行君主立宪制度的前提，因为在他看来在彻底解放农民之前，立宪制度是不可能实现的，但是，这并不应该妨碍逐渐向这一制度过渡。他认为，社会的当务之急应该是为引入代议制做好准备。为此，他提出了关于从专制制度向立宪制度过渡的具体设想：

（1）逐步取消贵族特权。立宪原则与贵族特权是不相容的，但取消贵族特权要循序渐进，避免引起剧烈动荡。

（2）实行分权原则。分权原则从根本上说也是与专制制度相悖的。

（3）实行广泛的地方自治。贵族和资产阶级是构成立宪君主制基础的力量，而地方自治对于建立贵族和资产阶级的联盟是十分必要的，因为在这里共同的利益将把他们团结起来。地方自治机关必须实际地享有部分执行权，否则毫无意义。

（4）召开具有咨询作用的两院会议。一切立法若要得到人民的支持，只有召集他们的代表。

齐切林的结论是：“只有政治自由能给俄国社会以新的生命。实行代议制是唯一的出路。”首先应该吸收省地方自治会议的代表参加国务会议，让他们在经过这

[1]　B.N.Chicherin, G.M.Hamburg ed., Liberty, *Equalituy, and the Market*, Yale University Press, 1998, p.363.

[2]　B.N.Chicherin, G.M.Hamburg ed., Liberty, *Equalituy, and the Market*, Yale University Press, 1998, p.363.

[3]　姚海：《俄罗斯文化》，上海社会科学院出版社 2005 年版，第 243 页。

种“政治生活的学校”后再组织全权的议会[1]。

当然，齐切林也非常清楚俄国资产阶级和俄国自由主义的弱点，他指出，实行政治自由的可能性主要是由工业阶级的政治发展所决定的，如果对国家问题的兴趣和对自由的要求还只是集中在社会的上层，代议制就只能是寡头政治或欺骗，本义上的立宪制度就无法实现，因为它没有广泛的社会基础。“严肃的运动只有在自由的要求深入社会，政治思想掌握了中间阶级的时候才会开始。”而“俄国的力量只在于公共权威和分布广泛的群众的强大。他对贵族没有特殊的信任；中间阶级还不存在；下层阶级受的教育太少。在俄罗斯只有两种力量：沙皇和人民群众。在这两者之间，不存在什么牢靠和巩固的东西”[2]。正因如此，温和、谨慎的自由主义应尽量同政府妥协，稳步地去达到自己的目标。齐切林认为，由于农奴制的废除和资产阶级力量的逐渐增长，社会将争取到更多的政治自由，上层也将不可避免地发生变动。

总之，齐切林坚持认为，革命流派是唯理论的追随者，幻想可以在俄国这张白纸上很容易地写上科学和进步所指示的一切。这种要求破坏一切现存制度的革命宣传将破坏改革视野，革命的后果必然是专政的出现，这个专政对于自由的危害将甚于君主专制。因为君主专制属于过去，随着时间的推移和条件的成熟，它将转变为宪制。而革命的目标是建立和巩固社会主义。“真诚的自由主义者在面对这个共产主义运动的情况下只能支持专制制度”[3]，但它必须沿着温和的、渐进的改革道路前进。最后他强调指出：“只有当政治自由建立在稳固的基础之上，只有当人民生活为它创造了所有的必备条件，政治自由才会起到良好作用。否则，它带给社会的只有纷争。”[4] 至于什么时候俄国才具备这些基础和必备条件，齐切林非常乐观地预计，尽管在“我们这个时候”，“太阳还不曾照亮山顶，还见不到冲破我们周围黑暗的一线阳光”，但他坚信“那样的时刻将要来到：那时，被信念所鼓舞了的新的一代又将登上山巅，他们的眼睛被天空的阳光照亮了，他们看见了展延在他们面前的开阔天地；那时，各种力量之间的残酷斗争将被自由的协调一致所代替，光明的日子

[1] В.Д.Зорькин, *Из Истории Буржуазно-Либеральной Политической Мысли России Второй Половины XIX -Начала XXв.Б.Н.Чичерин*, М.,1984, сс.144-145.

[2] 姚海：《俄罗斯文化》，上海社会科学院出版社 2005 年版，第 243—244 页。

[3] 姚海：《俄罗斯文化》，上海社会科学院出版社 2005 年版，第 243 页。

[4] B.N.Chicherin, G.M.Hamburg ed., Liberty, *Equalituy, and the Market*, Yale University Press, 1998, p.156.

将重新降临社会”[1]。

三、齐切林的经济自由主义观

相对于政治上的自由主义而言，齐切林在经济领域所表现出的自由主义倾向更为保守，他企图利用经济自由主义的理论原则对贵族利益加以维护。

齐切林认为存在着不变的、永恒的经济规律。他写道，经济生活中“有产生自事物本性的某种必然联系”，正是这些必然联系构成经济规律，而“对这些不以人的意志为转移的规律的认识构成经济科学的主要任务”。但齐切林并不认为生产的当事人必然要服从这些规律，他们有选择的余地：按照规律行动或违背规律行动，即，“作为自由的人，人可以违背它们；但作为有理性的人，他应当适应它们。”[2] 总之，在自由意志和不以人的意志为转移的规律之间发生冲突时，齐切林认为占上风的是规律，而理性是作为调和的原则出现的。

虽然自由和自由活动永远是人所固有的，它们出自人的本性，但自由并非自古以来就得到实现的，而是随着它“在人们意识中”的发展而被实现的。事实上，构成人类全部历史内容的几乎全是对经济规律的“违背”，对此，齐切林解释道：“在历史本身的发展中，法权往往不是使自由合法化，而是使奴役合法化。差不多直到现代，农奴制一直是全世界的现象。中世纪的所有制缠绕于封建关系之中。在几百年内，行会制度和国家的限制代替了工业的自由运动。但自由毕竟是法权以及经济生活的最高理想。”[3] 因此，齐切林得出结论，自由是理想。这也意味着，符合人的本性的经济规律也应该被宣布为理想，而不是现实，因为没有它们存在的基本条件：自由。换言之，只要还存在任何对自由经济活动的限制，就没有实际起作用的经济规律。其言外之意就是，只有在资产阶级自由竞争时期，人类才进入经济规律起作用的阶段，才进入正常的经济社会。

竞争在齐切林那里，被看作是人类发展的顶点，不能有什么比这种形式更高了。

---

[1] Б.Н.Чичерин, *Воспоминания.Москва Сороковых Годов*, М.: Издание М.и С.Сабашниковых, 1929,cc.316-317.

[2] B.N.Chicherin, G.M.Hamburg ed., Liberty, *Equalituy, and the Market*, Yale University Press, 1998, p.353.

[3] B.N.Chicherin, G.M.Hamburg ed., Liberty, *Equalituy, and the Market*, Yale University Press, 1998, p.354.

对此，他说道："如果我们认为人类发展的成果是自由，而不是奴役，那么关于竞争，我们也应当这么说。"[1] 竞争是经济活动的正常形式，所以否定竞争的社会主义是违反自然的。齐切林说道："实行社会主义制度，这只能是以人为的因素代替自然的因素，以坏的因素代替好的因素。"[2] 而在国家与经济活动的关系问题上，齐切林强调："只是在个人和社会活动不足的地方需要国家的干涉。"[3] 基于此，齐切林反对国家对经济上的私人企业活动进行积极干预；支持经济自由主义，保护资产阶级权利和自由，首先是劳动的自由、私有财产和竞争的自由。他的学说在这个意义上与洛克、亚当·斯密、约翰·密尔和斯宾塞的自由主义理论有着密切的内在联系。

作为农奴制崩溃时期的社会活动家，齐切林不只是鼓吹这种或那种改造，而且还企图从理论上加以论证，他的经济哲学从一开始就具有反对农奴制度的色彩。齐切林指出，在农奴制状况下，"依靠从属者的劳动而生活得到保障的上层等级失去个人劳动的一切动机；反之，在下层等级那里，强制劳动和无出路的境遇挫伤了一切毅力和主动精神"[4]。因而如果不废除农奴制度，"其余一切改良都可能是不巩固的；反之，甚至别的事情一概不做，单单是这一改革就会把俄国提到新的基础上"[5]。因为农奴制改革的"目的是人们在自己经济关系中的最充分的自由"[6]。当然，齐切林所谓的自由主要是形式上的、法律上的自由，而不是经济自由。所以，虽然他主张在保留地主经济的同时，"农民应该获得他所居留的那块土地"[7]，也即应该连带土地解放农民，但他更关注如何把改革过的地主经济变为资本主义经济，其中最重要的是如何保持和巩固贵族的利益和在国家社会政治生活中的影响力及控制力。齐切

[1]　B.N.Chicherin, G.M.Hamburg ed., Liberty, *Equalituy, and the Market*, Yale University Press, 1998, p.354.

[2]　B.N.Chicherin, G.M.Hamburg ed., Liberty, *Equalituy, and the Market*, Yale University Press, 1998, p.423.

[3]　B.B.Леонтович, *История Либерализма в России.1762-1914*, M.:Русский путь, 1995, c.312.

[4]　[苏]察哥洛夫：《俄国农奴制解体时期经济思想概论》，北京大学出版社 1987 年版，第 259 页。

[5]　[苏]察哥洛夫：《俄国农奴制解体时期经济思想概论》，北京大学出版社 1987 年版，第 259 页。

[6]　[苏]察哥洛夫：《俄国农奴制解体时期经济思想概论》，北京大学出版社 1987 年版，第 258 页。

[7]　[苏]察哥洛夫：《俄国农奴制解体时期经济思想概论》，北京大学出版社 1987 年版，第 260 页。

林的等级思想非常明显，对此他毫不隐讳。按照他的理论，改革后的每个等级“都应根据自己的本性而在属于它的环境内起主要作用：农民——在村的管理机构中，中间等级——在市的管理机构中，贵族——在省的管理机构中。这就确定了各等级的权利平等；但这种权利平等并不是说每个等级在任何地方都有同样的权利，而是说每一个等级在自己的范围内是首要的。”[1]齐切林在大改革后的反政府立场与这种信念不无关系，即统治集团不善于保护贵族的利益，他认为捍卫贵族的利益乃是国家活动的主要任务，因为贵族“不是一个风烛残年的老头子，也不是一个要成为日益强大的中间等级的牺牲品的蒙难者”，而是“一个与俄罗斯国家共存亡的等级”。[2]当然，为了加强贵族的政治和经济阵地，有必要把经济力量薄弱的分子从贵族行列中清洗出去，把新的经济力量雄厚的分子吸收到这个行列里来。

齐切林很早就开始了反对村社的斗争。大改革后，他更是认为村社土地占有制是农民经济衰落和极其困难的祸根，所以为了改善农民经济，“唯一合理的办法是完全解放俄国农民，使他们摆脱村社和连环保。”[3]齐切林希望农村矛盾的重心将从地主与农民关系方面转到农村资产阶级（富农）与贫农的关系方面，而富农可能成为立宪制度和贵族统治的基础，为此，他把这种希望同村社的解体联系在一起。在这个意义上甚至可以把齐切林看作是斯托雷平土地政策的预言者。同时齐切林还从“自由”的角度对农民贫困的原因做了解释，他认为，“部分农民贫穷的最重要原因是给予他们的自由本身。如果说自由解放强者，那么它却毁灭弱者”[4]。

齐切林在维护资本主义的一般经济形态和捍卫贵族利益的同时，也展开了对社会主义性质的经济的批评。在这方面，巴斯夏的思想对他产生了很大影响。齐切林在《回忆录》中指出，在了解蒲鲁东同巴斯夏之间的论战后，他就不再相信“社会主义的理论意义”了，并说，“我对巴斯夏十分尊敬，而读到他的《经济调和论》

[1] Б.Н.Чичерин, *Несколько Современных Вопросов*, М.:Государственная Публичная Историческая Библиотека России, 2002, с.102.

[2] Б.Н.Чичерин, *Несколько Современных Вопросов*, М.:Государственная Публичная Историческая Библиотека России, 2002, с.114.

[3] ［苏］察哥洛夫：《俄国农奴制解体时期经济思想概论》，北京大学出版社 1987 年版，第 274 页。

[4] Б.Н. Чичерин, *Воспоминания.Москва Сороковых Годов* ,М.: Издание М.и С.Сабашниковых, 1929, с.161.

时，这种敬意进一步增长，这一著作使我重新回到自由原则，认为它是文明社会经济关系的真正基础。”[1] 齐切林认为，外部自由的中心是私有权，因为它是“公平的可靠保证”，“一切公民制度的基石”。在私有权中，“人找到了自己活动的支点、工具和目标。”[2] 他声明，企图侵犯私有财产意味着最根本地从内部破坏自由。拥有资本（财产）并构成公民社会基础阶层的人越多，他们越积极参与社会和国家事务，政治自由的保证就越高。齐切林相信：只有经济独立才能保证社会政治独立。贫穷的国家不可能是自由的国家。而私有财产的稳定则是法制的最重要保证，在这个角度他敏锐地观察到了马克思主义对俄罗斯的巨大危险。对于工人要求缩短工作日的要求，齐切林则给予了辛辣的讽刺：“我们参加过一个小型集会，某位先生在那儿从容不迫地讲了一个小时政治经济学的不可思议的荒唐话，他甚至引用了阿尔弗莱特王的话，证明 9 小时是每个人最大限度的正常工作日。听众是工人，他们当然非常喜欢少干活，而拿同样的工资……现在已经不是 9 小时，而是 8 小时工作日的问题了。应该指望将来工作日减少到零，光拿工资。”[3]

在对齐切林的整个自由主义思想体系做了如上考察以后，不能不承认这是一位在当时人们对其学术和社会政治活动都没有给予应有评价的杰出的思想家。但这如齐切林本人所言：“我尽自己所能工作了，按我所能做到的，使用了上帝赋予我的才能，并平静地把自己的灵魂献给了他。”[4] 毫无疑问，齐切林有权带着这种庄严的平静心走向永恒。

---

[1] Б.Н. Чичерин, *Воспоминания.Москва Сороковых Годов,* М.: Издание М.и С.Сабашниковых, 1929, сс.76,77.

[2] B.N.Chicherin, G.M.Hamburg ed., Liberty, *Equalituy, and the Market*, Yale University Press, 1998, p.385.

[3] B.N.Chicherin, G.M.Hamburg ed., Liberty, *Equalituy, and the Market*, Yale University Press, 1998, p.426.

[4] ［俄］H•O• 洛斯基：《俄国哲学史》，浙江人民出版社 1999 年版，第 181 页。

第六章　19—20世纪之交自由主义的转型与分流

19世纪末20世纪初，沙皇在政治上的反动引起了全社会的反对，自由主义者深受这种情绪的影响，整体出现了激进化倾向。之前还算比较激进的自由主义民粹派在这一时期已经落到了时代的后面，被主张革命的社会革命党所取代，而大多数自由派则选择了与民主主义的结盟。可是“罗曼诺夫家族”却力求保持1861年的那种统治国家的方式。尼古拉二世在1895年接见地方自治局代表时说：“地方自治局的某些成员，竟然异想天开，要自治局的代表参与国家管理。望大家知道，我将坚定不移地维护专制制度的原则，如同我那令人不能忘怀的先父一样。”[1]仅仅这一点就足以大略地解释1905年革命了。

在激烈的社会变革和政治风暴影响下，以司徒卢威、米留科夫等人为代表的自由主义知识分子日益活跃，并逐渐取代贵族而成为俄国自由主义运动的主体和核心。正是在他们的参与和努力下，一系列自由主义政治组织相继成立，并推动俄国自由主义转向新的发展阶段。以解放同盟的成立为标志，俄国自由主义开启了新自由主义的新时期。

一、1905年革命前夕自由主义的激进化

关于1905年革命前夕俄国资产阶级自由主义运动在国家政治生活中的作用，比较普遍的看法是：它既反对革命，也反对无产阶级，只是到1904年才在工人运动的

[1]　[苏]安·米·潘克拉托娃主编：《苏联通史》第2卷，生活·读书·新知三联书店1980年版，第532—533页。

压力下被迫提出了召开立宪会议等较为激进的政治主张[1]。但实际情况远非如此，早在 19 世纪 90 年代中期，作为一种政治思潮和社会运动的俄国资产阶级自由主义就已经开始了其发展史上的重大更新，无论是其规模、水平，还是纲领主张、行动策略等都发生了明显的变化，其中一个最显著的变化就是知识分子取代贵族成为俄国自由主义的主体和核心[2]。这一时期自由主义日趋激进化，逐渐演变成与沙皇政权不妥协的反对派，并在一定程度上同工农运动结成了联盟，从而促进了革命危机的成熟。自由主义之所以在这个时期出现激进倾向，主要在于：第一，进入帝国主义阶段后，落后的农奴制与先进的资本主义间矛盾更加激化，作为反映这种矛盾的自由派运动必然趋于活跃；第二，国内阶级矛盾尖锐化，工农运动、学生运动风起云涌，从而带动自由派运动向前发展，自由派则想利用这种形势向沙皇政府施压以达到自身目的；第三，日俄战争的失败给沙皇政府以沉重打击，为自由派运动创造了条件；第四，领导自由派运动的知识分子比贵族更少保守性、更具创新精神[3]。

（一）社会基础扩大化和知识分子化

由于俄国资本主义的落后和资产阶级的软弱，使先进的贵族在相当长的历史时期内充当了俄国资本主义发展要求的表达者的角色，故从 18 世纪以来先进的贵族知识分子和开明的地主一直是俄国自由主义的主体，而资产阶级在总体上则游离于这一运动之外，俄国自由主义运动的特点无不与此相关[4]。但从 19 世纪 90 年代中期开始，随着资本主义的快速发展，俄国自由主义运动获得了不断巩固的社会支持和更加强烈的刺激因素，它的社会基础迅速扩大，参加者的成分日益广泛，除了进步贵族外，大量的资产阶级和小资产阶级知识分子加入到自由主义运动的队伍中来，从而改变了自由主义运动的面貌和状况。

19 世纪 90 年代是俄国资本主义工业高涨的年代，这种“非人力所能左右的经济

[1] В.Г.Тюкавкин, *История СССР* 1861-1917, М., 1990, с.230.

[2] George Fischer, *Russian Liberalism from Gentry to Intelligentsia*, Harvard University Press, 1958, p.119.

[3] George Fischer, *Russian Liberalism from Gentry to Intelligentsia*, Harvard University Press, 1958, pp.120-123.

[4] А.Я.Аврех, Русский Буржуазный Либерализм:Особенности Исторического Развития, *Вопросы Истории*, 1989(2), с.17.

的发展日益破坏着等级的基础，并引起对‘知识分子’的需要”[1]。这种情况使自由主义运动得到不断巩固的社会支持。在工业高涨年代成长起来的一大批资产阶级知识分子，如工程师、经理人员、财政人员、律师、学者等逐渐成为自由主义新的力量来源。这些由欧洲式教育培养出来的新一代知识分子，比工业资产阶级本身更加渴望政治变革，更容易认同自由主义运动。维尔纳茨基、司徒卢威、米留科夫和马克拉科夫等就是他们之中有代表性的人物。著名的地方自治活动家尼·李沃夫对此评论说：“专制制度不妥协的敌人越来越多，他们从知识分子中间产生出来……他们必然要拼命同现存国家制度作斗争，因为在这个制度下没有良心、人身和出版的自由，而这些东西对知识分子的顺利劳动是必需的。”[2]

资产阶级和小资产阶级知识分子的大量加入是世纪之交俄国自由主义运动最引人注目的变化之一。他们的加入使自由主义运动的阶级基础得到扩大，更具广泛的社会性，同时对自由主义运动在组织和理论方面的发展也产生了重大影响，正是他们推动了俄国自由主义运动的激进化。因为这些知识分子从总体上说比贵族自由主义者更能代表俄国资本主义发展的要求，更少受传统的束缚，更具有理论方面的优势。到 20 世纪初，俄国知识分子的数量迅速增长，占生活自立人口的 2.7%[3]。但其作用不取决于其比重，而取决于其在社会和经济生活中的地位。知识分子的精英控制了当时的舆论工具——报刊，而报刊成为联系众多具有自由主义倾向的知识分子的重要渠道。例如，莫斯科大学法学教授维尔纳茨基是坦波夫省地方自治会议议员，他在 19 世纪 90 年代多次参与发起地方自治机关中自由主义人士的聚会和会议，为地方自治机关中的自由主义派别起草经济纲领，并帮助地方自治活动家与知识分子建立联系。曾在莫斯科大学执教的米留科夫是莫斯科小组的发起人之一，后来成为解放派的主要发言人。曾是合法马克思主义者的司徒卢威在 1899 年转向自由主义阵营后即成为左翼的重要理论家，并担任了《解放》杂志的主编。而且知识分子自由派的活动使那些原先旨在为沙皇专制制度服务的组织，如有着悠久历史的“帝国自由经济协会”也卷入了反政府运动，“在这里，不是仅从经济的观点讨论问题，而是

[1] 《列宁全集》第 5 卷，人民出版社 1986 年版，第 295 页。

[2] 姚海：《近代俄国立宪运动的源流》，四川大学出版社 1996 年版，第 112 页。

[3] К.Ф.Шацилло, *Русский Либарализм Накануне Революции 1905-1907 гг*, М., 1985, с.40.

每次谈话和议论都变成了对政府的审判。”[1]在彼得堡“自由经济协会”对知识分子反对派最具吸引力，在莫斯科则是“法律协会”具有这种魅力，穆罗姆采夫、科瓦列夫斯基等自由主义知识分子著名活动家是其成员。根据莫斯科总督的报告，1894年该协会372人中119人“政治声誉不佳”。教育大臣认为该协会“偏离了规定的轨道，鼓动青年人的反抗情绪，对政府活动持否定态度，根本无法约束它”[2]。以致尼古拉二世一听到“知识分子”一词就愤恨有加[3]。知识分子在自由主义组织中所取得的这种地位，使他们有可能从根本上影响俄国自由主义运动的方向。据统计，1890年警察局受理了要求允许建立各种合法组织的申请182份，1891年为218份，1892年为260份，1893年为318份，1894年为348份，1895年为374份，1896年达到476份[4]。总体上来说，这类合法的知识分子组织在逐年增加，而且讨论的问题逐渐超出纯职业事务的范围，时常涉及内政问题，甚至提出了“应该改变总前提”的口号[5]。用警察的话说就是，“这类合法机构看起来似乎是追求纯科学目标的，但在条件适宜或行政当局放松对它们的监督时，就很容易成为社会上自由主义立宪渴望的公开宣传机关。”[6]

与此同时，地方自治机关中的“第三种成分”也越来越多地追随起自由主义来了。“第三种成分”在19世纪末约有2.6万人，其中60%出身于小资产阶级[7]。由于形势的发展以及人数的剧增，“第三种成分”已不满足于局限在地方自治机关中进行活动，在当时的社会运动中，他们是一个十分活跃的因素，至少有18个省的“第三种成分”有组织地参加了运动或同运动保持着密切的联系。1894年特维尔省宪兵局的头头在给沙皇政府的报告中明确提到：“反政府思想的代表者是城市自治局和地

---

[1] В.Я.Лаверьщев, Общая Тенденция Развития Буржуазно-Либерального Движения в России в Конце XX в —Начала XX в, История СССР, 1976(4), с.54.

[2] К.Ф.Шацилло, *Русский Либарализм Накануне Революции 1905-1907 гг*, М.,1985, с.57.

[3] [俄]谢·尤·维特：《俄国末代沙皇尼古拉二世》，新华出版社1983年版，第263页。

[4] К.Ф.Шацилло, *Русский Либарализм Накануне Революции 1905-1907 гг*, М.,1985, с.45.

[5] К.Ф.Шацилло,*Русский Либарализм Накануне Революции 1905-1907 гг*, М., 1985, с.46.

[6] Н.М.Пирумова, *Земское Либеральное Движение:Социальные Корни и Эволюция до Начала XX в*, М., 1977, с.195.

[7] Н.М.Пирумова, *Земское Либеральное Движение:Социальные Корни и Эволюция до Начала XX в*, М., 1977, с.231.

方自治局自由雇佣的职员。”[1]“第三种成分”加强了自由主义反对派的激进倾向。他们“用请愿和抗议的方式对政府施加压力”[2]。当时内务大臣普列维就把地方自治机关中不满情绪滋长和改革呼声的升高归咎于他们，认为这些“非贵族出身的”、被称为“第三种成分”的人经常以自己的言论歪曲了地方自治运动的真正声音[3]。这从一个侧面反映了自由主义反对派成分的变化对于其政治倾向所产生的作用。事实上，正是这些激进的贵族自由派即立宪派地方自治人士与号称“自由职业者”的知识分子结成了“新自由派”。

（二）自由主义运动组织化

新自由派大部分是资产阶级知识分子，他们有渊博的知识、丰富的政治斗争经验，他们深知：要想消灭专制制度，建立君主立宪制，单靠少数几个人的活动势单力薄，杯水车薪，成不了大气候，因此首先必须大力开展舆论宣传工作，教育广大群众，尽快把有自由主义倾向的人团结起来。为此，一些自由主义组织相继出现。

还在1889年，一些自由主义知识分子就着手酝酿建立自己的组织。奥尔登伯格在给维尔纳茨基的信中写道：“现在不是采取战斗行动和搞阴谋活动的时候，而是进行广泛的组织工作、组织派别和政党的时候。”为此，需要立即拟订一个临时性的政治纲领。维尔纳茨基也向他的自由主义朋友们表示：“现在已经到了我们登上政治活动舞台的时候了。”[4]

19世纪90年代初，一些地方性的自由主义小组先后形成，其中比较著名的是特维尔小组和莫斯科小组。特维尔小组由彼得伦克维奇、罗季切夫、巴枯宁以及“第三种成分”中的自由主义者组成。莫斯科自由主义小组的成员有维尔纳茨基、诺夫哥罗德采夫、沙霍夫斯科伊、科尔尼洛夫和米留科夫等。这些小组为促进各地自由主义者的联系而积极开展活动，也正是从这个时候开始，自由主义者萌生了采取联合行动的想法。尽管当时这种努力未果，但意义非同寻常。

---

[1] Н.М.Пирумова, *Земское Либеральное Движение:Социальные Корни и Эволюция до Начала XX в*, М., 1977, с.113.

[2] Н.М.Пирумова, *Земское Либеральное Движение:Социальные Корни и Эволюция до Начала XX в*, М., 1977, с.120.

[3] Виктор Леонтович, *История Либерализма в России 1762-1914,* Париж., 1980, с.355.

[4] Н.М.Пирумова, *Земское Либеральное Движение:Социальные Корни и Эволюция до Начала XX в*, М., 1977, с.193.

知识分子不同的职业组织是联结自由主义反对派的另一个纽带。从19世纪90年代中叶开始，自由主义者广泛利用了各种合法的学术团体、职业组织和社会组织如自由经济协会、律师联合会、扫盲委员会等，开展宣传和组织活动，到1904年知识分子的各种协会已达231个[1]。

1899年，一些自由主义的地方自治活动家在莫斯科成立了一个名叫“聚谈”的地方自治非法小组。这是俄国最早的超出地域范围的自由主义政治团体，一直活动到1905年正式的自由主义政党成立之时。它起先只是一种以私人关系为基础的聚会，但不久就成为知名的自由主义地方自治活动家进行活动的形式，“在俄罗斯出现合法政党之前，先进的社会就已通过‘聚谈’获得了统一的、起指导作用的中心。”[2]在其存在期间，“聚谈”每年召开4—5次会议，就一些政治问题和当前的策略问题展开讨论，通过《法学》等刊物宣传立宪思想，并编辑出版了一系列有关农业、地方自治和外国宪法等方面的书籍。

继“聚谈”之后，1903年11月，著名的地方自治活动家多尔戈鲁科夫兄弟、沙霍夫斯科伊等人发起成立了一个非法的政治组织——“地方自治局立宪主义者同盟”，其宗旨是促使沙皇政府实行宪制，参加者多为地方自治机关中的立宪主义者。

不久解放同盟也宣告成立。这是一个更加广泛、更加激进的自由主义组织[3]，其筹建工作与自由主义理论刊物《解放》的创办有关。1902年上半年，莫斯科自由主义小组决定委托流亡在斯图加特的司徒卢威编辑出版《解放》。这份刊物在当年7月1日出了第1期之后，马上就成为俄国自由主义运动中左翼活动家的中心。为更好地领导自由派运动，新自由派决定建立自己的组织，为此1903年秋天，《解放》杂志召集了一次撰稿人和资助人会议，其实是为成立解放同盟做了准备，20名与会代表中地方自治活动家和知识分子各占一半。[4]1904年1月，解放同盟在彼得堡成立。“解放同盟”不是一个政党，但却是一个组织严密的协会，它规定所有成员均需参加它的某个小组，而这些小组都是依据政治、地域、职业特征建立起来的。领导协会的是一年选举一次产生的中央委员会，协会章程明确规定了其内部的组织结构，

[1] К.Ф.Шацилло, *Русский Либарализм Накануне Революции 1905-1907 гг*, М., 1985, с.45.

[2] В.А.Маклаков, *Власть и Общество на Закате Старой России*, Париж., 1936, с.21.

[3] 姚海：《近代俄国立宪运动的源流》，四川大学出版社1996年版，第117页。

[4] В.В.Леонтович, *История Либерализма в России.1762-1914*, М.:Русский путь, 1995, сс.360-361.

吸收新会员的条件等。可以说，“解放同盟”是俄国自由派政党的雏形，其成员约1 600人[1]。早在1902年，司徒卢威就开始与未来立宪民主党的领袖米留科夫以《解放》杂志为阵地，就党的成分、纲领、行动路线等展开了辩论，从而为自由主义政党的正式成立奠定了组织和思想基础。总之，解放同盟的成立是俄国自由主义发展史的转折点，标志着俄国新自由派作为一个有组织的派别登上了俄国政治舞台。

（三）立宪纲领明确化，行动策略左倾化

贵族自由派运动未能提出统一而又明确的纲领，仅是各省地方自治机关的自由派议员以上书、请愿等方式提出自己的要求，只一般性地、用含糊其辞的语言“顺利完成大厦”来要求宪制，即在保存沙皇专制制度的前提下扩大地方自治机关的权限，允许地方自治机关的代表进入国务会议。但随着自由主义组织的建立、新自由派的形成，其政治经济纲领发生了一些令人侧目的变化，其中最明显的就是立宪纲领明确化，而行动策略则趋于激进化。尽管地方自治机关中的右翼即温和派曾一度主张保留沙皇专制制度，建立依附于沙皇的咨议性的代议机关，但更多的自由派人士包括地方自治机关内的左翼和解放派都力主消灭专制制度、建立具有立法性质的代议机关，即明确提出立宪君主制的要求，并在此基础上第一次系统地草拟了俄国宪法草案，提出了俄国国家体制的设想，这种倾向在1902年之后成为自由主义运动的主流。

在亚历山大三世去世后不久，地方自治机关内的一部分自由主义者就向当局表明了自己的政治要求：政府应听取社会的意见，实行自由主义的政策。由于他们的这个主张没有超出19世纪60—70年代自由主义运动的纲领，即促使沙皇政权推行改革，因而被认为是温和派。但尼古拉二世却在接见这些地方自治机关代表时把这种要求称为“没有头脑的幻想”[2]，并表示他将坚定不移地捍卫专制制度的原则。在政府的高压下，越来越多的地方自治派自由主义者选择了向左转，主张在俄罗斯实行立宪制度，他们构成了地方自治机关中的激进派。1895年初，有一份名为《俄罗斯立宪派宣言》的传单宣称：“我们反对专制政权，主张不受任何条件限制的人民代表制。我们反对官僚主义，要求扩大地方自治的范围。”[3]当年，在日内瓦出版了

[1] К.Ф.Шацилло, *Русский Либарализм Накануне Революции 1905-1907 гг*, М.,1985, с.325.

[2] George Fischer, *Russian Liberalism:From Gentry to Intelligentsia,* Harvard university press, 1958 ,p.3.

[3] 姚海：《近代俄国立宪运动的源流》，四川大学出版社1996年版，第121页。

一本由彼得伦克维奇等人编写的小册子，除了宣传立宪主张外，还要求由各省地方自治机关产生一名代表参加国务会议，参与立法活动。特鲁别茨科伊、多尔哥鲁科夫等激进的立宪主义者断言：温和派寄希望于政府的有限改革是徒劳的。要消灭政府中的专横腐败现象，就必须使政权受到法律制度的约束，而要做到这一点，除了向立宪制度过渡之外别无他途[1]。

到了1902年，甚至连温和派领袖希波夫也承认，“可以感觉到，近期内如果不从上面实行必要的改革，那么不久的将来最高政权将被迫在国内反对派情绪迅速增长的情况下同意对我们的国家制度进行更为根本的改变。”[2]在这年5月召开的地方自治代表大会上拟订了一个关于地方自治机关的代表参加政府组织的“农业需要特别会议”的工作时所应遵循的纲领，其中规定了自由主义者争取的最近目标是“必须纠正国家财政和经济政策方面的错误……必须在报刊上广泛讨论一切全局性的和局部性的经济问题，需要公开性和出版自由”[3]。沙皇政权对这些仍属温和的要求做出了强硬的反应，撤掉了大会主席希波夫所担任的莫斯科省地方自治会议主席职务。但这种高压措施的后果正好同预期目的相反，它促进了地方自治机关中激进倾向的发展。希波夫写道，许多地方自治活动家曾认为，政府最终会明智地满足社会的最温和的要求，但在此之后，他们“丧失了对和平解决问题所抱的任何希望，转而坚信走上与现存政治制度进行斗争的道路是不可避免的”[4]。这种倾向迅速发展，激进的立宪派逐渐成为地方自治机关中自由主义的多数派。内务部的一份文件也承认：“关于俄国不向立宪制度转变就不可能取得任何进步的观点在日益广泛的社会集团中扎下了根子。”[5]

地方自治机关的激进化在1904年11月的地方自治代表大会上达到了一个新的水平，激进的多数和温和的少数都从各自原先的立场向前迈进了一步。大会通过的纲领抨击了官僚制度的专横，呼吁实现民主自由，一致要求政府真正保证人身不受侵犯、保证信仰和出版自由、实现完全的公民平等和政治平等、扩大地方自治的权力以及最重要的——建立人民代表机关，吸收自由选举产生的代表参与国家事务，

[1] Виктор Леонтович,*История Либерализма в России 1762-1914,* Париж.,1980, с.349.

[2] Виктор Леонтович,*История Либерализма в России 1762-1914,* Париж.,1980, с.349.

[3] Виктор Леонтович,*История Либерализма в России 1762-1914,* Париж.,1980, с.349.

[4] Виктор Леонтович,*История Либерализма в России 1762-1914,* Париж.,1980, с.355.

[5] Виктор Леонтович,*История Либерализма в России 1762-1914,* Париж.,1980, с.355.

以便借助于他们的力量，“在精神上重建国家政权与人民权利相互关系的基础”，使俄国获得新生。激进派和温和派的分歧在于对未来人民代表机关性质的确定上：前者主张把立法权交给人民代表机关，即实行真正的宪制；而后者只要求让人民代表在立法活动中享有发言权，即建立一个具有法律咨询职能的机关。[1] 激进的立宪派的观点是与西方资产阶级自由主义的政治学说一致的。他们把法的原则视为改造俄国国家制度的基础，强调应该由确定的法律来体现政权与人民的关系，“必须使选举产生的机构得到法的保证。因为咨询性的机构终究只是官僚统治的玩物，它的意见可以被考虑，也可以不被考虑，它本身也注定要受到压制……只有受到法律保障的机构，才可能限制君主的个人意志，而这也正是建立法律秩序的首要条件。”[2] 而温和派则承袭了斯拉夫派的传统，更看重政权与人民在道德和精神方面的一致。希波夫明确指出了两派的分歧之所在：“立宪主义者把法的思想作为改造我们国家制度的基础，而我们认为这一改革的基础应是社会伦理思想，是最高执政者和人民代表机关对道德义务的觉悟。”[3] 这些保守的自由主义者认为，俄国尚未为代议制和普选权做好准备，现实的道路是在保持和发扬俄罗斯精神的前提下缓慢地改变俄国国家制度，通过逐步扩大地方自治的权限，从现在的地方自治机关中将演化出未来的俄国人民代表机关，并培养出一批能够取代旧政权代表的治国人才。

大会致政府的备忘录表达了与会代表的一致意见：在俄国确立政治自由的“伟大而神圣的事业应该出自最高政权，因为只有它才能以和平的方式实现这一事业”；但仅仅依靠政权是不够的，还必须让社会参与。俄罗斯从未像现在这样需要国家政权和有组织的社会的一致行动。备忘录声称，只要政权走上改革的道路，一切最优秀、最健康的力量就将团结在它的周围；如果政权回到 80 年代的政策，那将把俄罗斯引向自下而起的瓦解和动乱。在俄国没有实现政治自由之前，任何一个具体问题都不可能得到解决，因为国家没有稳固的法律秩序；而如果没有社会代表广泛参与立法活动，就不会有这种秩序[4]。

而 1903 年 11 月成立的“地方自治局立宪派人士联盟”更是将地方自治机关中的立宪主义者聚集到了一起，它的宗旨就是敦促沙皇政府实行宪制，待到 1905 年 2 月，

[1] Виктор Леонтович, *История Либерализма в России 1762-1914,* Париж, 1980, сс.376-377.

[2] Б.Н.Чичерин, Россия Накануне Двадцатого Столетия, *Журнал Стратегия России*, 2004(5).

[3] Д.Н.Шипов, *Воспоминания и Думы о Пережитом*, Иг.,1918, с.309.

[4] Д.Н.Шипов, *Воспоминания и Думы о Пережитом*, Иг.,1918, сс.581-587.

该联盟在自己的纲领中增加了以付赎金的形式强制征用地主土地的内容。

在地方自治机关之外，是俄国自由主义运动中最激进的一翼——解放派。一般认为，俄国资产阶级自由派不可能也不愿意有超过政治改良的要求和越出宪法的行动[1]，但解放派实际上早在 1902 年就已超越了这个界限。在《解放》第一期面世之时，以这一刊物为核心的自由主义新派别就宣称：立宪是俄国唯一的出路，不值得去尝试改善专制制度，而应以全部力量向国家政权挑战并使它声誉扫地。所以他们将很少提及具体的经济、文化、行政和社会方面的问题，解决这些问题将是俄国人民未来的代表机关的事情，他们的目标已不仅仅是要求沙皇颁布一个宪法，而是要推翻沙皇专制制度、实现普选权和宪制。将成立一个由各社会组织的代表参加的委员会来拟定立宪会议的选举法，然后由立宪会议来制定俄国宪法[2]。而当前的首要任务就是打倒专制制度。自由主义活动家马克拉科夫认为，“打倒”、“专制制度”这两个词可以用来概括解放派的纲领。当时，这个口号被戏称为“二项式”[3]。但到 1903 年年中，这些激进的自由主义者开始感觉到，他们的纲领不能停留在这两个词上，而必须对农民和工人关心的问题表明态度，因为如果没有这两个基本阶级的支持，一个争取政治自由的团体是不可能有所作为的。于是，解放派开始谈论解决土地问题、劳动问题的方案。1904 年 1 月，解放同盟在其成立大会上宣布：“人民的政治解放……是俄国国家生活最迫切、最紧急的任务”，坚持必须消灭专制制度和实行立宪制度，要求广泛、平等的权利，使全体人民参与国家管理[4]。1905 年 3 月解放同盟召开了第三次代表大会，通过了自己的纲领。在解放同盟的纲领中规定了公民权利、国家制度、地方自治机关的权力、司法改革、财政预算、土地问题、工人立法、国民教育等方面的内容。这个纲领后来成了立宪民主党纲领的基础。立宪民主党后来的纲领只是对这个纲领做了一些个别的补充，基本内容没有变化，有些条款甚至原封未动。

在策略上，解放派持强硬立场，拒绝向政权做任何妥协，也不想弥补社会与政权之间日益扩大的裂痕。为此，他们提出了一个基本的原则：为了达到立宪目的，

[1]　[苏]诺索夫主编：《苏联简史》第 1 卷下册，生活·读书·新知三联书店 1977 年版，第 411 页。

[2]　П.Н.Милюков, *Воспоминания*,т.1, М.:современник, 1990, с.248.

[3]　Н.Г.Думова, *Либерал в России:Трагедия Несовместимости.Исторический Портрет П.Н.Милюкова*, Ч 1, М., 1993, с.204.

[4]　王清和：《论沙皇俄国国家杜马的性质》，载《史学集刊》1990 年第 2 期，第 55 页。

可以采用任何手段。他们公开呼吁："立宪主义者不应放弃任何可能导致各独立的社会组织同专制制度的冲突尖锐化的机会以及制造这种冲突的机会"，要把"所有精力用在制造普遍的不满和抗议气氛上"，并且建议首先采取两种方式：骚乱和罢工[1]。

为了达到预期目的，解放派进行了不懈的努力：首先，设立地下印刷厂，创办《解放》杂志，一方面阐述自己的纲领性要求，另一方面，提高民众的思想觉悟，唤起民众的立宪意识；其次，在开展活动的过程中，创造性地提出了秘密斗争与合法斗争相结合的二元策略；最后，自由派在开展活动过程中，注意团结和联合其他反政府力量，建立广泛的统一战线。为了吸引更多的人参加反对专制制度的斗争，解放派宣布，愿意同俄国其他革命政党和组织合作。为了争取工农的支持，他们对土地国有化的主张表示赞同，对农民反对地主的暴力行为保持沉默，甚至为其公开辩护，同时对社会革命党人的恐怖活动表示理解，对工人运动的兴起也表示支持，并对那些反对采用这种手段的立宪主义者——如特鲁别茨科伊兄弟——进行严厉抨击[2]。为此，由它发起的自由主义反对派和各革命派政党（俄国社会民主工党除外）的联席会议，于1904年9月在巴黎召开，从而与各革命组织建立了联系。

对于1904年11月地方自治代表大会的结果，解放同盟的多数领导人表示不满和担忧。他们认为，大会通过的纲领和致政府的备忘录中隐藏着放弃全面争取自由主义目标的危险。那些参加了代表大会并表现出妥协倾向的解放同盟成员被指责为背叛了解放运动。为了阻挠地方自治机关中温和的自由主义者与政府和解，解放同盟在1904年末发起了一场声势颇大的"宴会运动"。这个运动的主旨是要求实现民主自由、召开立宪会议，这比地方自治代表大会的基调要左得多。

总体说来，这时期自由派运动无论规模、水平还是思想、行动均比以前更大更高、更为激进，尤其是解放派所表现出的激进倾向在俄国自由主义历史上更是前所未有。这一派别无论是在人员组成、组织形式上还是纲领与策略上都已远离了19世纪自由主义的传统，它不仅已经同农民民主主义，在某种程度上也同社会民主主义结成了联盟，从而催生了1905年革命，也为新自由主义的到来做好了人员、组织、纲领和策略等各方面的准备。

[1] Виктор Леонтович, *История Либерализма в России 1762-1914,* Париж.,1980, с.365.

[2] Виктор Леонтович, *История Либерализма в России 1762-1914,* Париж., 1980, с.365.

二、新自由主义的形成

19世纪末20世纪初，俄国社会主义运动的兴起对自由主义运动产生了冲击，也对自由主义的思想观念产生了影响，使俄国自由主义吸收了一些社会主义的观点主张。正是在与社会主义的论战、较量过程中，俄国自由主义在20世纪初形成了一种新的完整的价值体系，新自由主义应运而生。

如前所述，世纪之交大批知识分子加入自由主义的行列和一系列自由主义组织和团体的建立意味着整个自由主义运动正向新的阶段即新自由主义阶段发展。主要表现在以下三方面：首先，自由主义运动进入了一个新的政治活跃期。在亚历山大三世的高压下，自由主义运动被迫在政治上保持沉默。亚历山大三世之死和资本主义经济增长使19世纪80年代以来积聚起来的社会与政权的矛盾表面化了，而尼古拉二世对自由主义温和要求的粗暴拒绝则迫使自由主义者组织起来以加强自己的力量。一系列自由主义组织的建立表明了自由主义者要求参与国家政治生活、影响社会进程的强烈愿望。其次，地方自治机关中的自由主义活动家和从事各种自由职业的自由主义知识分子之间的联系不断加强。俄国自由主义这两支主要力量的相互接近在19世纪90年代小组活动时期就已十分明显，而解放同盟的成立则是他们在组织上联合的一个重要步骤。由于解放同盟的建立，俄国自由主义运动实现了传统成分和时代成分的结合，从而具有了新的面貌。而后来的立宪民主党也正是在自由派的这两个组织“地方自治局立宪主义者联盟”和“解放同盟”的基础上发展而来的。第三，知识分子在自由主义运动中开始发挥越来越大的作用。在自由主义的组织发展过程中，自由主义知识分子在政治视野和理论素养方面表现出了优势。正是他们首先提出了建立自由主义团体的任务，并在理论和组织准备方面起了关键作用[1]。正是注意到这种情况，莫斯科省地方自治会议主席希波夫在1902年就指出，知识分子将在自由主义运动中发挥领导作用。到1904年，知识分子实际地取得了对于自由主义运动的领导权，其标志就是解放同盟的成立[2]。从这个意义上说，解放同盟的成立也可以看作是新自由主义形成的标志。

当然新自由主义的新形式并不是凭空出现的，它在许多方面与旧的贵族自由主

[1] 参见姚海：《近代俄国立宪运动的源流》，四川大学出版社1996年版，第118页。

[2] Н.М.Пирумова, *Земское Либеральное Движение:Социальные Корни и Эволюция до Начала XX в*, М., 1977, с.167.

义“血肉相连”[1]，但是也表现出了许多差异和变化，以至于后来有不少研究者得出“1905年之后的俄国没有自由主义”的结论[2]。甚至于在20世纪20年代的反思中，立宪民主党的领袖之一马克拉科夫也指责立宪民主党没有理由自称自由派，因为它破坏了自由主义的主要原则——参加了与现存政权的斗争；它本应支持政府的，但却把自己变成了激进派，“近乎于革命派”。可以说正是这些所谓的新自由主义者拒绝扮演传统自由派的资产阶级改革者角色，他们的这种崭新“面貌”引起了政权的误解，从而给俄国自由主义带来了灭顶之灾[3]。当然这种看法带有太多的情绪宣泄的成分，不可能太客观。所以在讨论新自由主义的“新”时要特别关注两点：其一是它与旧自由主义的关系，即它在多大程度上保留了旧自由主义（卡维林、齐切林）的精神传统；其二是它与社会主义的关系，即它在多大程度上受到了社会主义的影响。

首先应该看到，当新自由主义在排斥旧贵族自由主义的“专政制度—社会—人民”的公式时，也继承和发展了旧自由主义的其他思想，特别是那些与法制国家理论相连的思想。它是新自由主义社会哲学的“出发点”[4]。新自由主义在坚持个性自由、维护法制国家思想、不愿接受任何形式的法律实证主义、承认法律高于政治的优先权和社会发展的渐进性等方面与古典自由主义是一致的。但新自由主义并未就此打住，在保持了传统自由主义基本内核的基础上，新自由主义确定了它与传统自由主义的四个基本差别：①对平等原则的理解；②对财产的态度；③对国家职能的认识；④对革命的看法。

在对平等的理解上，新自由主义指责他们的前辈把平等和自由的概念过分形式化了，没有将平等思想与实现平等思想的具体历史条件严格地区分开来。在新自由主义这里，“平等的概念已经摆脱了同一性的风格并澄清了实际上相互迥异的个人的平等关系”[5]。也就是说，“在法律自由主义中平等意味着实际上取消一些社会集团的特权，更不容许享有特权、有别于他人或其他团体的利益集团的出现。相反，新自由主义赋予了平等思想一些更积极内容。例如教育平等已经不在于每个孩子享

[1] Лидия Новикова, Новый Либерализм в России, *ОНС,*1993(5).

[2] Лидия Новикова, Новый Либерализм в России, *ОНС,* 1993(5).

[3] Лидия Новикова, Новый Либерализм в России, *ОНС,* 1993(5).

[4] Лидия Новикова, Новый Либерализм в России, *ОНС,* 1993(5).

[5] С.И.Гессен, Проблемы Правового Социализма, *Современные записки,* т.22,1924, с.281.

有进入任一学校的权利……而在于他获得了教育的权利，他需要它是因为自己生存的特殊条件。"[1] 同时新自由主义强调，平等必须要以国家对个人所要从事的活动给予支持为前提。因为纯法律上的平等（法律面前的平等）还不能保证真正的平等。平等应当是机会上的平等，对机会平等的保障在很大程度上取决于国家的相应的政策。新自由主义设想的实质就是用物质思想来补充法制思想，也就是说国家应该为人的生存提供必要的保证，国家不仅不能干涉公民的私生活，而且在一定情况下还要积极地援助弱者，即国家应该采取措施来缓解过多的机会不平等。与此相应，人们也必须采取积极的态度对待他人，而不管他是采取直接的（如为工人缴纳保险费）还是间接的（如学校税收）手段，他们这么做不是出于道德的考虑，而是纯粹的法律义务[2]。

在财产问题上，传统自由主义认为财产就是属于个人的东西，而新自由主义则把财产理解为个人自由的条件，是个人从事企业经营活动和文化创作活动的基础。故而他们反对财产的垄断，强调它束缚了个人主动权的自由。例如，托拉斯的出现破坏了竞争，而富裕大地主的出现迫使附近的佃农按他的意志行事等[3]。

在国家的职能问题上，如果说传统自由主义坚持国家不干涉公民社会的事务、经济活动，那么新自由主义则强调，具有"强制"和"保护"功能的国家应该对个人承担积极的义务而不是仁慈的施舍。在经济上国家应保证个人享有体面的生存权，与垄断作斗争。正如一位新自由主义思想家所说的："保证应有的生存权及与垄断作斗争，要求国家在实际的文化工作（学校、保险、工业、农业、贸易等）领域做出积极的努力。"[4] 在政治上，新自由主义提出，应该扩大公民的选举权，吸收更广泛的人民阶层参与立法，以便赋予社会政治集团合法性的斗争手段，并在原则上承认谁也不是人民公意的表达者。他们特别强调，国家应发挥它的仲裁人作用，积极促进所有集团参与妥协，并寻找解决利益冲突的"合力"，也就是说，"国家的任务就是要成为各阶级间的调停者，同时赋予各阶级的斗争以合法的形式。"[5] 新自由主

[1] С.И.Гессен, Проблемы Правового Социализма, *Современные записки,* т.22,1924, с.272.

[2] С.И.Гессен, Проблемы Правового Социализма, *Современные записки,* т.22,1924, с.271.

[3] Лидия Новикова, Новый Либерализм в России, *ОНС,* 1993(5).

[4] С.И.Гессен, Проблемы Правового Социализма, *Современные записки,* т.22,1924, с.276.

[5] С.И.Гессен, Проблемы Правового Социализма, *Современные записки,* т.22, 1924, с.291.

义反对旧自由主义将民主归结为纯形式上的代表原则，对“全国人民的意志”或“大多数人的意志”等概念持怀疑态度，认为应当由国家来保证表达全体人民意志所必需的条件。不过新自由主义者反对建立在人民政权基础上的国家，认为根据人民政权原则所建立的国家，可能会成为专制国家，而人民的专制往往要比个别人的专制更可怕。因此他们主张建立的法制国家不是要以“人民专制”为前提的，而是以人民的主权，即人民至高无上的地位为前提的，不要求为了“共同事业”而牺牲独立个体的利益[1]。

在对待革命的态度上，旧自由主义者坚决否决一切革命，主张进行“自上而下”的改良；而新自由主义者则将革命分成社会革命和政治革命，他们坚决反对社会革命，而原则上承认政治革命是可能的，而且承认在有些情况下是必需的、甚至是不可避免的。新自由主义认为，如果政治革命完成了客观上已经成熟的、而现在体制又无法完成的历史任务时，那么它就是合理的，它是政府“不合理”政策的结果，是政府不能及时进行政治改革的结果[2]。

其次，应该看到，新自由主义的许多理念确实受到了社会主义运动及其思想的影响。对此，米留科夫并不隐讳。他说，新自由主义应把整套新论点归功于社会主义[3]。还有的立宪民主党人甚至认为，“社会主义是自由主义的后继者而非反对者”，认为，“社会主义完全为当代最新的自由主义理论和法制国家的实践所接受。”[4]而新自由主义的大部分批评者则对这种折中性大肆挞伐，认为以米留科夫为代表的新自由主义者将古典自由主义思想与它对立面的社会主义的要求混为一谈，并认为这是自由主义衰亡的主要原因。这种批评有合理的成分，但言过其实。诺夫戈罗德采夫说得十分清楚：“当我们说，社会主义完全可以为最新的自由主义理论和当代法制国家的实践所接受时，所指的是已经纳入了现代国家文化工作的社会主义、是‘长入’现代社会的社会主义，这就是说我们在这里所指的社会主义是已经丧失了自己内在本质的社会主义，成了社会改良政策的社会主义。马克思主义在这种社会主义

---

[1] Лидия Новикова, Новый Либерализм в России, *ОНС*,1993(5).

[2] Ирина Сиземская, Лидия Новикова,Либеральные Традиции в Культурно-Историческом Опыте России, *свободная мысль,*1993(15), с.76.

[3] П.Н.Милюков, Суд над Кадетскими либералами, *Современные записки,* 1930(41); Либерализм, Радикализм и Революция, *Современные записки*, 1935(57).

[4] В.А.Кувшинов, Кадеты в России и в Эмиграции, *новая и новейшая история,* 1995(4), с.49.

的历史表现中消失并变成传说。”[1]很明显，新自由主义所借用的主要是“改良主义”的社会主义，当然这并不意味着“革命的”社会主义对它就没有影响。比如社会主义的“国有化”思想、无产阶级关于“人的解放”的思想等对新自由主义都产生了或多或少的冲击。诺夫戈罗德采夫对此做出了较为客观的分析，他说：“在马克思主义之后，我们应该承认那种思想体系的意义和价值，因为我们不可能让道德意识回到过去。所以在那以后，明智的做法应该是顺应这种激进，适时改变自己在政治任务、法律的实质、平等和自由原则等方面的观点。”[2]事实上，新自由主义也的确在这些方面做了调整，其中最典型的就是他们将法制国家的思想进行了不小的延伸。一方面，他们认为，社会公正的理想或社会主义的实现只能通过建立在法制国家基础上的民主途径，法制国家是向社会主义国家过渡的立足点。要想使国家接近社会主义理想，其中最重要的条件就是个性自由、民主和在此基础上全体公民参与国家事务。只有法制国家，只有法制国家的自我发展才能使社会自然地变成社会主义关系占主导地位的制度[3]。另一方面他们认为法律之所以必要主要在于它比强迫和统治更协调一致；国家的功能在于支持、保证全体国民的一致利益。团结一致是一种社会理想，国家活动的意义和内容就是遵循这一理想，因为国家从使命和本性上来说是规模最大的团结形式。当然要做到这一点不可能没有条件，其中最重要的条件就是人的精神和道德的发展。这样，国家思想与人的自由思想在这里实现了完美结合。很明显，由于个人的追求和目标迥异，而为了实现人的一致利益，就不得不借助于国家力量，那么结论就是：“我们对国家暴力的暂时容忍建立在相信人的个性的基础上。”[4]新自由主义的发展方向在这里就与“法制”社会主义运动相连。总之，作为独立的思想流派，俄国新自由主义诞生在旧自由主义与“革命”社会主义激烈交锋的年代，加之受到当时他们所处的社会环境和所面临的社会任务等因素的影响，故而它在理论上的“杂糅”可以看作是时代发展的产物。

---

[1] П.И.Новгородцев, *Об Общественном Идеале*, М., 1991, с.516.

[2] П.И.Новгородцев, *Об Общественном Идеале*, М., 1991, с.521.

[3] П.И.Новгородцев, *Об Общественном Идеале*, М., 1991, сс.522-524.

[4] А.А.Кизеветтер, Партия Народной Свободы и Её Идеалогия, М., 1917, с.142.

三、《十月十七日宣言》与“十月党”和“立宪民主党”的分立

伴随着1905年革命，沙皇君主专制政权出现了严重的合法性危机，同时这一政权也逐渐失去了修复自身合法性的功能，这为人们希望通过议会道路对国家进行彻底的变革提供了适宜的土壤和空间。在这种情况下，自由主义性质的政党应时而生。而自由主义政党成立之后的理论构建和实践活动无不彰显着俄国近代自由主义进入了其发展史上的“黄金时期”。

1905年革命催生了自由主义政党的最终形成，因为1905年革命一方面给自由派造成了一种危机感，迫使其加速了建党的步伐，以便使革命向着有利于自己的方向发展。为此，司徒卢威写道：“现在，这样的党终于应当建立了，不然的话，天生就是构成党的必要干部的那些人将被挤入后方，俄国的命运将由反动的和极端派政党决定。”[1] 而自由主义政党面临的基本任务就是：“要在革命一开始就控制它，并在实际上承认它是合理的，把它纳入合法的社会改革的轨道，这些社会改革将随着全面的政治改革的展开，利用民主宪法所提供的方法实现。”[2] 所以在1905年革命过程中，自由派的两大组织“地方自治局立宪主义者联盟”和“解放同盟”多次召开代表大会，着手组织建党工作，并组成了“联合委员会”，制定统一的行动纲领并准备党代会的召开。

另一方面，1905年革命和自由派的激进活动动摇了沙皇专制制度，加速了封建官僚队伍的分化，导致了上层危机。1905年3月3日（俄历1905年二月十八日），沙皇迫于压力，签署了内务大臣布里根起草的谕旨，表示在不动摇现存基本法的条件下，允许居民选出代表更广泛地参加立宪活动。但激进的自由主义者注意到，这并不意味着专制君主政体的改变，因此，他们坚持原来的立场，自由主义的激进运动日甚一日。为使罗曼诺夫王朝免于倾覆，沙皇尼古拉二世被迫颁发诏令，宣布实行资产阶级性质的君主立宪制度，满足了自由派关于人身不受侵犯、信仰、言论、

---

[1] В.В.Шелохаев, *Кадеты-Главная Партия Либеральной Буржуазии в Борьбе с Революцией 1905-1907 гг*, М., 1983, с.49.

[2] В.В.Шелохаев, *Кадеты-Главная Партия Либеральной Буржуазии в Борьбе с Революцией 1905-1907 гг*, М., 1983, с.49.

集会、结社自由等愿望，诏令保证：“任何法律未经国家杜马认可不得生效；民选机构得以确实参与监督朕所授予之权力行使是否合法。”[1]《十月十七日宣言》赋予了俄国一个具有立法权的议会——杜马来限制沙皇的权力，如果它真正得以认真执行，俄国无疑会成为一个立宪君主制国家。这在很大程度上符合了俄国自由派的愿望，对自由主义阵营造成了相当大的影响，一个最严重的后果就是造成了自由派阵营左右两翼的分裂，右翼支持政府的改革，左翼则倾向于民主主义一边，此种状况一直持续到 1917 年二月革命。

当沙皇颁布《十月十七日宣言》时，俄国自由派正在莫斯科召开立宪民主党的成立大会。宣言传到代表大会之后，参加立宪民主党成立大会的自由派贵族和大资产阶级的代表组成了“十月十七日联盟”，统称“十月党人”，表示完全支持《十月十七日宣言》。该党在性质上属于保守自由主义派，是俄国自由主义运动右翼的主体力量。

按社会成分，“十月十七日同盟”是由官僚贵族和部分“贵族化”的大工商业、金融资产阶级组成的政党，但他们大多受过高等教育，而且多受法律和人文学科的教育。只有 7.63% 的人受过初等及以下的教育。82.42% 的党员都住在城市，大多为银行和股份企业的董事会成员、房地产所有者、地方自治成员和城市议员。从地理分布来看，十月党人的地方分布都在贵族土地所有制相对发达的设有地方自治局的欧俄各省。因而在土地问题上，十月党人虽要求废除公社，取消对农民等级的法律限制，但主张通过特殊的委员会将空余的国有土地、皇室的和内阁的土地转交给农民，借助于农民的帮助从私有者手中购买土地，主张将无地和少地的农民迁往“自有土地”，也就是说，十月党人基本上支持政府的土地方案。

就基本政治立场而言，十月党人力求使自由主义的观念和俄国传统的保守主义观念相结合，维护统一的、不可分离的俄罗斯，维护强有力的立宪君主政体。因而十月党人既反对保存无限君主制，又坚决反对立宪会议，认为议会制既不符合俄国历史，又不符合目前俄国的政治局势。他们还认为立宪君主制的“专制”地位是俄国的“历史财富”，保存君主政体是为了保证“同过去的联系”，使“国家的航船沿着正确的航向航行，防止无谓的风暴和颠簸”[2]。十月党人虽然主张实行君主立宪，

[1]　[俄]谢·尤·维特：《俄国末代沙皇尼古拉二世》续集，新华出版社 1985 年版，第 1 页。

[2]　А.И.Зевелев, *История политических партий России*, М., 1994, с.92.

将国家政权分为三部分：一部分归沙皇，一部分归以有产阶级为代表的上院，另一部分归根据普选产生的下议院，即国家杜马，而且国家杜马起主导作用。但按照十月党人的构想，虽然俄国最高权力机构包括君主和两院制的“人民代表制”，但十月党人明显偏袒前者，统治和管理国家的权力实际上仍然掌握在沙皇手中，所谓两院制的“人民代表制”只不过是对君主制的修饰。在他们看来，《十月十七日宣言》颁布以后，俄国已经具备走立宪君主制道路所必需的政治条件，因而他们满足于沙皇政府做出的让步，转而采取支持政府的态度，他们甚至把沙皇的宣言看作自己的胜利，故以沙皇诏书颁布日作为党的名称。不言而喻，党的主要任务就是：“要紧紧围绕《十月十七日宣言》中所宣布的那些原则，坚持在政府尽可能迅速、全面、广泛地实现这些原则的基础上，保证这些原则的不可动摇性，协助进行改革的政府完整地、全面地恢复俄国的国家和社会制度。”[1]

不过，需要指出的是，十月党人也并非“虚伪的立宪派政党”。殊不知，它所要恢复的不是俄国的绝对专制制度，而是要恢复君主和缙绅会议共同执政。它认为，“俄罗斯帝国是具有继承性的君主立宪制，皇帝作为最高政权的体现者，要受到《根本法》的限制。”[2] 与此同时，十月党人也致力于敦促政府保证公民的权利和自由，发展和巩固地方自治，按资本主义方式进行司法改革，所有公民，不分民族、性别、信仰在法律面前一律平等；保证劳动自由、工商业自由、获得和支配财产的自由，人身神圣不可侵犯，废除村社，承认工人有结社、集会、罢工自由，限制工人的工作时间，对工人实行劳动保护，扩大国民教育等。在 1905—1907 年，全俄总共建立了 260 个十月党人支部，其中 200 多个是在第一届杜马选举时产生的，而总人数约为 7.5—7.7 万人[3]。

就在“十月十七日同盟”成立的同时，立宪民主党的成立大会也在莫斯科召开。它的成员主要为自由派的左翼——自由派的中等资产阶级和资产阶级的知识分子代表，其中地方自治局立宪主义者和解放同盟成员构成了其主要成分。米留科夫在代表大会上介绍了党的纲领的基本方针，会议通过了这份纲领，选举了 26 人组成的临

[1] В.А.Кувшинов,Программа《Союз 17 Октября》(Партия Октябристов),*Кентавр*,1994(5). с.124.

[2] *Россия на Рубеже Веков.Портреты истории*,М.,1991,с.91.

[3] А.И.Зевелев,Ю.П.Свириденко,В.В.Шелохаев,*Политические Партии России: История и Современность*, М:РОССПЭН,2000,с.110.

时中央委员会，建立了党的机关。这样，立宪民主党以解放同盟和地方自治局立宪主义者联盟为核心终于建立了起来[1]。

总之，以十月党、立宪民主党的成立为界标，俄国自由主义运动的历史掀开了新的一页，它终于结束了有派别或有团体而没有属于自己政党的历史，俄国自由主义的面貌从此焕然一新。由此，俄国自由主义进入了其发展史上以政党政治为主要载体的新自由主义时期，同时也开启了自由主义政党在国家杜马架构下既斗争又合作的新局面，俄国自由主义变成了积极参与政治斗争的政党的思想体系[2]。

四、从“合法马克思主义”到“保守”自由主义

1909年，在俄国知识界发生了一件“石破天惊”的事件，那就是司徒卢威、别尔嘉耶夫、弗兰克等人公开出版了一本自我反思和批判性的文集，即《路标》文集。今天，该文集被视为俄国知识分子对自身思想发展史的清算，也被视为自由主义知识分子反省自己的社会责任、清除自身思想上的污垢、割断与激进主义暧昧关系的举动，但在当时，他们的“保守自由主义”立场所遭受的来自左右两边即社会主义阵营和自由主义阵营的攻讦远远多于同情与理解。须知，收入《路标》文集的7篇文章的作者都曾是激进的自由主义者，其中司徒卢威、别尔嘉耶夫、弗兰克等人早年曾信仰社会主义，并且作为“合法马克思主义者”与列宁等人并肩与民粹派论战，宣传社会主义。在时人看来，他们的立场退得太远了！

在19世纪90年代纷繁复杂的政治斗争中，出现了一股自由主义知识分子与马克思主义者结盟的思潮，其中最引人注目的就是“合法马克思主义者”。其代表人物有彼·司徒卢威、米·杜冈—巴拉诺夫斯基、谢·布尔加科夫、尼·别尔嘉耶夫等人。实事求是地讲，他们虽然打着“社会主义”的旗号，但就其思想实质而言，它理应属于自由主义阵营中较为激进的一部分。

当时，俄国工业的高涨需要大批的工程师和技术员，没有这些人，工业事业就根本不能进行。所以，知识分子的数量以及知识分子的社会意义就随着工业资本的增长而迅速增长。19世纪末期的工业高涨对俄国知识分子的发展起了很大的推动作

[1] 由于下文有专篇绍介和解读立宪民主党的纲领，此处不再赘述。

[2] Лидия Новикова, Новый Либерализм в России, *ОНС*, 1993(5).

用，而工业危机也势必强烈地影响到知识分子的情绪。知识分子同工业资本的这种联系就是“合法马克思主义”赖以发展的基础。大批未来的工程师、技术员、经济工作者、统计工作者和财政专家需要这样一种意识形态，它必须理解他们的社会作用的意义，必须在他们自己心目中证明他们的存在是必要的。而民粹派的意识形态否认俄国资本主义的必要性甚至可能性，所以达不到这个目的。

为了反驳自由主义民粹派，这些“合法马克思主义者”曾同俄国革命的马克思主义者——社会民主主义者结成联盟。当时，“合法马克思主义”与民粹派的论战是俄国思想界和学术界的一件大事。这些“合法马克思主义者”步普列汉诺夫之后尘，在《新言论》、《生活》、《开端》等合法刊物上不断发表文章，利用马克思经济学说中的某些观点论证俄国资本主义的发展和前景，批判民粹主义理论，主张实现资产阶级的民主自由。1894 年出版的司徒卢威的《俄国经济发展问题评论》一书最早系统地表达了他们的意见，司徒卢威希图站在客观立场上分析和评价俄国经济中的现实。而杜冈—巴拉诺夫斯基 1898 年出版的《俄国工厂的过去和现在》更是一部极有价值的学术著作，不仅说明了俄国资本主义工业的起源和现状，而且彻底驳斥了民粹派关于俄国资本主义的“人为性”和“无生命力”观点[1]。“合法马克思主义”的拥护资本和反对攻击资本的民粹派突出到了这种程度，当时甚至有人开玩笑说：“全世界的马克思主义者都是工人阶级政党的，只有俄国马克思主义者是大资本政党的。”由于他们的论战文章和著作具有纯理论性质，所以能够公开、合法地发表、出版和宣传，从而使这种“合法的”马克思主义成为俄国刊物、书籍和大学中盛行的话题。

当“合法马克思主义者”抨击民粹主义，证明它的落后无知和“不科学”，并赞美工业资本的进步意义时，19 世纪 90 年代的知识分子报以了热烈的掌声。列宁曾说：“由于结成了这个联盟，我们才极为迅速地战胜了民粹主义并且使马克思主义思想（虽然是在庸俗化的形式下）广泛传播开来。”[2] 卢森堡在谈到 90 年代的大争论时也说：“这场有些地方相当精彩的斗智，十分有力地吸引住了 90 年代俄国的社会主义知识分子，并以马克思主义学派的肯定的胜利而告终，它使马克思主义正式

[1] 姚海：《俄罗斯文化》，上海社会科学院出版社 2005 年版，第 321 页。

[2] 《列宁选集》第 1 卷，人民出版社 1995 年版，第 304 页。

作为一种历史—经济理论而走进了俄国的科学领域。”[1]

“合法马克思主义”对俄国工人运动也产生了一定的影响，它是俄国革命知识分子中出现的经济主义思潮的理论基础。他们主张，工人只应当限于搞经济斗争，至于政治斗争则应让自由资产阶级去搞，工人可以支持它的政治要求。后来，这一思潮的代表人物普罗柯波维奇、库斯科娃等人也像司徒卢威他们一样，转向了自由主义阵营。

但“合法马克思主义”的实质并不在于它善于使革命观点具有书报检查机关所同意的形式，它的意义是更为深远的。这就是使马克思学说适应俄国自由派资产阶级的要求和需要的一种尝试[2]。虽然他们在关于俄国资本主义问题上的看法接近于正统的马克思主义，但他们的政治倾向却是资产阶级自由主义的。在对待阶级斗争的态度上，合法马克思主义与他们所极力反对的民粹派知识分子却是惊人的一致，那就是不应有阶级斗争。为此，司徒卢威等人从伯恩施坦的修正主义那里吸取了使他们很满意的思想，据说剩余价值理论，即剥削是整个资本主义制度基础的思想，应该“修改”甚至根本取消了；阶级斗争根本不是必然的，同时社会和平也是可能的；最后，甚至社会主义革命的“必然性”也根本没有“得到证实”。最关键的一点是承认“超阶级国家”存在的可能性。故而在用马克思主义为思想武器驳倒民粹派后，这些欧化的俄国资产阶级思想家便立即开始了系统的“对马克思的批判”，从根本上否定社会发展规律和社会革命的必要性，正式成为俄国资产阶级自由主义的左翼。例如，司徒卢威就认为马克思的哲学观点是经济唯物主义的，而“价值学说，如同在《资本论》第1卷和第3卷中所叙述的那样，无疑地有许多自相矛盾的地方”，因而他抛弃了马克思主义最主要的东西，即无产阶级革命和无产阶级专政的学说。为此，他曾写道：“不，我们要承认我们的不文明，我们要向资本主义学习。”[3]杜冈—巴拉诺夫斯基的《俄国工厂的过去和现在》，虽然是以马克思主义的精神写成的，但他很快就以马克思学说的全面批判者而闻名。布尔加科夫在其《资本主义与农业》一书中对马克思关于土地问题的学说进行了修正，认为造成农业落后和劳动群众贫

[1] 姚海：《俄罗斯文化》，上海社会科学院出版社2005年版，第322—323页。

[2] ［苏］波克罗夫斯基：《俄国历史概要》下册，生活•读书•新知三联书店1978年版，第497页。

[3] ［苏］安•米•潘克拉托娃主编：《苏联通史》第2卷，生活•读书•新知三联书店1980年版，第543页。

困化的原因不是资本主义制度下的各种社会经济条件，而是自然规律、首先是“土地肥力递减规律”的作用。对此，罗•卢森堡评论道：“俄国合法马克思主义者无疑地对他们的论敌‘民粹派’取得了胜利，但他们的胜利超过了限度。在论战的热烈气氛中，这三个人——司徒卢威、布尔加科夫和杜冈—巴拉诺夫斯基——把他们的论点说得过火了。本来的问题是：资本主义就一般而论以及资本主义特别在俄国是否有发展的可能；而这些马克思主义者在论证资本主义有发展的可能时，竟从理论上证明资本主义能够永世长存。”[1]但不管怎么说，经过这场大论战，自由主义声势大振，一跃而成为俄国社会政治思潮的重要一翼。

如前所述，19世纪末20世纪初，俄国自由主义思想体系正处于转型的关键阶段，这个时期的俄国自由主义主要是从社会主义和马克思主义学说之中吸取了营养。司徒卢威等人将马克思主义视为自己解剖俄国的工具，从马克思主义中吸取部分养分以壮大自己的枝叶，甚至一度与以列宁等代表的马克思主义者结盟。诚如司徒卢威所言：“坦率地说，社会主义任何时候都没有对我造成思想波澜，但还是多少吸引了我……它吸引我主要是作为一种思想力量，这种力量或者指向争取公民和政治自由，或者反对公民和政治自由。”[2]但在思想深处，这批人真正信奉的还是自由主义，即所谓“形社会主义实自由主义”而已。对此，俄国马克思主义之父普列汉诺夫认识得非常清楚。早在1901—1902年，针对司徒卢威的《马克思主义的社会发展理论》，普列汉诺夫就在《曙光》杂志上发表文章，从辩证唯物主义角度分析了司徒卢威对正统马克思主义的攻击，并断言：“司徒卢威神不知鬼不觉地由革命马克思主义者转变为保守的马克思主义者”，司徒卢威将成为“……我们的自由主义者的领袖”[3]。

直至1903年，司徒卢威代表的自由主义知识分子与社会主义者还保持了一定的关系，但是，一旦资产阶级自由主义的社会经济前提渐渐成熟和它的理论体系基本形成，自然发生“马克思主义的批评者”彻底地与“马克思主义者”的决裂。于是，才有了1905年革命之后《路标》文集作者们的集体转向。

1905年俄国自由主义运动虽然来势汹汹，但退潮来得也同样地快速。在20世纪初俄国激进的社会政治情绪和如火如荼的群众运动感染下，一部分自由主义知识分

[1] 姚海：《俄罗斯文化》，上海社会科学院出版社2005年版，第322页。

[2] П.Б.Струве, *Мои встречи и столкновения с Лениным*, Новый мир, М., 1991, (4).

[3] О.Л.Гнатюк, *П.Б.Струве как социальный мыслитель*, СПб.,1998, с.44.

子背离了自由主义的立场而以极大热情站在革命一边去反对专制主义。当时，他们用“美好的”、“强大的”、“健康的”这类形容词来认识和理解革命，期望革命带来自由主义的胜利，就像1789年的法国那样。但当革命以流血失败而结束后，俄国社会出现了被称为“斯托雷平领带”的政治反动和“斯托雷平奇迹”的经济改革时期，这种政治上的“反动时代”与经济上的“激进”改革形成了鲜明对比，俄国自由主义再遭挫折，知识人的痛苦可想而知，怀疑、游移、绝望、愤恨种种情绪同时喷发，各种宗教或邪说竟在最为智慧的知识界不断流布，延续近百年的激情不再，剩下的只是无边的绝望或对超越世界的期盼。自由主义知识分子的思想也陷入迷惘和失望之中，知识界发生分裂，一部分倒向沙皇专制政府一边，另一部分则向右倾斜，“路标”转向，最有名的便是1909年出版的《路标》文集的作者们。他们对1905年流产的革命进行了严肃而深刻的反思，从各个角度考察了知识分子的使命与局限，呼吁人们抛弃激进的乌托邦幻想，致力于精神的新生，在民主社会里重建贵族的理想主义，以消除个性与社会的悲剧性冲突。

首先，《路标》的作者们激烈批评了19世纪中期以来俄国知识分子中的激进主义倾向，批评马克思主义关于阶级斗争和社会革命的学说，要求知识分子“自我深化、自我反思和自我批判”[1]，认为产生这种现象的主要原因是知识分子信奉唯物主义这种“最简单、最低级的空论”，教条主义地对待西方的社会学说。[2]“对平均主义的公正、社会之善和民众利益的崇尚消解了对真理的崇尚，甚至近乎扼杀了对于真理的兴趣”，结果在知识分子中形成了如下的道德判断：“如果真理的毁灭能够给民众带来更加美好的生活，人们的生活将更加幸福美满，那么就让它作出牺牲；如果真理妨碍了‘打倒专制制度’的神圣号召，那末就去打倒它。”[3]文集认为，是过分的书生气导致俄国知识分子中的一部分趋向于革命民主主义和社会主义，结果，在无政府主义、世界主义和虚无主义中迷失了方向，失去了同人民和国家的联系[4]，使他们陷于“可怕的禁欲主义”，“不愿享受生活的乐趣”。文集的作者认为，激进的知识分子具有“爱民主义”、“崇民主义”的思想，他们在考虑自己对人民的义

[1] [俄]基斯嘉柯夫斯基等:《路标集》，彭甑、曾予平译，云南人民出版社1999年版，第22页。

[2] 姚海：《近代俄国立宪运动的源流》，四川大学出版社1996年版，第176页。

[3] [俄]基斯嘉柯夫斯基等:《路标集》，彭甑、曾予平译，云南人民出版社1999年版，第7—8页。

[4] 姚海：《近代俄国立宪运动的源流》，四川大学出版社1996年版，第176页。

务时，没有用有关个人责任的观点去要求人民，相反总是以狂热的宣传去影响他们，把知识分子的政治激进主义移植到人民的社会激进本能中去，力图使自己获得众多的信徒而成为巨大的现实力量。这已经不仅是政治上、策略上的错误，而且也是道义上的错误[1]。布尔加科夫警告说：人类理性的自负导致野蛮；构筑此种野蛮的正是文明的理性人，遭受野蛮迫害的也正是文明的理性人。当然《路标》所谴责的激进知识分子首先是解放运动中的激进的革命流派（尤其是布尔什维克），从这个意义上说，《路标》是自由主义再次同民主主义拉开距离的标志[2]。

其次，《路标》的出版充分反映了部分自由主义知识分子对革命立场的转变。对革命进行精神层面上的批判，并提出建立法制国家的政治主张，这是路标派自由主义知识分子群体的另一思想特征。强调精神自由是俄国这个时代自由主义知识分子思想的核心，他们从维护自由和个性价值、反对奴役的角度，开展了对共产主义思潮的批判。弗兰克认为，世界上“一切灾难、屈辱和痛苦，至少有 99% 是由对实现善的追求、对……神圣原理的热烈信仰和对无情地消灭恶的渴望所造成的结果”[3]，即是对政治、革命偶像的崇拜带来的。由于俄国知识分子信仰唯物主义无神论的科学社会主义和基于机械的理性幸福论的社会乐观主义，因而认为“人类幸福的自然条件在实质上总是存在的”，相信社会政治制度、社会理论的绝对性，认为人类生活的一切缺陷与不幸都产生于个别人或阶级的错误，即外在的社会制度的不公，因而要实现人民福利、建立人间天堂，就必须通过革命、暴动的方式破除现存的社会制度和“剥夺剥夺者”。在弗兰克看来，这都是对自由理想和独立的个人价值因素的否定，“革命总是纵容罪恶、暴行和贪欲的狂风暴雨，肆意横行”，而“俄国革命发展了残酷至极的和闻所未闻的专制，使国家对个人生活的干预达到极限，但却未曾表现出丝毫对自由的爱”[4]。进而他认为，一切企图以暴力形式实现某种绝对的社会精神理想的社会运动，都将带来悲剧[5]。别尔嘉耶夫把革命视作俄国人道主义的危机和知识分子的终结，是对俄国文化的一场浩劫，认为俄国共产主义，正如它自

[1] 姚海：《近代俄国立宪运动的源流》，四川大学出版社 1996 年版，第 176 页。

[2] 姚海：《俄罗斯文化》，上海社会科学院出版社 2005 年版，第 333 页。

[3] [俄] 弗兰克：《俄国知识人与精神偶像》，徐凤林译，学林出版社 1999 年版，第 93 页。

[4] [俄]Вл· 索洛维约夫等：《俄罗斯思想》，贾泽林、李树柏译，浙江人民出版社 2000 年版，第 293—294 页。

[5] [俄] 弗兰克：《俄国知识人与精神偶像》，徐凤林译，学林出版社 1999 年版，第 92 页。

身在俄国革命中所暴露出来的局限性一样，是对个性的否定以及精神和思想自由的泯灭，“共产主义革命消灭了精神和思想的自由，并且给了文化与思想的活动家以无法忍受的地位”，因而“在社会上是进步的俄国革命，在文化上是反动的，它的思想体系在智力上是落后的”[1]。对于革命所带来的严重的精神创伤，布尔加科夫写道：“俄国经历了一场革命。这场革命并未带来众所祈望的结果。大多数人认为，解放运动所取得的正面成果至少在今天仍然是不可靠的。由以往纷争和失败而致的衰微的俄国社会，如今已变得呆然、冷漠和精神涣散……对于俄罗斯未来充满沮丧和极大的怀疑，是不无原因的。在任何情形下，目前在经历过所有的一切之后，斯拉夫派略带几分温情的天真信念，以及旧式西方派美妙的乌托邦空想已经变得不再可能。”[2] 司徒卢威在题为《知识阶层与革命》的文章中写道：“目前，丑恶的反动势力得以猖獗，这促使许多人忘记或隐讳了我们所经历的革命中的失误。再也没有什么东西比这种忘却更为危险的了；同时再也没有什么东西比这种沉默更轻率的了。”[3] 他把革命视为一场灾难，“人们将革命弄糟了……巧妙伪装的挑衅行为发挥了作用……具有工人群众革命精神的两次总罢工（工人代表苏维埃！）；一系列武装暴动——它们毫无理性且毫无价值；莫斯科起义——较之在第一阶段显现出来的史实，它要糟糕得多；第一个杜马的选举闹剧；以下一次武装起义的准备工作（伴随着挑衅行为的参与！）——这些起义在国家杜马解散以后此伏彼起。所有这一切理应最终威胁到政权的存在。事实上，政权一直处于威胁之中。出现了战地法庭以及无休止的死刑。继而，国家的惊悸变成了司空见惯的政治态势……现在，需要时间以使国家从这一绝境中摆脱出来。”[4] 格尔申宗的一段话更明白地表达了他们对人民革命的恐惧：“我们是何许人呢，我们不仅不能幻想与民众融合——我们对他们的恐惧，应该超过了对当局颁布的各种死刑的恐惧，我们应该祝福当局，只有它用

[1] [俄]尼·别尔嘉耶夫：《自我认识——思想自传》，雷永生译，广西师范大学出版社2001年版，第153页。

[2] [俄]基斯嘉柯夫斯基等:《路标集》，彭甑、曾予平译，云南人民出版社1999年版，第21页。

[3] [俄]基斯嘉柯夫斯基等：《路标集》，彭甑、曾予平译，云南人民出版社1999年版，第152页。

[4] [俄]基斯嘉柯夫斯基等：《路标集》，彭甑、曾予平译，云南人民出版社1999年版，第153—154页。

刺刀和监狱将我们与狂暴的民众隔离开来。”[1]

再次，对革命的否定必然导致回到自由主义的传统原则上去，即以与专制主义妥协的方式实现改革。革命后，无限的专制制度已不复存在，但专制主义仍是强大的政治文化力量。《路标》认为，《十月十七日宣言》的发表就应该是革命在实质上和形式上的完成[2]。这一观点就是十月党人的主张，其实质是自由主义与专制主义联手，使俄国在立宪改造的道路上缓慢地发展。以十月党人为代表的保守自由主义重新得势，似乎也说明了俄国自由主义的历史道路和历史地位是命中注定的：不同专制主义在一定程度上妥协和结合，它就无法存在下去。在俄国这样一个具有强大的东方式社会生活基础和传统的国家里，自由主义的目标是不可能在把政权排除在外的情况下实现的。

最后，在批判俄国现实的同时，自由主义知识分子也进一步表述了自己的社会政治理想，主张建立法制国家。弗兰克认为，世界上的社会政治制度、社会原理都是相对的，都不是唯一的拯救者，问题不在于要实现什么样的政治理想或社会理想，而在于这些理想的实现方式本身，在于对待生活与现实之态度的政治道德结构。由此，一切社会制度，包括沙皇专制、君主立宪制、共和制或者社会主义制度，都不能成为唯一的信仰。在国家问题上，弗兰克既不主张托尔斯泰主义的无政府主义，也不要求政治冷淡主义。他认为，政治偶像的毁灭并不等于对国家、强制和政治生活原则的否定。因为“国家、政权、强制……是幸福和有意义的生活的条件……又是某种派生的和次要的东西”[3]，是相对的，对其不能彻底否定或绝对化。基斯嘉柯夫斯基则一针见血地指出，由于在俄国人民的日常生活中缺乏法律秩序和知识分子对法律的不尊敬，致使知识分子法制观麻木以及对法制思想兴趣寡淡。因此只有建立法制国家，才能维护个人自由与独立，把俄国由强力政权改造成法制政权。同样，司徒卢威更强调法律和秩序的结合。早在1905年他尚未投身于激烈的政治革命时就指出，“我们的口号是个体权力和人民的权力。我们是所有的高压政治的不共戴天的仇敌，不论它是源于权力机构还是无政府状态。对我们来说，只有在法律和自由

---

[1] [俄]基斯嘉柯夫斯基等：《路标集》，彭甑、曾予平译，云南人民出版社1999年版，第83—84页。

[2] 姚海：《近代俄国立宪运动的源流》，四川大学出版社1996年版，第177页。

[3] [俄]弗兰克：《俄国知识人与精神偶像》，徐凤林译，学林出版社1999年版，第95页。

的名义下进行的革命才是神圣的。”[1] 在 1909 年他又进一步指出，“政府必须建立于法律思想的基础之上，必须排除所有的、无论是伪装的还是合理的绝对权力。”[2] 虽然以后他的政治、革命观点发生了转变，但是法律和秩序是贯穿其一生的思想主线。

《路标》系统地反映了部分自由主义知识分子的政治、哲学和宗教观点，出版后立即在俄国社会上引起强烈震撼。有人认为这是“由一些最有才华、最聪明的知识分子写成的一份卓越的文献……一个学者阶层反叛的事件”[3]，但也引起了各个阵营的批评，列宁称路标派为“著名的叛徒”，《路标》文集是“自由主义者叛变行为的百科全书”，他说：“《路标》的作者们以整个社会流派的真正思想领袖的身份出现，扼要地草拟了一整套哲学、宗教、政治、政论等问题的百科全书，对整个解放运动，对俄国民主派的全部历史都做了评价”，“《路标》是俄国立宪民主主义和一般的俄国自由主义同俄国解放运动及其一切基本任务和根本传统实行彻底决裂这条道路上的最突出的路标。”[4] 左翼自由主义者立宪民主党人或对其中某些观点进行更正，或与之论战，或表示唾弃。无论如何，《路标》可以被认为是俄国自由主义发展史上的一个路标。

[1] See in E.Dahrendorf ed., *Russian Studies*, London:CollinsHarvill, 1986, p.123.

[2] See in E.Dahrendorf ed., *Russian Studies*, London:CollinsHarvill, 1986, p.71.

[3] 林贤治主编：《别尔嘉耶夫集》，上海远东出版社 1999 年版，第 3 页。

[4] 《列宁论文学与艺术》，人民文学出版社 1983 年版，第 171—172 页。

第七章　个案分析Ⅱ：立宪民主党的纲领和策略解析

立宪民主党是19世纪末20世纪初俄国自由主义运动发展的产物。俄国知识分子精英感到，落后的上层建筑——沙皇专制制度越来越不适应国家发展的需要，当局和社会之间的冲突越来越严重。这种情况导致国内局势不稳，国家前途面临巨大威胁。他们希望通过议会道路对国家进行彻底的变革。虽然立宪民主党领袖米留科夫声明立宪民主党是一个“非阶级的”、符合“俄罗斯知识分子情绪”的政党，但是从立宪民主党的意识形态和政治行为判断，它无疑是俄国自由派资产阶级的政党。

一、组织情况和社会性质

立宪民主党是在1903年成立的“地方自治局立宪主义者联盟”和1904年成立的“解放同盟”两个自由派组织的基础上发展起来的。在1905年10月的成立大会上，立宪民主党选出了党的临时中央委员会。1906年1月“二大”上选出了新的中央，宣告立宪民主党正式完成建党任务。

立宪民主党中央委员会由两部分组成：彼得堡分部和莫斯科分部。彼得堡分部的主要职能是进一步制定党的纲领，制定向国家杜马提交的法案，领导杜马党团。莫斯科分部主要从事组织鼓动宣传工作和出版工作。总体上，由中央委员会监督代表大会各项决议的执行情况，领导党的地方建设，定期召开省委代表会议，确定党在当前的策略路线。各省建立省委员会，由省党代会每年改选一次。省委有权组建市、县和乡委员会。

立宪民主党在组织上相当分散。实际上，立宪民主党中央始终未能同地方组织建立起稳固的经常性的联系。省一级党的“事务”处于根本无人管理的状况。甚至在一省范围内，省委和县委之间的联系也带有一种偶然性质。立宪民主党领导机关通过的决议往往在很久之后才能下达到县级组织，更不用说乡级组织，因此跟不上形势的要求。

中央委员会和杜马党团之间的关系相当混乱。立宪民主党杜马党团是自治性质的，实际上不受中央组织的监督，往往根据议会形势和党团之间的关系制定行动路线。如果说第一、二届杜马期间立宪民主党中央尚能对杜马党团进行监督的话，那么在第三、四届杜马期间杜马党团基本上是自行其是。

立宪民主党刚一成立就获得了较大的发展。根据党章第二条，“凡承认党纲，原意服从党章和党代表大会规定的党的纪律”的人，都可以成为党员。

1905年10—12月已经有72个立宪民主党组织。它们主要分布在“解放同盟”和“地方自治局立宪主义者联盟”从前活动的那些地方[1]。大多数地方的立宪民主党组织是在第一届国家杜马选举运动中产生的。1906年1—4月已经有360多个立宪民主党委员会[2]。至于这一时期立宪民主党的总人数，说法不一。立宪民主党自己认为，大约为7—10万人[3]。不过也有学者认为立宪民主党在1905—1907年革命中的总人数不到3万人[4]。1905年革命失败后，相当一批党员对立宪民主党在第一、二届杜马中的政治行动路线表示失望，纷纷退党，造成立宪民主党地方党组织和党的总人数都锐减。从1908年直至1917年二月革命，立宪民主党的吸引力每况愈下，地方组织数和党员人数呈现单边下降趋势。1908—1909年立宪民主党仅有33个省级和42个县级委员会，而党员人数也仅2.5—3万人。而到了1912—1914年只在29个省级和32个县级城市有委员会，党员人数则不到1万人。“一战”期间，立宪民主党只在26个省级、13个市级和11个县级还保留组织。1917年二月革命胜利后，伴随立宪民主党入阁临时政府，党的地方委员会开始迅速恢复。在1917年3—4月，俄国已

[1] В.В.Шелохаев, *Кадеты-Главная Партия Либеральной Буржуазии в Борьбе с Революцией 1905-1907 гг*, М., 1983, с.60.

[2] Ц.К.Протоколы, Кадетской Партии Периода Первой Российской Революции, *Вопросы истории,* 1990(2), с.34.

[3] В.В.Шелохаев, *Кадеты-Главная Партия Либеральной Буржуазии в Борьбе с Революцией 1905-1907 гг*, М., 1983, с.63.

[4] В.В.Шелохаев, *Кадеты-Главная Партия Либеральной Буржуазии в Борьбе с Революцией 1905-1907 гг*, М., 1983, с.63.

经有 380 多个立宪民主党组织，党的总人数达到 7 万[1]。

立宪民主党的社会成分随着政治形势的变化而不断变化。1905—1907 年革命期间，地方党组织中有很多“社会基层”代表：工人、手工业者、职员，乡组织中还有农民。1907—1917 年这一时期，立宪民主党内的城市中等阶级的代表人物不断增加。党同资产阶级代表大人物的关系不断密切，包括商人、工业家和银行家。二月革命胜利后，党的社会成分又发生了变化。“10 月 17 日同盟”、进步党的成员和从前一些君主派组织的代表开始参加执政的立宪民主党，使党的成分更加混杂，党内形势更加混乱。

立宪民主党的成员构成虽然比较复杂，但毋庸置疑知识分子在党内占了绝大多数。据统计，在各种类型的立宪民主党组织中，农民的比重从来没有超过 15%；企业主和土地所有者阶层的比重也比较小，约在 10%—20% 之间，党员的基本群众是城市中等阶层（主要是办事员、店员、手工业者、职员和学生）和殷实的知识分子（主要包括律师、教授、工程师等）[2]。由于立宪民主党成分的复杂性，以至于立宪民主党内的许多人都认为自己的党是“超阶级的”、“全民的”党。米留科夫后来在自己的回忆录中还坚持认为自己的党“既不是‘资本家’的政党，也不是‘地主的’政党。它是个超阶级的政党”[3]。但根据其成员构成中知识分子占大多数以及其领导核心始终是一些知识分子代表这两点来判断，那种认为立宪民主党是知识分子的党的看法并非没有道理。事实上，在立宪民主党存在的整个时期内，其领导层的核心确实主要是由一些著名的知识分子代表构成。如 П•Н• 米留科夫、А•М• 科柳巴金、В•А• 马克拉科夫、А•П• 盛加略夫、П• 司徒卢威、Ф•П• 拉吉契夫、П•В• 盖森、А•Н• 卡明卡、В•Д• 纳博科夫、巴维尔 • 多尔哥鲁科夫公爵、彼得 • 多尔哥鲁科夫公爵、М•М• 维纳维尔、А•А• 科尔尼洛夫、Д•П• 沙霍夫斯科伊公爵、П•П• 彼得伦克维奇等。历次代表大会选出的中央委员会基本上都由这些人组成。更重要的是，立宪民主党为了自己的政治目的所遵循的并不是工业家和土地所有者的利益，而“更多地反映的是 19 世纪末 20 世纪初欧洲知识分子的政治自由主义世界观”。所以说俄国 1905—1917 年的自由

[1] А.И.Зевелев,Ю.П.Свириденко,В.В.Шелохаев,*Политические Партии России: История и Современность*, М:РОССПЭН,2000,сс.152-153.

[2] В.В.Шелохаев, *Кадеты-Главная Партия Либеральной Буржуазии в Борьбе с Революцией 1905-1907 гг*, М., 1983, сс.67,68,69.

[3] П.Н.Милюков, *Воспоминание*, т.2, М.:Современник, 1990, с.276.

主义，“与其说是资产阶级的，不如说是知识分子的。”[1] 以至于斯托雷平一度对立宪民主党寄予厚望，把它称之为“国家的智囊”[2]。但不管怎么说，有一点是得到公认的，那就是从1905年革命到1917年革命期间，立宪民主党始终是俄国最具实力和影响力的自由主义左翼政党。也许正是基于此种考量，沙皇政府始终没有注册登记立宪民主党的章程，换言之，立宪民主党在形式上一直是一个不合法的政党。

二、意识形态和基本纲领

立宪民主党在1905年成立大会上就通过了党章和党纲，1906年1月召开党的第二次代表大会，决定在党的主要称谓“立宪民主党”之外再补充“人民自由党”的称谓，因为用立宪民主党自己的话说，“民主主义者一词按普通老百姓的理解是流氓和强盗之意”[3]，相应地对党的纲领和章程也做了某些修改。

立宪民主党在1905—1906年所起草的纲领并不是一个只是在那个时候才起草的纯粹理论上的纲领；更确切地说，它是立宪民主党人许多年来长期关心和不断巩固的几个目标的结果，而这些目标正是立宪民主党人数十年来所一直追求的。当然在形式上它是对1905年3月解放同盟第三次代表大会通过的纲领的补充和完善，在内容上既可以说是立宪民主党人集体智慧的结晶，也可以说是立宪民主党内不同派别之间相互妥协让步的产物。

在立宪民主党筹备过程中，各种主张的自由主义立宪方案纷纷出笼，如格列尔特方案、司徒卢威方案和穆罗姆采夫方案等[4]，最终被立宪民主党所采用的是中间偏左的米留科夫方案。

在立宪民主党筹建过程中的一次重要会议即1905年9月25—28日在莫斯科召开的地方自治人士和城市活动家代表大会上，基本确立了后来立宪民主党的纲领路线。但在讨论过程中，左右两翼争吵得却十分激烈。以穆罗姆采夫为代表的右翼认

---

[1]　Charles E. Timberlake ed., *Essays on Russian Liberalism*, University of Missouri press, 1972, p.16.

[2]　刘显忠：《近代俄国国家杜马：设立及实践》，社会科学文献出版社2007年版，第106页。

[3]　Протоколы ЦК Кадетской Партии Периода Первой Российской Революции, *Вопросы Истории,* 1990(2),c.39.

[4]　А.Н.Медушевский, Конституционные Проекты Русского Либерализма и Его Политическая Стратегия, *Вопросы Истории*, 1996(9), cc.3-23.

为自由主义政党的活动应该具有暂时性，即它应在国内确立立宪制度之前发挥作用，而党在目前形势下的基本任务就是准备咨议性杜马的选举。他们坚持认为在选举时只与温和分子，甚至是普选权的反对者结盟。在土地问题上，他们认为“必须考虑地主阶级的利益”[1]，不同意部分地征用地主土地，而主张寻找某种其他方式来消除农民少地的状况。穆罗姆采夫的方案反映了立宪派中温和的部分——即所谓自由贵族的观点，在其中既体现了俄国法学界所有自由主义学派的共同理论观，也体现了从专制制度向法制国家平稳过渡的主张[2]。而以司徒卢威为代表的左翼却认为自由主义政党应是在国家政治体制中逐步发挥作用的有机体。他们反对在选举时与普选权的敌人结盟，认为唯一正确的策略是与左派政党“协调行动”；并建议在纲领中宣布“土地所有权原则”，按“劳动标准”给农民分配土地。米留科夫则采取了调和立场，权衡了左右两派观点而提出了一种折中方案。他从防止自由主义过早分裂的立场考虑，表示“我们忘记了目的——我们是在写立宪民主党的纲领。它不是农民的联盟，也不是地主的党。应该采取中间路线”[3]，故而现在应该“从全国地方自治人士代表大会纲领出发”，而“对纲领不要作详细的规定”[4]。大多数与会代表都赞成米留科夫的观点。

在立宪民主党的成立大会上，米留科夫所提交的包括公民权利、政治自由、普遍选举、八小时工作日和劳动立法、土地问题、国民教育等内容的纲领草案得到了大部分代表的认可，草案获得了通过，正式成为立宪民主党的党纲。当时，米留科夫对自己的这份纲领十分自信，他说：“我们的纲领无疑是西欧一些与我们相类似的政治团体所提出的纲领中最左的。纲领的这一特点在我们所经历的社会力量如此高度紧张的时刻可能无法得到应有的评价，但在以后无疑会得到评价的。”[5]那么，立宪民主党的纲领到底有些什么内容呢？

---

[1] В.В.Шелохаев, *Кадеты-Главная Партия Либеральной Буржуазии в Борьбе с Революцией 1905-1907 гг*, М., 1983, с.56.

[2] 张广翔：《19世纪下半期——20世纪初俄国的立宪主义》，载《吉林大学学报（社会科学版）》2003年第6期，第86页。

[3] В.В.Шелохаев, *Кадеты-Главная Партия Либеральной Буржуазии в Борьбе с Революцией 1905-1907 гг*, М., 1983, с.56.

[4] В.В.Шелохаев, *Кадеты-Главная Партия Либеральной Буржуазии в Борьбе с Революцией 1905-1907 гг*, М., 1983, с.56.

[5] П.Н.Милюков, *Воспоминания*, Т.2, М., 1990, с.37.

总体来说，立宪民主党的纲领可以分为政治纲领、经济纲领和文化纲领三个方面，当然它的精髓和灵魂还是在政治纲领里，这是全部纲领中内容最为丰富的，概括起来可以分为五个部分。

第一，在政治制度上，立宪民主党认为“俄国应成为立宪的议会君主制国家”[1]。主张限制君主的权力，建立两院制议会和对杜马负责的责任内阁。以知识分子为核心的立宪民主党之所以主张君主立宪制，原因有四：第一，立宪主张本是自由主义的题中应有之义，它是立宪民主党人许多年来孜孜以求的目标之一。何况这个时期英、美、法等主要资本主义国家已经进行了一个多世纪的议会实践，议会制的优越性得到了充分体现。这对立宪民主党人来说不能不是一个巨大的诱惑。第二，是出于对人民专制的恐惧。俄国社会民主工党所提出建立一院制的人民专制的主张使立宪民主党人不寒而栗。因为在他们看来，“把政权交给‘一院制的代表会议’可能会导致雅各宾式的中央集权制度，将妨碍民主主义和自由的发展。”[2] 因此，他们主张两院制的君主立宪制。第三，这也与俄国中小资产阶级与生俱来的软弱性和对沙皇政府的依赖性有着密切的联系。1905 年革命虽对沙皇专制造成了一定的冲击，但沙皇政权在各种政治力量中依然是一个庞然大物，立宪民主党人还不敢也不愿贸然去触动它。第四，这也与俄国的政治落后，人民的愚昧无知有一定的关系。俄国一直没有个人主义的传统，广大群众尤其是农民的“好沙皇”思想十分严重，而“民主共和国的思想与俄国人民群众的意识和觉悟格格不入”，故立宪民主党人认为在俄国确立共和制度就可能“带来极大的动荡，甚至引起反动”[3]。正是基于以上的种种考虑，立宪民主党选择了比较保守的君主立宪制作为未来国家的政体。

在君主与议会的权力分配上，米留科夫等人是以德国立宪君主制的理论观为蓝本，对其加工改造以适合经历过革命危机的俄罗斯帝国的国情的。他们主张君主作为执行权的首脑，是国家主权的体现，当然君主的权力不是无限的，它应当受到议会（杜马）和宪法的限制与监督。立法权归杜马，行政权归君主，当然君主也有权

---

[1]　*Большая Советская Энциклопедия*, т.11,М.:Издательствосоветская Энциклопедия, 1973, с.128.

[2]　В.В.Шелохаев, *Кадеты-Главная Партия Либеральной Буржуазии в Борьбе с Революцией 1905-1907 гг,* М., 1983, с.95.

[3]　В.В.Шелохаев, *Кадеты-Главная Партия Либеральной Буржуазии в Борьбе с Революцией 1905-1907 гг,* М., 1983, сс.92-93.

将命令发展为法律或对命令做出解释。俄国实行两院制议会，如果下院（人民代表院）与西欧议会相类似，那么，上院（地方自治机关）与西方上院则完全不同。上院是社会联盟（地方自治机关和城市）的代表，而不是封建贵族（如上院或贵族院）或依附于君主的上层官僚，其代表——国家议员由省地方自治机关或地方会议和城市杜马选举。政府实行责任内阁制，内阁对杜马负责；杜马还拥有批准政府关于预算的法律方案的权力和对财政的监督权；但沙皇拥有最高权力，国家杜马两院的召开和解散、杜马的活动、法案的批准由君主定夺。[1]

立宪民主党拟用杜马和宪法来限制君主权力的构想在革命运动高涨时期得以部分实现：1905 年 10 月 30 日（俄历 1905 年十月十七日）诏书及之后颁布的立法文件中包含的代议制机关与君主相互关系的概念，在很大程度上符合了立宪民主党的愿望。议会的两院——国家杜马和国务会议在立法方面拥有同等的权力，从理论上他们在监督预算和实行新法时能抵制君主，但并未给他们改变主要法律、领导政府工作和动用军队的权力。因此，不能将俄国实行的立宪君主制视为管理的法律形式。在革命被镇压后的条件下，由于有君主特权的条例，权力的中心向君主倾斜，沙皇政府再次在政治上倒退。这一事实说明立宪民主党的上述立宪方案对俄国的立法而言具有一定意义和影响，但这种影响与其说反映在内容上，不如说反映在形式上。显然，立宪民主党人力图探索自由主义运动与君主政权妥协的道路，加强二者的联合以克服革命的危机。但这种妥协却让其为此付出了沉重的代价，等到其 1907 年做出“俄国应成为一个民主共和国”[2] 的决定的时候，为时已晚了。

第二，在法制方面，立宪民主党的主张基本上都是法制国家基本原则的引申，主要有：宪法是国家最高法，包括君主在内的所有人都必须遵守；地方法律不应与国家法律相抵触；法律的不可逆原则，即颁布的新法律必须符合宪法；法律面前人人平等，审判和行政机关的活动只有依据法律才能获准[3]。在司法方面，“净化”审判制度，摆脱等级残余，拥护在纯资产阶级的原则上改革法院和诉讼程序：要求废

[1] 张广翔：《19 世纪下半期——20 世纪初俄国的立宪主义》，载《吉林大学学报（社会科学版）》2003 年第 6 期，第 87 页。

[2] В.В.Шелохаев, *Кадеты-Главная Партия Либеральной Буржуазии в Борьбе с Революцией 1905-1907 гг*, М., 1983, с.57.

[3] 张广翔：《19 世纪下半期——20 世纪初俄国的立宪主义》，载《吉林大学学报（社会科学版）》2003 年第 6 期，第 87 页。

除有等级代表参加最高审判厅的审判，把一切案件转交给有陪审员参加的区法院处理；恢复最高法院，使法院摆脱行政权的监督；在自治原则上组织律师团；实行审判员选举制和常任制。主张诉讼程序公开化，废除乡法院和地方长官的审判职权等。总体来看，立宪民主党人的法制主张无疑是一大进步。

第三，在地方行政体制方面，立宪民主党人主张在普选权的基础上改组地方自治机关，其核心内容是限制总督的权力，扩大地方自治机关的权力，“总督最主要的使命就是在地方上监督个别的负责人、行政主管部门的政府机关及地方自治机关认真地执法。”[1]立宪民主党人主张总督应由沙皇根据内阁会议的提名任免，总督服从参议院，这一方面改变了以前由沙皇一人任免总督的办法，另一方面实际上也限制了沙皇的权力。

第四，在民族问题方面，立宪民主党主张民族文化自治。立宪民主党的大多数人都是民族主义者和爱国主义者，他们强调俄罗斯帝国的不可分割性，主张对作为俄罗斯帝国组成部分的各民族实行民族文化自治。在立宪民主党的纲领中赋予了每个民族在社会生活的整个领域使用母语的权利，建立学术机关以便保存和发展语言、文化和文学。俄语为中央机关、军队中使用的语言。立宪民主党的民族文化自治事实上与后来列宁主张的民族区域自治有很大的相似之处。在芬兰和波兰问题上，立宪民主党采取了沙文主义的立场，反对它们独立。但同时它也做出了一定的让步，在“保证国家统一和在与帝国的其它部分在同样的基础上参加中央代表机关的条件下”满足波兰自治要求[2]。

第五，在公民权利方面，立宪民主党主张公民一律平等，废除等级壁垒，宗教信仰自由，言论出版自由，集会结社自由，人身和住宅神圣不可侵犯，迁徙自由和废除身份证制度等。这与俄国社会民主工党的主张基本一致。当然，这些自由和权利都是有条件的，立宪民主党对此做了专门的具体规定。如，规定在集会前要事先声明，否则处以罚金。禁止在广场、街道和其他有碍“交通自由运转”的公共场合集会。坚决禁止在“距皇帝驻地和距开会期间的国家杜马的会址一俄里的地方”及铁路路基上集会。在出版方面禁止散布反政府和反君主的言论，否则要受到严厉的

[1]　В.В.Шелохаев, *Кадеты-Главная Партия Либеральной Буржуазии в Борьбе с Революцией 1905-1907 гг,* М., 1983, с.98.

[2]　В.В.Шелохаев, *Кадеты-Главная Партия Либеральной Буржуазии в Борьбе с Революцией 1905-1907 гг,* М., 1983, сс.100-101.

处罚。俄国公民也只有“在不违法、不违反好的社会风俗的情况下”，才“可以不经政府允许自由结社”[1]。从立宪民主党对结社、集会、出版等自由的种种限制中可以看出，立宪民主党关于公民权利的方案相对比较保守。不过在当时专制制度长期统治俄国的情况下，提出这些要求本身无疑就是个巨大进步。

就立宪民主党的社会经济纲领而言，它的农业改革方案是最重要的，其中土地方案尤为引人注目。土地问题是俄国改革与革命中的一个亟待解决的问题，也是一个十分棘手的问题。由上可知，立宪民主党的前身地方自治派和解放派在其活动期间就对土地问题高度重视。为了在反对专制制度的斗争中取得更多农民的支持，他们提出了一个不同于革命派，也不同于政府的土地改革方案。

立宪民主党人认为，大地产制是“现存的土地分配不公正的直观证明”，是渴望得到土地的农民的“眼中钉”[2]，因而他们主张土地部分地国有化，建立土地储备。这是他们土地纲领的核心内容。其中土地储备主要来源于没收皇室、阁部、寺院、教会的土地及一部分以赎金的形式征用的地主的土地。小地主的土地、份地、工厂和农业企业用地、庄园、菜园用地、城市畜牧用地不得强行征用。应按“公正”的而非市场的价格征用地主的土地，由国家负担费用，以土地的经营方式作为主要的估价标准。由国家负担费用这一规定在 1907 年因形式的变化而有所变动：赎金的一半要农民自己负担。很明显，立宪民主党土地纲领的目的是为了废除农奴制残余，铲除沙皇制度的经济基础。

从立宪民主党的土地改革方案中，我们可以看出，立宪民主党的土地改革方案与俄国社会民主工党 1906 年通过的土地问题决议的确有很多相似之处。但与俄国社会民主工党的纲领相比，立宪民主党的纲领更合理、更可行。比如，立宪民主党主张有分别地征用土地与布尔什维克当时提出的完全国有化的主张相比就更具有科学性。立宪民主党主张主要征用生产效率低的土地，对于经营条件好、效率高，为资本主义发展提供原料的庄园和一些经济作物区则禁止征用，这无疑是有利于加速俄国资本主义发展，加速俄国经济近代化进程的，更重要的是它比布尔什维克的完全国有化主张更易被人们接受而付诸实施。正如米留科夫当时就指出的那样：“宣布

[1] В.В.Шелохаев, *Кадеты-Главная Партия Либеральной Буржуазии в Борьбе с Революцией 1905-1907 гг*, М., 1983, с.108.

[2] В.В.Шелохаев, *Кадеты-Главная Партия Либеральной Буржуазии в Борьбе с Революцией 1905-1907 гг*, М., 1983, с.115.

土地国有化的原则总的来说与正式否定土地私有是一样的，这样的表述不仅引起了私有制的主要拥护者的反对，而且也遭到了农民土地所有者中特别醉心于私有制的人的反对。对于党的前途来说，这样的决议是极其危险的，因为在初次试图实施土地完全国有化的原则时，立刻就出现了一个使抽象的原则与它的实现相分离的毁灭之途。”[1]

在当时工人运动蓬勃发展的时代，立宪民主党人对工人问题也给予了充分重视，在其纲领中对工人问题也做了详细规定：规定了工人结社、集会和罢工自由、工人与资本家订立集体契约以保证劳资双方的权利和义务、推行八小时工作日、童工问题、工人社会福利问题等。

在文化纲领部分，立宪民主党人对发展教育和文化给予了特别的关注。他们将教育和文化视为国家政治、经济和社会根本变化必不可少的前提与条件，希望通过教育和文化传播来改变俄国的落后面貌，从而由此建立市民社会和法制国家。为此，他们特地制定了一套详细的教育改革方案，在其纲领中专门用了一章来谈论教育问题。它主张废除入学与性别、民族和宗教信仰有关的一切限制。它坚持大学自治，增加中等学校的数量并降低学费，在小学普及免费义务教育。并赋予地方自治机关在教育领域以非常大的自主权。

通过对立宪民主党社会改革总方案的以上分析，不难发现“立宪民主党纲领的社会改革条款与两个主要的社会主义政党——社会民主党和社会革命党的‘实际’要求（最低纲领）十分接近，接近得以至于使一些历史学家把立宪民主党纲领的土地方案看成是社会主义性质的了”[2]。之所以会这样，原因有二：一是这一时期蓬勃兴起的俄国社会主义运动对自由主义产生了影响和冲击，促使俄国自由主义者吸纳了部分社会主义的观点与主张。诚如他们的领袖米留科夫所说：“我们右面的敌人……（是在）维护俄国大地主和工业家的狭隘利益。我们的党永远不会捍卫这种利益……在我们左面的（我无意说是敌人）同盟者之间也存在着一定的界线，然而这种界线与我们右面所划的界线的性质完全不同。我们和他们一样，也是站在俄国政治运动左翼的。可是我们不同意他们关于民主共和国和生产资料社会化的要求……我们也是社会主义者，只不过是理性的社会主义者……而那些左翼的则是非理性的。

[1] П.Н.Милюков, *Год Борьбы:Публицистическая Хроника,* 1905-1906, СПб., 1907, с.356.

[2] Ш.Галай, Конституционалисты-Демократы и Их Критики, *Вопросы истории,* 1991(12), с.6.

这就是整个的差别所在。”[1] 二是俄国立宪民主党中有许多人如彼·伯·司徒卢威、杜冈-巴拉诺夫斯基、别尔嘉耶夫等原本就是“马克思主义者”，有的还参加过俄国社会民主工党，在他们的思想中，根本就没有对社会主义与自由主义作严格的区分。在他们看来，“决不能把自由主义和社会主义互相分割开来或者简单彼此对立起来，就它们的基本思想来说，它们是一致的和不可分离的”[2]，只不过“自由主义根据它的理想提出了发展个性、实现天然权利、实现自由和平等的目标，与此相反，社会主义只是展示了顺理成章地贯彻这些永恒原则的种种新的方式”[3]。正是基于以上两点，从而导致了两者在纲领上的众多相似。

需要指出的是，立宪民主党人主张党不能、也不应当“过于牢固和紧密地与科学、科学理论联系在一起”，它“无须过早地把自己束缚在某种理论上”，因为“具有同一种政治信仰但持各种理论观点的人都有可能进入党内”[4]。在立宪民主党人看来，如果教条式地对待各种思想及源自于这些思想的政治理念就会使党变得毫无生气，他们担心思想上的统一会使党变得“死气沉沉”[5]。正是因为奉行了这样的组织原则，在立宪民主党内有很多不同学派的大学者，在党的中央委员会实际上也存在着左、中、右三派。其中左翼以曼德尔施塔姆为代表，在一系列问题上的观点同孟什维克和劳动派接近；右翼以B·A·马克拉科夫为代表，其观点更接近十月党人；中派以米留科夫为代表，是立宪民主党的主流派别。这种组织上的分散和派别分立及由此而引起的内部纷争与内耗，无疑将对立宪民主党的命运产生深远的影响。

三、基本路线与斗争策略

就基本政治立场而言，立宪民主党反对以暴力革命的方式改变国家制度，力图通过改良方式实现俄国的社会变革，极力要将革命解放运动纳入争取立宪的和平合法的斗争轨道，把议会讲坛看作是其进行政治斗争最大和最好的舞台。不过立宪民

---

[1] 姚海：《近代俄国立宪运动的源流》，四川大学出版社 1996 年版，第 154 页。

[2] 中央编译局国际共运史研究室编：《托洛茨基言论》，生活·读书·新知三联书店 1979 年版，第 72 页。

[3] 中央编译局国际共运史研究室编：《托洛茨基言论》，生活·读书·新知三联书店 1979 年版，第 72 页。

[4] 刘显忠：《近代俄国国家杜马：设立及实践》，社会科学文献出版社 2007 年版，第 108 页。

[5] В.А.Кувшинов,Кадеты в России и в Эмиграции,*Новая и Новейшая история*,1995(4),c.50.

主党的有些理论家原则上也承认政治革命是可能的，而且也承认在有些情况下是必需的、甚至是不可避免的。他们认为如果政治革命完成了客观上已经成熟的、而现存体制又无法完成的历史任务时，那么它就是合理的，它是政府“不合理”政策的结果，是政府不能及时地进行政治改革的结果。所以在斗争策略上，立宪民主党倾向于同革命力量结成联盟，正如米留科夫所承认的那样：“在一定情况下，自由派能成为革命者”，“将自由派的策略和革命威胁结合起来”是反专制制度的保证[1]。为此，米留科夫也做了很大努力，他花了相当多的精力才将反对与顽固反对左派的“专制制度理想主义者”清除出立宪民主党的队伍。但米留科夫反复指出立宪民主党是“现实政治”的党，他特别强调它的中派立场，他说，无论政局如何变动，立宪民主党始终坚持自由主义，甚至政治局势迫使它与左派激进派联盟之时，它也没有改变这个立场[2]。

从策略上来看，立宪民主党的“现实政治”立场和与左派建立联盟的“实验”是同时进行的。他们这么做主要是希冀在政府和革命力量之间采取平衡战术，走所谓的中间路线。一方面他们试图使革命沿自己设想的发展道路进行，利用革命运动向政府施加压力，另一方面他们也对革命充满了恐惧。故而他们在安抚、稳定“社会”的同时，也在寻求与政府妥协，他们把杜马作为政治活动的主要舞台，企图通过进行和平的、合法的议会斗争并借助革命的威胁给政府施压，迫使政府走上他们梦寐以求的立宪道路。这一策略在他们对待1905年《十月十七日宣言》和1905年12月武装起义的态度上表现得淋漓尽致。

立宪民主党成立之后，面临的首要问题就是如何对待《十月十七日宣言》。当时立宪民主党的大多数人都认为沙皇的宣言是废除无限君主制，为在国内确立立宪君主制创造条件的立宪法令，但同时也认为宣言仅仅在形式上宣布了政治自由，而对它们的实现无任何现实保证，这不足以把国家纳入和平轨道。诚如当时著名的政论家N• 科雷什科写道：《十月十七日宣言》“使专制制度失去了外表上的东西，但没有丧失专制制度的内在属性”[3]。故而在立宪民主党10月18日代表大会所通过的决议中指出：“只有在对完全彻底地实现自己的口号（指召开立宪会议——引者注）

[1] Сост.А.П.Карелин, *Россия на Рубеже Веков:Исторические Портреты , М,1991,с.204.*

[2] П.Н.Милюков, *Воспоминания*, Т.2, М.:Современник,1990, с.156.

[3] 杜立克：《俄国自由主义反对派与1917年二月革命》，载《内蒙古大学学报（人文社会科学版）》2002年第3期，第47页。

不可能再抱有任何信心的条件下，才能提出实现宣言所允诺的新的政治生活原则。”他们认为国家杜马“不可能是真正的人民代表机关”。所以，党在最近的任务就是，“要争取实现以前提出的目标——召开以普遍、平等、直接和无记名投票的方式，在不分性别、民族和宗教信仰的选举权基础上选出的立宪会议。”[1] 可见，大多数立宪民主党人都对《十月十七日宣言》不抱实际的希望，只是把它作为一种迫不得已的下策。他们事实上想借助当时的革命形势，进一步对政府施加压力以使自己的纲领得到更充分的实现。

但立宪民主党人也害怕革命的进一步发展会导致局面失控，从而严重地直接威胁着当时已经显现出曙光的立宪机会。两害相权取其轻，在经过一番权衡酝酿之后，立宪民主党决定当务之急是先要稳定社会，为此他们开始寻求与政府妥协。为了保证在杜马召开之前使国内平静下来，他们提议政府应采取下列措施：①以立法的形式实现《十月十七日宣言》的基本原则，废除一切特别法，取消波兰及其他地方的战时状态；②免除一些行政机关和警察代表的职务，追究他们破坏宣言的责任；③制定扩大地方自治局和城市保卫社会安全权力的临时法规；④宣布对政治和宗教犯人进行完全大赦，废除死刑。[2] 立宪民主党在这里放弃了立宪会议的主张，只局限于实现《十月十七日宣言》，这无疑是对沙皇政府的一个巨大让步，但沙皇并没有接受这个提议，因为沙皇认为他们所提出的普选权、政治大赦等主张不利于他的统治。

沙皇的顽固不化和政府的不合作态度让立宪民主党人异常愤慨，但他们仍反对以革命方式进行任何重大的经济和社会变革，而主张以改革、双方妥协的办法促进社会发展。因此立宪民主党对革命政党所做出的 1905 年 12 月 20 日（俄历 1905 年十二月七日）开始全俄政治总罢工的决议采取了骑墙态度，通过了一个“橡皮”决议：一方面在原则上承认总政治罢工是一种革命手段，另一方面，又表示它不能支持这种罢工的目的。米留科夫认为总政治罢工的决议“可能成为一种犯罪行为——对革命的犯罪”[3]。立宪民主党中央委员会也不断强调说：他们的党“既不能支持以暴力形式在我国推行违反人民意志的共和统治形式，同时也不支持建立无产阶级专政，

[1] В.В.Шелохаев, *Кадеты-Главная Партия Либеральной Буржуазии в Борьбе с Революцией 1905-1907 гг*, М., 1983, с.144.

[2] В.В.Шелохаев, *Кадеты-Главная Партия Либеральной Буржуазии в Борьбе с Революцией 1905-1907 гг*, М., 1983, с.156.

[3] В.В.Шелохаев, *Кадеты-Главная Партия Либеральной Буржуазии в Борьбе с Революцией 1905-1907 гг*, М., 1983, с.160.

因为无产阶级专政一样是否定真正民主原则的"[1]，从而发出号召，"从革命本身中拯救革命——从对革命的迷恋和过火行为中拯救它的积极成果"[2]。

立宪民主党人也反对政府以暴力对待革命。面对1905年12月的武装起义，立宪民主党人不赞成十月党人对革命进行血腥镇压的主张，而是在决战的双方之间奔走呼号，想要"永远地把两个残酷的敌人分开，把政治斗争引入一个不妨碍居民日常生活通常进程的文明的圈子之中"[3]。但他们的努力毫无结果，人民没有放下武器，沙皇政府也没有做出让步，最后沙皇政府镇压了革命。

事实上，在革命过程中推行中间路线，试图兼顾社会各个阶层的利益，"既要地主吃饱，又要农民完好"[4]，其实是最难实现的。因为在革命高潮时，革命和反革命都缺乏足够的理性，两者各执一端，社会矛盾注定难以调和，平衡策略也就失去了根基。更致命的是，立宪民主党内部无论是在纲领问题还是在策略问题上都极不统一，分歧极大。以第一届杜马解散后发表的《维堡宣言》为例，一部分人认为党"在维堡决议的条件下不可能存在"；另一些人则认为此宣言太"平淡无奇了"，在复杂的形势下"坚持在严格的合法范围内"实际上是不可能的，因此他们主张与左派党接近，甚至可以与左派党（孟什维克、劳动分子、社会革命党等）就一些不违反自由主义策略总原则的问题达成妥协。类似的分歧在立宪民主党存在期间一直存在，这无异于自我削弱其凝聚力和战斗力。

综上所述，从立宪民主党的行动策略来看，它一直致力于在沙皇与革命派之间搞平衡，希望通过和平、改良的方式使俄国走上立宪君主制的道路，这对当时阶级矛盾异常尖锐的俄国来说多少有些不切实际。当然，立宪民主党的改革纲领，就其内容来说，具有反封建的进步性，有助于推动俄国政治经济近代化的进程。尽管由于俄国当时的历史条件和传统的限制、激进力量的牵制以及立宪民主党自身的弱点，致使其提出的改革方案搁浅，但其为在俄国实行立宪制度的种种可贵努力，对推进俄国历史进步的意义是不容忽视的。

---

[1] В.В.Шелохаев, *Кадеты-Главная Партия Либеральной Буржуазии в Борьбе с Революцией 1905-1907 гг,* М., 1983, с.161.

[2] В.В.Шелохаев, *Кадеты-Главная Партия Либеральной Буржуазии в Борьбе с Революцией 1905-1907 гг,* М., 1983, с.160.

[3] В.В.Шелохаев, *Кадеты-Главная Партия Либеральной Буржуазии в Борьбе с Революцией 1905-1907 гг,* М., 1983, с.162.

[4] 《列宁全集》第13卷，人民出版社1987年版，第102页。

第八章　个案分析Ⅲ：米留科夫的新自由主义思想评析

立宪民主党的领袖及主要理论家是巴·尼·米留科夫。作为俄国自由主义思想家的代表人物，米留科夫的一生与俄国历史的发展、三次革命、俄国立宪主义以及议会制的发展都有着不可分割的联系。

一、自由主义历史观

巴·尼·米留科夫 (1859—1943) 的名字为我们所知很大一部分原因是因为他曾在俄国二月革命后出任临时政府的外交部长，从而以“反动人物”的面貌出现在历史舞台上。其实，就其一生的成就来讲，他不仅是一位杰出的历史学家，而且是一位卓尔不群的自由主义思想家和政治活动家。可以说，数十年来，人们印象中的米留科夫事实上都是残缺不全的。作为俄国新自由主义的代表，他的思想可看作是立宪民主党的理论基础和指导原则；同样作为一位历史学家，他在俄国史学史上也是一位划时代的人物，他的史学宏著完全可以与他同时期的大不列颠和欧洲大陆的类似作品相媲美。

1859 年 1 月 27 日（俄历 1859 年一月十五日），米留科夫出生于莫斯科一个没落的贵族家庭。米留科夫出生两年后，俄国便开始了汹涌澎湃的大改革，所以他的成长与进步、对社会和科学的认知是与大改革的风风雨雨息息相关的。米留科夫在中学时代已表现出对社会政治生活的兴趣，他曾给著名的文学家和哲学家陀思妥耶夫斯基写信，询问关于知识分子与人民的关系以及俄国命运问题。在中学的最后一年，他参加了一个非正式的泛斯拉夫主义组织，认为解放南部斯拉夫，是俄罗斯人的一个特殊任务，是俄罗斯人对他的“兄弟”义不容辞的道义责任。与此同时，他深深沉浸于一些本国的“禁书”和外国的文献著作之中，尤其是德国的社会学和哲学著作让他如痴如醉。其中斯宾塞的进化论思想深深打动了他的心，明显影响了他的世界观，并成为他后来世界观的基础之一[1]。

1877 年米留科夫进入莫斯科大学历史哲学系学习。起初米留科夫对莫大的历史课程并不感兴趣，甚至被称为俄罗斯历史原动力的历史学家索洛维约夫的课也提不起他的兴趣[2]。这种状况直到大学三年级维诺格拉多夫的研讨班和克柳切夫斯基的俄国史课程开始后才悄悄地发生了变化。这两位教师对米留科夫潜移默化的影响可谓深远。在回忆录中，米留科夫如是说：“只有从维诺格拉多夫那里我们才理解了什么是真正的科学工作，并在一定程度上学会从事真正的科学工作。”[3] 虽然米留科夫在回忆录中更多地称赞维诺格拉多夫的教学方法而不是理论，但实际上，维诺格拉多夫的理论对米留科夫的影响也不小。维诺格拉多夫偏重于社会学方法，喜欢分析、比较和例证等，其历史研究的主旨在于揭示历史进程的“规律性”。这些方法和观点后来在米留科夫的作品中都有所体现。米留科夫从事历史研究也深受克柳切夫斯基的影响。克柳切夫斯基以其才华横溢、科学的洞察力和渊博的知识让学生们钦佩不已，尤其是他的方法论满足了学生们对真正的“科学的历史”的渴望，激起了他们对祖国历史无比的兴趣和高昂的激情。正是在大学三年级，克柳切夫斯基这位博学多才的榜样促使米留科夫决定投身于俄罗斯历史研究。因为他认为研究民族历史是俄罗斯学者的义务，应该引导它走向国际学术潮流。米留科夫的第一篇论文《基于土地清册书之上的 16、17 世纪莫斯科国家土地占有情况》就是在克柳切夫斯基的指导下完成的[4]。

1881 年 3 月 13 日，沙皇亚历山大二世被炸死，国家政治气氛骤变，官方的方针走向反动。米留科夫因涉嫌演讲活动，被逮捕并被开除一年，这成为他一生的第一次政治洗礼。1882 年米留科夫获得学士学位，并留在了俄国史教研室。米留科夫的两个讲座——“俄国历史文献中的法律学派”和“官方和个人对古老职官录的校订”——获得了成功，他也因此顺利地获得了编外副教授的资格。留校后，米留科

[1] П.Н.Милюков, *Воспоминания*, М., 1990, с.55.

[2] П.Н.Милюков, *Воспоминания*, М.,1990, сс.69-70.

[3] П.Н.Милюков, *Воспоминания*, М.,1990, с.76.

[4] П.Н.Милюков, *Воспоминания*, М.,1990,с.77.

夫用了整整六年时间完成了他的硕士学位论文《18世纪前25年俄罗斯国家经济和彼得大帝改革》，它几乎全是采用还未公开的档案材料写成的[1]。这篇论文的结论影响深远，具有重要意义，“为了跻身于欧洲强国之列，其代价就是国家的毁灭”[2]。

在莫斯科大学，既有以克柳切夫斯基为代表的历史编撰学派的学者，又有围绕着社会学家卡瓦勒夫斯基和语言学家米勒的年轻教授圈，米留科夫显然与后者的关系更为密切。这个圈子聚集了一大批各个领域的青年才俊，包括社会学、语言学、法理学和历史等，他们的共通之处就是都崇尚“科学的”精神。正是卡瓦勒夫斯基给米留科夫介绍了孔德3卷本的《实证哲学》，孔德的学说对米留科夫历史思想的形成产生了巨大的影响。虽然米留科夫在接下来的十多年里，思想和观点不断得到发展和更新，但他始终没有放弃实证主义观，始终相信历史发展进程是有“规律的”和“合乎自然法则的”以及与之相关的观点[3]。

在学术研究和教学之余，米留科夫颇为积极地参加莫斯科的社会团体，与地方自治运动活动家彼得伦克维奇、沙霍夫斯科伊相识。1893年米留科夫做了题为《斯拉夫主义的解体》的讲演，在这个讲演中他得出了一个彻底的西方派的结论：“真正的斯拉夫主义已经终止了自己的存在……现在它已经死掉了，并且再也不会复活了。”[4]自此以后，米留科夫和维诺格拉多夫成了俄国教授中反对官方美化古罗斯制度的亲西方派的领袖。1895年，米留科夫因“思想上不可靠”而被解除大学教授的职位，被流放到梁赞。俄国自由主义者的活跃及在保加利亚所见到的激进自由主义的行动，促使米留科夫转向自由主义，他认为，与社会主义相比，自由主义的优越性体现在它更为温和也更为现实的目标上：它“不是致力于更加美好的未来，而是致力于改善现实”[5]。

作为历史学家的米留科夫，被著名评论家司徒卢威誉为“新生代历史学家中天赋最高的人”[6]。米留科夫具有极高的语言天赋，他几乎能用欧洲的任何一门语言进

[1] П.Н.Милюков, *Воспоминания*, М.,1990, cc. 104-107.

[2] П.Н.Милюков, *Воспоминания*, М.,1990, cc. 107-108.

[3] П.Н.Милюков, *Воспоминания*, М.,1990, cc. 73-74.

[4] 张建华：《俄国知识分子思想史导论》，商务印书馆2008年版，第224页。

[5] Quoted in M•K•Stockdale, *Paul Miliukov and the Quest for a Liberal Russia: 1880-1918*, Cornell University Press, 1996, p.276.

[6] Quoted in M•K•Stockdale, *Paul Miliukov and the Quest for a Liberal Russia: 1880-1918*, Cornell University Press, 1996, p.xii.

行交流和写作，这使得他阅读了大量的外国文学、哲学著作和学术文献，还得以到欧洲和美洲各地旅行，所以他的史学研究领域相当宽泛。早在19世纪80年代后半期，当时还不到而立之年的米留科夫就已发表了几篇有影响力的史学论文，主要涉及史学中的国家学派，卡列耶夫的历史哲学和俄国经济史等内容[1]。1892年获得硕士学位之后的十年，可以看作是米留科夫学术上的巅峰时期，俄国著名侨民史学家米卡耶尔•卡尔波维奇把它称之为米留科夫“辉煌的十年”[2]。除了从事历史教学、发表众多见解独到、观点新颖的评论和各式各类的文艺作品、为百科全书词典撰稿、出版一本巴尔干的历史地图集和进行大量的公开演讲之外，米留科夫仅仅在十多年里就出版了八本专著：《18世纪前25年俄罗斯经济与彼得大帝改革》，《俄罗斯财政史的关键问题评论》，《俄国主要史学流派》，《俄国知识分子史》，三卷本的《俄国文化史纲》和《俄罗斯与它的危机》。这一系列著作的出版，奠定了他在俄罗斯史学界的稳固地位。

作为一位实证主义者和激进的经验主义者，米留科夫关于历史发展进程的观点是一元论的，但他又特别强调因果关系的多样性，在方法上崇尚社会学等所谓的科学方法。米留科夫相信所有社会现象都有其内在的规律性和相互依赖性，这是他关于人类社会发展的中心观点。随着对思想与精神史探索兴趣的增强，米留科夫对人类的意志给予了更多的关注。与此同时，他越来越相信人类的进步不会是一帆风顺的。

1895—1905年是米留科夫思想成熟的最关键时期。他游历了英国、法国、德国、瑞士、奥地利、保加利亚、希腊及其他一些巴尔干地区，并两次去美国访问。他在这些国家的一些大学中讲授俄国史和斯拉夫史，将俄国的政治、经济和文化介绍给西方世界。他强调俄国同西欧历史的发展具有相同性，并且他在其编写的《俄国文化史纲》中写道：“回首过去驻足未来，俄国加入欧洲大国的行列已为期不远——俄国的历史进程并没有停滞，她只是以自己较慢的步伐前进，但没有间断。”[3]但米留科夫声明：“我们不是西方国家的盲目崇拜者，我们已不可能让俄国以现实欧洲国家为榜样，而建议它经历欧洲国家所经历的所有阶段”，因为结果总是“或多或

---

[1]　См П. Н.Милюков, *Юридическая школа в русской историографии (Соловьев Кавелин Сергеевич) Русская мысль*.1886.Кн.6 ; *Историография г.Кареева*，Там же.1887,Кн.11 ; *Спорные вопросы финансовой истории Московского государства*.СПБ.,1892.

[2]　М.Карпович, *П.Н.Милюков как историк, Новый журнал*, КН, 1943（6）, с.368.

[3]　Милюков П.Н, *Очерки по истории русской культуры*, М., 1996, т.1.с.294.

少的具有自己的独特性”[1]。

与许多激进分子相比，米留科夫通过他个人亲身的观察和潜心研究而对西方世界的认识要深刻得多。他深深地羡慕西方，但他坚决反对不加区别地全盘接受西方的文化和民主制度。米留科夫对历史发展进程和政治发展模式的解释，表明他对俄罗斯能够实现和将要实现宪政体制非常自信。米留科夫认为，俄罗斯是一个异乎寻常的动态性国家，俄罗斯人是典型的拿来主义者。它以令人惊讶的速度利用、改造和摈弃本土和外来的制度和思想，从而一次又一次地切断与过去的联系。结果，由于缺乏任何有机的传统和具有“可塑性”，导致俄罗斯非常容易发生政治秩序的迅速转型。

通过历史研究，包括对巴尔干的实地考察，米留科夫关于民族主义问题的观点已成为俄罗斯“国家思想”的一部分。根据切身观察收集来的资料，米留科夫认为不仅民族特性在全社会中具有可塑性和可变性的一面，而且国家意识一旦被人民大众真正接受就会具有持久性的一面。为了与大俄罗斯沙文主义作斗争，米留科夫明确表明了他在民族主义问题上的态度，他既不完全排斥民族主义，也不主张社会同化，而是希望在俄罗斯帝国境内的所有民族在国家意识的基础上相互包容和相互尊重。虽然米留科夫的努力对这一期间的民族政策没有多大的实际影响，但他的这种远见卓识就足以给人留下深刻的印象。20世纪初，米留科夫对外交政策产生了浓厚的兴趣。他关于俄罗斯的外交政策应该与它的国家实力相称的观念，是仅有的几个与保守的国家杜马意见相一致的主张之一，更多时候即便他非常谨慎的外交政策也得不到杜马的支持。虽然他主张德国和奥地利对俄国在巴尔干利益的侵犯应该得到反击，但是他认为俄罗斯还没有强大到可以同它们宣战的水平。自1912年以来，在社会主义阵营之外还没有一位政治家如此旗帜鲜明地反对俄罗斯参加任何军事冲突，但他的爱国主义却遭到了猛烈的攻击，以至于影响了他在1917年的行为[2]。

1905年革命是米留科夫职业生涯的一个分水岭，此后他从事政治活动的时间明显多于学术研究的时间。但这并不意味着他不再是研究者，只是表明米留科夫将学术研究与政治结合得更加紧密了。俄国政治现实的变化和他对政治现实的独特理解，

[1] Милюков П.Н, *Очерки по истории русской культуры*, М., 1996, т.1.с.271.

[2] See D.C.B.Lieven, *Russia and the Origins of the First World War*, New York., 1983, pp.122-124.

深深影响了他的全部思想，包括对历史的认识。同样，在从事了二十来年的历史研究之后再转而致力于塑造国家的未来，他的历史思想已经深深地融入了他的政治信仰之中。实际上，米留科夫的历史思想是理解他的政治思想的核心，他从一开始就主张应根据实用性与实际行动能力来推进解放运动[1]。

当革命的强烈风暴把他推向政治中心舞台之后，米留科夫迅速成为一名老练的政治家，他先后担任自由主义组织“解放联盟”和立宪民主党的领导者，两届国家杜马的代表和战时进步联盟的组织者。面对革命的无节制和失败，米留科夫一方面对群众暴乱深感畏惧，另一方面又对他以前视为同盟的革命社会主义者产生了怀疑。在 1914 年 7 月之后，对战争进程的关心和对革命的恐惧使他越来越趋于保守。不过在革命爆发的前几周里，他仍四处周旋，竭尽所能协调各方的立场与态度，正如他在组建临时政府过程中所显示的作用那样。但是在四月危机之后，这位曾经为调和和团结不同党派所做的努力超过任何其他人的人却拒绝合作与妥协。这种拒绝表明米留科夫在 1917 年已经丧失了创新精神，结果在担任临时政府外交部长两个月后，他就被迫辞职。

总之，在俄国政治思想史的框架之中，米留科夫从历史学和社会学的角度对自由主义理论进行了系统的探究，对自由主义提出了自己的见解，在此基础上创立了一种新型的自由主义观，并成为俄罗斯新自由主义宪政运动的理论基础。

二、米留科夫的宪政观

米留科夫生活在动荡不安、危机四伏的年代，深受专制制度的迫害，看到了俄国的腐朽和落后，产生了改变国家命运，探索国家发展道路的理想，逐渐由一位历史学家转变为政治家。米留科夫多次表示：“我根本不想由历史学家变成政治家，但我还是这样做了，因为这是时代的要求。”[2] 时事造就英雄和政治家，作为有理想的和有抱负的知识分子，在时代风云变幻之际，米留科夫没有躲进历史学家的“故纸堆”，而是挺身赴难，承担政治使命。他为立宪主义的传播，立宪民主党的创建和发展做出了卓越贡献。他领导立宪民主党，制定策略路线，以杜马为战场，同沙皇专制制度进行了斗争，为实现自己的救国理想而孜孜以求。他主张在俄国建立英

[1] П.Н.Милюков, *История второй русской революции*, М., 2001, с.184.

[2] П.Н.Милюков, *Воспоминания, Нью-Йорк*,1955, т.1, с.265.

国式的议会君主制，颁布宪法，对沙皇权力进行限制，通过合法的议会斗争方式，实现自上而下的改革，从而推动俄国政治文明的进步，促进经济的发展和国家的富强。毋庸置疑，米留科夫提出的发展道路是历史的进步，是俄国当时的一种选择，他为此进行了艰难的尝试。

宪政思想起源于西方。17世纪下半叶，英国的洛克就在《政府论》中提出了限制政府权力，实行分权的主张，代表着自由主义宪政传统的发端。米留科夫早在大学时代就研读了洛克、孟德斯鸠等人的政治著作，这对他世界观的形成产生了潜移默化的作用。在沙皇政权对思想自由的严厉限制下，米留科夫深受其害，数度因言论而被捕、流放，对腐朽黑暗的现政权深恶痛绝。他在游历巴尔干各国期间，对欧洲各国的政治制度、宪法进行了全面考察和悉心研究，促使他对专制俄国的现状进行深入思考，认为俄国沙皇独断专行，官僚恣意妄为的行为亟需改变。1903年底旅居英国时期对米留科夫政治观的形成起到了关键影响作用，英国议会制度和君主立宪体制令他倾慕不已。他在《回忆录》中写道："我的这些所见所闻，在很大程度上帮我构建了自己的政治观。"[1]他认为，英国的国王"统而不治"的原则是理想的政治形式。他希望并且真诚地相信俄国能成为像英国那样的君主立宪制国家，以宪法来限制王权，保护人民的自由权利。在他看来，只有这样才能避免国家发生危机、陷入灾难。正如他在后来编撰的《俄国文化史纲》中写道："回首过去，驻足未来，俄国加入欧洲大国的行列已为期不远——俄国的历史进程并没有停滞，他只是以自己较慢的步伐前进，但没有中断。"[2]

米留科夫提出俄国政治发展的目标是由君主专制政体过渡到君主立宪政体，建立法治国家和公民社会，他由此确立了未来的立宪民主党的政治目标。为此，米留科夫进行了不懈努力。

20世纪初，激烈的社会运动使得政治上的一些志同道合者趋向联合，俄国国内终于出现了声势浩大的政治变革浪潮。俄国立宪主义运动也发展到一个新的阶段，即由地方的、区域性的和分散型的地方自治运动向全国性的、统一的立宪主义运动方向转化。

1902年7月，由司徒卢威担任主编的《解放》杂志在德国斯图加特出版，每期

[1] П.Н.Милюков, *Воспоминания*, Нью-Йорк, 1955, т.1, с.232.

[2] П.Н.Милюков, *Очерки по истории русской культуры*, М.,1996, т.1, с.294.

印数大约是9 000—10 000份。《解放》编辑部试图吸收有知识的俄国阶层参加，他们反对革命，主张在政权进行改革的前提条件下与政权和解。米留科夫应邀成为该杂志的编辑，该杂志第一期便刊登了由米留科夫起草，以俄国立宪主义者的名义发表的纲领性文章。这篇文章指出：俄国的社会生活必须冲破常规束缚，注入新的活力。为此要争取人身自由，废除特权阶层，“根据法律进行的政治改革意味着俄国将变成君主立宪制的国家，废除等级特权，个人拥有人身、言论、出版、集会等自由。”[1] 与此同时，还要致力于如下诉求：无条件建立代议制；拥有行政监督权、立法权和财政预算权；实行经济、文化、教育、行政机构的改革；讨论土地问题等。文中包含了自由主义的基本信条，即坚持社会发展的渐进性、法制国家、个性自由，具有鲜明的自由主义色彩。《解放》杂志一出版立刻成为自由主义运动中激进派的核心。这份非法刊物行销欧洲的许多城市，也秘密地从德国运回俄国，虽然数量有限，但它在俄国国内的传播仍促进了“解放同盟”的产生。

1903年7月，围绕着《解放》杂志建立了俄国新型的政治团体“解放同盟”，它是俄国资产阶级的第一个政治团体，意味着地方自治机关中的立宪派自由主义者持更激进政治观点的知识分子实现了联合。同年11月成立的“地方自治局立宪主义者联盟”通过了一项内容广泛的决议，要求沙皇政府立即实施宪政、普选权，吸收各界人士参加内阁，放弃政治高压和军事独裁。1905年1月底，以莫洛佐夫为首的莫斯科工厂主向政府递交了请愿书，要求言论、出版、集会和结社自由。莫洛佐夫单独会见了大臣会议主席维特，向他提出，“必须结束独裁，建立议会制，举行直接普选和其他选举等。”[2]

1905—1907年是俄国社会大转折时期，也是米留科夫和俄国立宪主义运动最为活跃的时期。革命形势的迅猛发展使米留科夫意识到建立一个政党的迫切性，同时也感到从解放同盟过渡到一个政党的任务的艰巨性。他说：“我当然明白建立一个政党是件不容易的事。同盟所能起到的作用也仅仅是临时的，它只是政党的代替品。”[3] 他决定立即回国，着手建党事宜。

在筹备立宪民主党成立期间，米留科夫主张要召开立宪会议，制定基本法，对

[1]　П.Н.Милюков, *Воспоминания. 1859-1917*, М.,1988, с.12.

[2]　[俄]谢·尤·维特：《俄国末代沙皇尼古拉二世》续集，新华出版社1990年版，第151页。

[3]　П.Н.Милюков, *Воспоминания*, Нью-Йорк, 1955, т.1, с.293.

沙皇权力、国家政体和人民自由权利加以规定。《十月十七日宣言》颁布后，他对其虚假性进行了谴责，坚持要以立宪会议取代布里根杜马，制定基本法，取消临时的特殊法律，实行大赦。当维特同地方自治会成员谈判，吸收社会人士加入政府时，米留科夫指导本党成员坚持立宪会议的要求，丝毫不妥协让步。当维特向他征询意见时，米留科夫同样提出应该尽快颁布宪法，只有这样才能得到社会人士的信任。

1905年11月的地方和城市自治代表大会上，立宪会议的要求虽被放弃，代之以“立宪性的杜马”，但米留科夫始终以宪法为目标，以实现真正的宪政为己任，进行了顽强的斗争。在沙皇政权颁布基本法之前，米留科夫等人得到了该草案，他和几位党内同仁提出了修改建议，如加强大臣对杜马的责任，杜马有权提出修订基本法的要求，杜马具有审核所有预算的权力等。但他们的建议未被采纳。基本法颁布后，虽然官方不敢承认，但俄国终于算是有了宪法，进入了杜马君主制时期。然而沙皇的权力并未受到很大限制，仍不时以特权破坏宪政的实现。第一、二届杜马的解散，米留科夫都称之为违宪行为，违背了基本法的规定。在第三届杜马中，米留科夫关于宪政问题做过多次发言，阐明了对俄国宪政发展的观点，对政府不遵守宪法的行为进行了批评。由于专制政权过于强大，米留科夫的宪政理想没能实现。但他的尝试和斗争是对专制制度的打击，同时推动了人民宪政意识的增强。

总之，19世纪末20世纪初，俄国自由主义发展到一个新的阶段，提出了立宪的政治要求。以米留科夫为代表的一批知识分子精英，在爱国救民思想的推动下，顺应历史发展潮流，借助第一次资产阶级革命的力量，掀起了俄国立宪运动的新高潮。

三、米留科夫的自由主义民主观

米留科夫早在1902年由他起草的《立宪主义者宣言》中就已经提出了公民的政治自由：①由独立法庭保障的个人自由，取消随意的搜查和拘捕、行政流放和特殊法庭等措施。②法律面前人人平等。取消所有的民族、阶层和宗教限制。农民同其他阶层权利平等，取消贵族在管理和地方自治代表机关中的特权地位，承认宗教信仰完全自由。米留科夫认为，这些要求在其他文明国家中早已成为自由社会的基础，而且是最基本的和最必要的前提条件。俄国也应当实现这些公民自由。在公民和政治权利平等的基础上，他进一步提出了政治思想和批评自由：出版自由，取消书刊检查制度；集会和结社自由等。

在1904年11月的地方自治局代表大会上，有关未来人民代表机构性质的问题引起了自由主义党派内部在理论上的分歧。多数代表从西方资产阶级政治学说的基本精神出发，把法的原则作为改造俄国国家制度的基础，认为政权与人民的关系应由确定的法律秩序来体现，要求建立具有立法权的议会。而少数人则强调政权与人民在道德和精神方面的一致性，主张在保持和发扬俄罗斯精神的前提下缓慢地改变国家制度，寄希望于建立一个咨议性的机关。在争论双方的观点中，可以清楚地看到19世纪的西方派与斯拉夫派的影子。

1904年8月23—24日，"解放同盟"第四届代表大会正式通过决议，宣布："刻不容缓地着手建立公开的立宪民主党"[1]，并组建了由40人组成的筹备委员会，米留科夫被选入筹委会，受命组织召开建党成立大会。他认为："对于俄国而言，这是实现知识分子的理想的第一次尝试。"[2]

1905年1月5日的"流血星期日"事件后，米留科夫从美国归来并发表《自由主义者和社会主义者的接近》的演讲，其用意可谓明显，但他很快就不得不承认自己这种希望的破产。他自述："我从英国社会主义者的温和性出发，认为社会主义者和自由主义者能够达成联合，但我们的社会主义者并不这样做和想。"[3]

俄国社会民主工党的不合作态度，是米留科夫始料未及的，他竭力想实现的同列宁合作以防止激进的革命和政府的保守，走第三条道路，只能成为一种美好的愿望。而他所捍卫的自由主义传统却在俄国社会中产生了一种与以往不同的"新自由主义"倾向。"为争取大量的社会依靠力量而在和社会主义者争论时，把俄国自由主义民主派引到了自觉否定古典自由主义的立场上来，特别是在国家调节经济和社会关系中的作用问题上做自觉的否定。"[4]

1905年10月12—18日，在"解放同盟"和"地方自治局立宪主义者同盟"的基础上，立宪民主党在莫斯科宣布成立，米留科夫被选为中央委员会主席。米留科

[1] В.В.Шелохаев, *Кадеты:главная партия либеральной буржуазии в борьбе с ревалюцией 1905-1907 гг*, М.,1983, с.54.

[2] П.Н.Милюков, *Воспоминания*, Нью-Йорк., 1955, т.1, с.313.

[3] В.А.Кувшинов, Кадеты в России и в эмиграции, *Новая и новейшая история*, М.,1995(4),с.46.

[4] А.Н.Медушевский, *П.Н.Милюков ученый и политик*, История СССР, М., 1991(4),с.28.

夫制定党纲草案时就曾郑重地解释立宪民主党的名称（1906年改名为“人民自由党”，但其政治纲领和理想并没有改变。无论是人民自由党人，还是后来的研究者仍习惯称他们为“立宪民主党”）。他表示“立宪的”意味着该党不是“共和主义党”，这是立宪民主党的第一个界限；“民主的”意味着该党不是“社会主义党”，这是立宪民主党的第二个界限。但他强调：“在我们的右边是大地主和工业家，这个界限十分明确。但我们左边的不是敌人，而是同盟者。”[1]

米留科夫的表白是有所指的，目的既想划清与激进主义党派（包括社会民主工党），即他所说的“左边”的“盟友”的界限，也想划清几乎与其同时成立的“十月党”（十月十七日同盟），即他所说的“右边”的“朋友”的界限，使立宪民主党变成“超阶级的党，是符合俄国知识分子情绪的政党”[2]。

针对1905年10月的政治总罢工，立宪民主党在决议中表示：“罢工者的要求，正如他们自己所表述的那样，主要可以归结为立即实行各项基本自由，根据普遍、平等、直接和不记名投票的原则自由选举参加立宪会议的人民代表，实行普遍的政治大赦……由于目的的一致，立宪民主党成立大会认为有责任声明，我党是同罢工运动完全团结一致的。”[3]

1905年10月30日（俄历1905年十月十七日），沙皇尼古拉二世签署了由大臣会议主席维特伯爵用10天草拟出的《整顿国家秩序宣言》，该宣言标志着俄国君主专制政体开始向君主立宪政体转变。米留科夫虽然看到了其政治理想实现的一线希望，但《整顿国家秩序宣言》给他的感觉仍然是“不满和混乱模糊”[4]。他对宣言表示怀疑，“为什么发展普选权要拖到新建立的立法秩序之前？为什么当前的承诺要让未来的联合会议去实现？这个联合的议会又是什么？它的成分又是什么？为什么在新建的立法秩序中对其他的立法因素只字不提……”[5]他认为宣言只在形式上宣布了没有政治保障的政治自由，这对于俄国走上和平进步的发展道路是远远不够的。

[1] В.А.Кувшинов, Кадеты в России и в эмиграции, *Новая и новейшая история*, М., 1995(4),с.46.

[2] В.А.Кувшинов, Кадеты в России и в эмиграции, *Новая и новейшая история*, М., 1995(4),с.46.

[3] В.С.Дякин, *Самодержавие,буржуазия и дводянство в 1907-1911*, Л.,1978.с.181.

[4] П.Н.Милюков, *Воспоминания*, Нью-Йорк, 1955, т.1, с.314.

[5] П.Н.Милюков, *Воспоминания*, Нью-Йорк, 1955, т.1,с.317.

米留科夫对《整顿国家秩序宣言》的悲观态度反映在立宪民主党成立大会的会议决议中，决议要求实施一系列的政治改革：①废除一切特殊法规；②为召开立宪会议公布新选举法，在立宪会议上制定并通过宪法；③把官僚佞臣赶出政府，建立一个赋予全权的临时内阁，直到立法的人民代议制和议会多数内阁的成立；④尽快大赦政治犯和宗教犯[1]。

维特也曾向立宪民主党领袖发出入阁邀请，米留科夫应邀与维特进行了会晤。米留科夫当面指出应尽快组建临时内阁，制定并颁布一部以普选权为基础的宪法。米留科夫告诉维特："引起社会不满的首要因素是社会不相信官僚们会为他们制定一部自由主义宪法。倘若社会得到了这部宪法，那就会平静下来。"但维特却表示"人民并不想要宪法！"米留科夫责问维特："如果您有足够的权力，那您还会说宪法这个词吗？"维特直截了当地回答："不会，因为沙皇不希望这样。"米留科夫最后说道："那么，我们的谈话就是毫无意义的。我是无法向您提出具有实际意义的建议的。"[2]最终米留科夫和立宪民主党失去了入阁权，并且在被列宁称为"上院"的国务会议中也未获得席位。随后立宪民主党的第三届代表大会通过一项决议，表示"党不惜同政府公开决裂"[3]。

宪法与普选权是资产阶级民主的典型特征，也是米留科夫所珍视的政治生命。在立宪民主党第二届代表大会上，米留科夫做了坚持无条件参加杜马选举的报告。他强调："哪怕结果注定失败，立宪民主党也应该参加杜马选举。"[4]而在这次代表大会上通过的党纲中，同样体现出米留科夫对公民政治权利和自由的追求。党纲第一部分关于公民的基本权利中，列举了公民应具有的权利，立宪民主党将为实现这些权利而奋斗。除了《立宪主义者宣言》中已有的要求外，还有公民的人身和住宅不受侵犯，公民享有自由迁徙和出入境权，基本法应保障少数民族的文化自觉权等。

议会制是宪政思想的重要内容。米留科夫通过观察英国的议会制，认为这是理想的政治模式。因而在俄国建立并完善议会制，通过议会实现政治理想成为米留科

[1] В.В.Шелохаев, *Кадеты—главная партия либеральной буржуазии в борьбе с револющией 1905-1907 гг*, М., 1983, сс.145-151.

[2] П.Н.Милюков, *Воспоминания*, Нью-Йорк, 1955, т.1, сс.330-331.

[3] ［苏］波克罗夫斯基《俄国历史概要》下册，生活•读书•新知三联书店1978年版，第594页。

[4] В.В.Шелохаев, *Кадеты—главная партия либеральной буржуазии в борьбе с револющией 1905-1907 гг*, М., 1983, с.175.

夫追求的目标。早在《立宪主义者宣言》一文中，米留科夫就提出了要在俄国建立没有阶级差别的人民代表机关的要求。人民代表机关是常设的最高立法机构，每年定期召开例会，行使预算决定、立法和最高监督权。在立宪民主党党纲中又规定，人民代表机关通过普遍、平等、直接和秘密的方式选举产生，其职能为行使立法权，批转预算、监督各级行政机关的行为等。未经人民代表机关批准，任何一项法令、命令都无效。任何的国家税收和借款都要通过法律程序确认。大臣们应对人民代表机关负责，回答人民代表的质询。米留科夫并没有停留在理论层面，而是身体力行践行着自己的自由主义民主主张。他认为，要将杜马作为为公民自由平等而斗争的舞台。

米留科夫虽然不是第一、第二届国家杜马的代表，但作为立宪民主党的领导人，米留科夫积极参与制定和指导了立宪民主党党团在杜马的活动策略。1906 年春，举行了第一届国家杜马选举，立宪民主党成为第一届杜马中起重要作用的党团。列宁认为："立宪民主党能够取得胜利，在很大程度上是由于他们成为（这是杜尔诺沃之流的功劳）最左的政党。真正的左派政党已经被暴力、逮捕、屠杀和选举法等排除在外了。一切不满的、气愤的、愤慨的、动摇的革命分子由于大势所趋和选举斗争的逻辑，不得不纠集在立宪民主党的周围。"[1]

第一届国家杜马于 1906 年 5 月 10 日召开，沙皇尼古拉二世出席了开幕仪式，发表了一番意味深长的致词。他宣布除了自由之外，还有"在法制基础上的秩序"[2]。米留科夫在参与起草的致沙皇的答词中提出了一系列要求：按普选原则对人民代表制进行改革；取消国务会议；由杜马多数组成信任内阁；取消等级制度；实现公民平等；取消非常法；实行政治大赦；废除死刑；实现司法权的完全独立；以强制国有化方式解决土地问题等[3]。这个要求基本上就是立宪民主党党纲的反映。沙皇几乎拒绝答词中的所有要求，大臣会议主席戈列梅金在杜马会议上发表声明，认为立宪民主党团的要求已超出其权限，政府不予考虑。这一态度使杜马代表群情激愤，最后投了戈列梅金内阁的不信任票，要求戈列梅金辞职。沙皇政府的军队开进了国家杜马的所在地——塔夫利达宫，第一届国家杜马被解散。

[1] 《列宁全集》第 12 卷，人民出版社 1987 年版，第 254 页。

[2] 孙成木等主编：《俄国通史简编》下卷，人民出版社 1985 年版，第 333 页。

[3] 姚海：《近代俄国立宪运动的源流》，四川大学出版社 1996 年版，第 165 页。

国家杜马解散后，约200名杜马代表，其中包括120名立宪民主党人跑到彼得堡远郊的维堡举行集会，并通过了由米留科夫起草的《维堡宣言》。宣言号召人民进行消极抵抗，在召集新国家杜马之前停止向国家纳税、拒绝服兵役。此举在已经下野的维特看来，“这当然是十分革命的行动”[1]。

列宁也曾说这个时期的国家杜马是“世界上（20世纪初）最革命同时又最无力的议会，它的决议没有一个付诸实现的”[2]。但立宪民主党的根本目的却是将群众的革命运动纳入和平的轨道以防止国内革命的再次爆发，“是防止在彼得堡街头发生显然注定要失败的武装冲突，并试图为普遍的愤怒提供一种表现的形式，这种形式与立宪主义不抵触，而是介于对宪法破坏者的合法抵抗和革命两者之间。”[3]米留科夫曾申辩：“维堡的号召实质上只不过是政治示威和应付万一的措施，但是万一的情况并没有出现，因为已经决定选举第二届杜马了。”[4]

新任大臣会议主席兼内务大臣斯托雷平曾邀请米留科夫进行密谈，明确提出只要国家杜马公开谴责革命，就给立宪民主党以合法地位。米留科夫回答：“在斗争的关键时刻，立宪民主党不能放弃自己原有的立场，而站到拿自己做着政治迫害交易的反对者的立场上。”当斯托雷平怂恿米留科夫在立宪民主党的机关刊物《言语报》上，以文章的形式谴责革命时，米留科夫坦诚：他当时的确动摇了[5]。谈判结束后，米留科夫直接去找彼得伦克维奇征求意见，彼得伦克维奇毫不客气地批评了他，告诉他这样做是在把立宪民主党推向无底深渊。米留科夫接受了批评，下决心拒绝了斯托雷平的建议和诱惑。

1906年6月16日（俄历为六月三日），斯托雷平借口第二届国家杜马中的社会民主党团密谋发动“弑君夺权”的政变，再次解散国家杜马，史称“六•三政变”。随后，斯托雷平大肆逮捕和处决进步人士（包括立宪民主党人），在全国范围内实行恐怖统治，镇压工农运动。对此，米留科夫多次在公开言论中旗帜鲜明地斥责斯

[1]　[俄]谢•尤•维特：《俄国末代沙皇尼古拉二世》续集，新华出版社1985年版，第325页。

[2]　《列宁全集》第19卷，人民出版社1989年版，第362页。

[3]　В.В.Шелохаев, *Кадеты—главная партия либеральной буржуазии в борьбе с ревалюцией 1905-1907 гг*, М., 1983, сс.236-237.

[4]　[苏]波克罗夫斯基：《俄国历史概要》下册，生活•读书•新知三联书店1978年版，第603页。

[5]　П.Н.Милюков, *Воспоминания*, Нью-Йорк, 1955, т.1, с.424.

托雷平的做法是非法的和毫无根据的。

总之，在第一、二届杜马中，米留科夫领导立宪民主党提出了多项自由民主草案，如信仰自由法案、出版法案、集会法案、结社法案以及取消死刑法案等，表达了米留科夫希望在俄国发展公民自由的强烈愿望。尽管这些法案大多胎死腹中，但这并不能抹杀米留科夫及立宪民主党探索构建民主俄罗斯的努力和真诚。

作为自由主义知识分子，米留科夫将宪法作为基本信条，坚持通过和平、合法的方式进行改革，通过和平演进的方式，由专制制度逐步过渡到资本主义制度，建立以议会制度为基础的君主立宪制政体。他希望俄国能成为君主立宪制国家，他也因此而被称为“俄国的欧洲人”[1]。尽管米留科夫在现实中屡屡碰壁受挫，他一生经历曲折动荡，最后以悲剧谢幕，但这又何尝不是俄国集体悲剧的反映。米留科夫个人的政治活动及其思想变化既是俄国资产阶级在政治民主运动中的复杂心态的反映，也是俄国自由主义思潮在这一特殊的历史时期发展变化的一个缩影。作为历史学家的米留科夫曾写道：“研究俄国历史在今天具有新的特殊意义，因为根据处在俄国转变时期表面的社会和文化层面，细心的观察家就能够直观地观察研究我们过去的历史。”[2]

---

[1] See: Tomas Riha, A Russian Europeau: Paul Miliukov in Russian Political , Notre Dame: University of Notre Dame Press, 1969.

[2] Медушевский А.Н.П.Н.Милюков ученый и политик//История СССР.М.1991(4), с.63.

第九章　国家杜马架构下的自由主义政党与宪政运动

作为1905年革命产物的立宪民主党，自成立之后，便为实现自己的纲领、主张展开了积极的活动，一方面试图使革命沿自己设想的发展道路进行，另一方面又试图通过和平的议会斗争促使沙皇政府转向立宪君主制。

一、第一、二届国家杜马与自由主义政党的积极反对派立场

沙皇政府虽镇压了十二月武装起义，但也不得不做出让步，决定召开国家杜马以缓和矛盾。封建统治者在革命浪潮中被迫实行部分的立宪制，这是1905年革命取得的一个重要成果，因为沙皇专制统治制度终究被打开了一个缺口。同时，在国家杜马中的斗争也成为俄国革命的一个重要组成部分，“客观条件把……争取议会制的斗争推到了舞台的最前面了”[1]。

尽管俄国资产阶级自由派及其政党软弱，并具有鲜明的两面性，但历史还是把他们推到了前台，他们利用杜马作为舞台，采用政党联合的策略，试图在激进的革命拥护者与反动的政府之间起到议会调停人的作用。1906年3月第一届国家杜马选举的结果是立宪民主党成了杜马中的最大党，在478个代表席位中，立宪民主党人占179席，自治分子的代表为63席，社会民主党的代表为18席，劳动团分子为97席，十月党人为16席，无党派人士为105席。虽然立宪民主党只占37.4%，但由于劳动团分子、自治分子、无党派分子追随立宪民主党人，就使这个党在杜马中起了主导作用。立宪民主党中央委员С•А•穆罗姆采夫被选为杜马主席，中央委员П•Д•多尔

[1]　《列宁全集》第12卷，人民出版社1987年版，第275页。

哥鲁科夫、Н•А• 格列杰斯古尔被选为副主席，中央委员 Д•И• 沙霍夫斯科伊被选为书记。各个部的 22 名主席中 16 人为立宪民主党人，7 个常设的和 15 个临时委员会的主席也是立宪民主党人。所有委员会的成员中，立宪民主党的代表占 56.5%[1]。因此，有人也把第一届国家杜马称之为立宪民主党人杜马。

立宪民主党之所以能在第一届国家杜马选举中获胜，原因是多方面的：第一，十二月武装起义的失败在很大程度上验证了立宪民主党提出的暴力推翻专制制度“只对以有组织的、暴虐的暴力为基础的专制制度的奴仆有利”[2] 的说法，经受了失败打击的部分群众便转向了立宪民主党的和平革命的主张，认同并接受了立宪民主党关于“官僚和统治阶级对人民的统治不能通过暴动和夺取土地来战胜，也不能通过政治罢工和武装起义来战胜，而只能通过顽强的创造性的工作才能取胜”[3] 的宣传，从而使和平立宪的主张有了一定的市场。对此，列宁写道：“黑帮是公开的和粗暴的敌人，他们可以烧杀和破坏，但是他们连一个粗俗的庄稼汉也说服不了。而立宪民主党人既能说服庄稼汉，又能说服小市民。说服他们相信什么呢？相信君主无可指责，相信可以用和平方法（即保留君主制的政权）取得自由，相信地主策划的赎买对农民说来是把土地交给他们的最有利的办法，等等。”[4] 第二，布尔什维克等一些左派政党的抵制杜马策略也为立宪民主党创造了一个有利时机，使“他们成了最左的政党，真正的左派政党已经被暴力、逮捕、屠杀和选举法等排除在外了。一切不满的、气愤的、愤慨的、动摇的革命分子由于大势所趋和选举斗争的逻辑，不得不纠集在立宪民主党的周围”[5]。第三，立宪民主党在十二月武装起义失败后做了大量的宣传工作，出版了大量的报纸、传单、小册子，并成立了各种各样的宣传组织，进行广泛的宣传。他们宣传立宪民主党纲领的“民主性”和“激进性”，议会道路的前景。他们竭力鼓吹只有杜马“才能平息国家的不安状态和改善在俄国生活的所有人的状况”；没

[1] Н.И.Васильева, Г.Б.Гальперин, А.И.Королев, *Первая Российская Революция и Самодержавие (Государственно-Правовые Проблемы)*, Л., 1975, с.88.

[2] В.В.Шелохаев, *Кадеты-Главная Партия Либеральной Буржуазии в Борьбе с Революцией 1905-1907 гг*, М., 1983, сс.170-171.

[3] В.В.Шелохаев, *Кадеты-Главная Партия Либеральной Буржуазии в Борьбе с Революцией 1905-1907 гг*, М., 1983, с.171.

[4] 《列宁全集》第 14 卷，人民出版社 1988 年版，第 192 页。

[5] 《列宁全集》第 12 卷，人民出版社 1987 年版，第 254 页。

有杜马的同意不能颁布任何法律，“如果不以人民代表机构所确定的每年国家收支一览表为依据的话，当局一个戈比也别想从人民那里拿到”[1]。在人们最为关心的土地问题上，立宪民主党指出，国家杜马所要干的“头一件事就是应当用国家、皇室、寺庙和地主的土地来补足农民所需要的土地。在需要土地的地方，国家以适当的费用向地主购买——地主应当出卖，国家这样就可以得到大量的土地储备，国家从这些土地储备中支付给需要土地的土地所有者以土地，供他们使用”[2]。立宪民主党的这些宣传在某种程度上符合人民的要求。第四，立宪民主党人的某些反政府主张也是其获得支持的另一个重要原因。在一定程度上可以认为“这次选举与其说是投票赞成立宪民主党人，倒不如说是投票反对政府”[3]。1906 年 4 月 4 日的《评论报》[4]就直言不讳地指出：“人们并不希望这个杜马做出创造性的工作，很多不同意立宪民主党纲领的人把立宪民主党人选到杜马中去，只不过是把神圣的事业加在他们身上，要他们付出巨大的劳动来消除我们的奥吉亚斯的牛圈（源于希腊神话，比喻藏垢纳污的地方），即政府中多年堆积起来的垃圾，这对任何人已经不是什么秘密了。”[5]

立宪民主党人在选举中获胜后立即召开了第三次代表大会，制定在杜马活动的策略。米留科夫在代表大会上做了报告，其报告的核心内容就是进行和平的议会斗争。经过激烈的争论之后，代表大会通过了决议。根据决议，立宪民主党杜马党团应在杜马中实施下列法案：人身神圣不可侵犯，公民权利平等；普选权及土地和工人改革；满足国民的公正要求，实现政治大赦和废除死刑；追究行政机关代表的责任等[6]。

然而很多自由主义者内心都明白沙皇恩赐的自由并非是真自由。尚在 1905 年自由主义运动高潮之际，彼得伦克维奇就忧心忡忡地写道：“19 世纪 60 年代开始改革，到 1905 年由沙皇并非自愿的决定和人民的坚决斗争完成了。但是……宪制这种生产

[1]　В.В.Шелохаев, *Кадеты-Главная Партия Либеральной Буржуазии в Борьбе с Революцией 1905-1907 гг,* М,1983,с. 172.

[2]　В.В.Шелохаев, *Кадеты-Главная Партия Либеральной Буржуазии в Борьбе с Революцией 1905-1907 гг,* М,1983,с. 173.

[3]　《列宁全集》第 12 卷，人民出版社 1987 年版，第 254 页。

[4]　《评论报》是《俄罗斯报》被查封后使用的一个名称。

[5]　《列宁全集》第 12 卷，人民出版社 1987 年版，第 254 页。

[6]　В.В.Шелохаев, *Кадеты-Главная Партия Либеральной Буржуазии в Борьбе с Революцией 1905-1907 гг,* М,1983,с. 87.

方式能保证它的巩固吗？”[1]他们的担忧并非空穴来风，因为就在此时，沙皇颁布了一个限制杜马立法权的《基本法》。该法规定“皇帝与国务会议和国家杜马共同实现立法权”[2]，而政府也只对沙皇负责而不对杜马负责。这无异于给立宪民主党人当头一棒，他们强烈谴责政府。当时著名的政论家И•科雷什科写道：《十月十七日宣言》“使专制制度失去了外表上的东西，但没有丧失专制制度的内在属性”[3]。但无论如何《基本法》已成既定事实，立宪民主党也无可奈何。

1906年5月10日，第一届杜马在《基本法》的限制之下开幕了。经过几天激烈的争论，杜马最终以没有反对票的形式通过了对沙皇的答词。其主要内容为：根据私有土地强制国有化原则解决土地问题；以普选制为基础改革人民代表制度；建立对国家杜马负责的责任内阁，取消国务会议；停止一切非常法；政治大赦、废除死刑；公民平等。消灭等级限制和特权；司法权独立等[4]。这个答词基本上与立宪民主党第三次代表大会所制定的策略相一致，是各党团互相妥协的结果，即便如此，它仍对沙皇的统治构成了威胁，特别是土地国有化的主张更不能为沙皇政府接受。当时，立宪民主党提出了“按公平价格”强制征用部分地主土地的“42人草案”；而劳动团分子则提出了按“劳动标准”把土地平均分给农民使用的“104人草案”，两者都主张强制征用私有土地，只是程度不同。他们的方案都是政府所不能容忍的。结果政府一口回绝了这份答词。政府的反应引起了杜马各党团的强烈不满，正如立宪民主党人纳博科夫所说的那样：“我们充满了大失所望和不信任的感觉。”[5]拉吉契夫也表示：“我们与会是为了革新俄国，使俄国得到和平……但是，我们的期望受到愚弄；我们遇到的不是政府的合作，而是打击……”[6]最后，杜马以多数票数通过了劳动派代表热尔金的提案：“国家杜马转向例行事务时，向全国表示：完全不信任对人民代表机关不信任的内阁，认为现任内阁立即辞职，代之以得到杜马信任的内阁，

[1] 姚海：《俄罗斯文化之路》，浙江人民出版社1992年版，第302页。

[2] 王清和：《论沙皇俄国国家杜马的性质》，载《史学集刊》1990年第2期，第57页。

[3] 杜立克：《俄国自由主义反对派与1917年二月革命》，载《内蒙古大学学报（人文社会科学版）》2002年第3期，第47页。

[4] 王清和：《论沙皇俄国国家杜马的性质》，载《史学集刊》1990年第2期，第60页。

[5] Н.И.Васильева, Г.Б.Гальперин, А.И.Королев, *Первая Российская Революция и Самодержавие (Государственно-Правовые Проблемы)*, Л., 1975, с.96.

[6] В.В.Шелохаев, Совет Министров и Государственная Дума:Из опыта российского парламентаризма, *Свободная мысль*, 1993(8), сс.70-71.

是国家安宁、人民代表机关进行卓有成效工作的必要条件。”[1] 总之，在第一届国家杜马时，杜马各党团间虽有争议，但最终达成了一致。而此时与政府的对立是主要的。正是由于杜马的不驯服，由于其激进的土地纲领，导致沙皇于7月21日宣布解散杜马。

沙皇刚一解散杜马，200多名杜马代表，多数为立宪民主党人，便发表了一个《维堡宣言》，号召所有的人民抗议政府解散杜马的做法，停止交纳各种捐税。《宣言》说：“公民们！坚决拥护被践踏了的人民代表机关的权利，坚决拥护国家杜马……俄国一天也不应当没有人民代表机关。你们有办法达到这一点，政府在人民代表机关不同意的情况下无权从人民那里征税，也无权召集人民服兵役。因此，现在当政府解散国家杜马时，你们有权不为它提供一兵一卒，一分钱。”[2]《维堡宣言》对于一向主张和平斗争的立宪民主党来说无疑是十分激进的，维特伯爵甚至认为这是个“十分革命的行动”。沙皇政府当即宣布立宪民主党为非法组织，把在《维堡宣言》上签名的第一届杜马的代表付诸法庭，临时查封了立宪民主党的机关报《言语报》，并关闭了彼得堡、莫斯科、下诺夫哥罗德、弗拉基米尔等城市的立宪民主党中央和地方的俱乐部。更可怕的是一些著名的立宪民主党活动家被相继刺杀，甚至连党的领袖米留科夫也遭到了殴打，不得不暂时到国外去避难。在这种情况下，党内大多数人情绪低落，直到第二届杜马选举前才有所改观。1906年10月7日—11日（俄历1906年九月二十四到二十八日）立宪民主党人在赫尔辛基举行了立宪民主党第四次代表大会，准备迎接第二届杜马的选举。

第二届国家杜马选举是俄国历史上第一次所有政党都参加的选举。选举结果是：立宪民主党丧失了80个代表席位，在518个代表席位中占98席，社会民主党占65席，社会革命党人占37席，人民社会党人占16席，劳动团分子为16席，右派和十月党人为54席，自治分子为76席，无党派人士50席，哥萨克团17席，民主改革党有1名代表[3]。

与第一届杜马相比，立宪民主党人丧失了近一半席位，主要在于第一届国家杜马解散时许多立宪民主党的领袖被剥夺了选举权，加之布尔什维克参加杜马选举也

[1] Совет Министров и Государственная Дума, Из опыта российского парламентаризма, *Свободная мысль*, 1993(9) , с.116.

[2] Н.И.Васильева, Г.Б.Гальперин, А.И.Королев, *Первая Российская Революция и Самодержавие (Государственно-Правовые Проблемы)*, Л., 1975, с.98.

[3] *Большая советская энциклопедия*,М.:издательствосоветская энциклопедия, т.7, 1972, с.153.

吸引了一批群众。

立宪民主党没能保住第二届杜马，虽在许多问题上做出了让步，但仍不能与斯托雷平完全达成一致。这在土地问题上表现得最为明显。立宪民主党在第二届杜马之初试图回避讨论土地问题，但这一基本问题是无法回避的。早在斯托雷平发表政府公报后的第二天，即3月20日，劳动团分子就向杜马提交了以104人方案为基础的《土地法基本原则方案》，从4月1日起在杜马中就开始讨论土地问题，讨论一直持续了两个月。立宪民主党人在5月13日才提交自己的土地方案。他们反对劳动团分子的土地方案。立宪民主党的土地问题专家H•H•古特列尔认为，在最近的将来还不具备土地国有化法案实现的政治条件。他反对按劳动标准分给农民土地，而主张高于农民收成的地主的土地和附属于技术工厂的土地不应强制国有，并将原草案中规定的应完全由国家向地主支付的赎金，大部分转嫁给了农民。此时，立宪民主党的土地主张已经比第一届杜马时的“四十二人”方案明显后退了。立宪民主党人农业专家库特勒当时就直言不讳地说：“我们只有一个要求，那就是帮农民使他们土地不足，不要以任何能够阻碍这一改革并可能使其变为空想和落空的其他标准来使这一目的复杂化。”[1]故而立宪民主党的土地主张因其保守而无法为激进派所接受，但对斯托雷平来说它又太激进了，也无法接受。斯托雷平认为立宪民主党的主张与左派党的主张导致同样的后果，即“政府认为土地国有化对国家来说是一场灾难，而人民自由党的方案，即半剥夺、半国有化，最终将导致与左派提议一样的结果。”[2]

政府无法接受立宪民主党的纲领，而立宪民主党也无法接受斯托雷平的土地改革方案，两者互不相让。因此，1907年5月27日立宪民主党团针对斯托雷平土地改革通过了以下决议：“1906年8月27日关于倾销欧俄土地的法令应废除；1906年11月15日关于农民银行以土地作抵押发放贷款的法令应废除；1906年11月9日法令应废除。”[3]正是这两者间互不相让，加之杜马中左派的更为激进的纲领，使这届杜马变得更不驯服了，于是1907年6月斯托雷平以杜马中的革命党人代表在军队中

[1] В.В.Шелохаев, *Кадеты-Главная Партия Либеральной Буржуазии в Борьбе с Революцией 1905-1907 гг,* М., 1983, с. 275.

[2] В.В.Шелохаев, *Кадеты-Главная Партия Либеральной Буржуазии в Борьбе с Революцией 1905-1907 гг,* М., 1983, с.277.

[3] В.В.Шелохаев, *Кадеты-Главная Партия Либеральной Буржуазии в Борьбе с Революцией 1905-1907 гг,* М., 1983, сс. 277-278.

谋反为借口，将他们逮捕，并随即解散了第二届杜马。从此俄国开始了所谓的“斯托雷平反动统治时期”[1]。第二届国家杜马的解散标志着俄国历史上昙花一现的立宪试验的结束。

尽管如此，立宪民主党在国家杜马中的活动对推动俄国的政治民主化还是起了一定的作用，相对于绝对专制而言，国家杜马成立本身就是一个巨大的进步。更重要的是国家杜马虽“怯懦地、半吞半吐地表达了人民的要求”[2]，但毕竟对专制制度构成了威胁，撕开了旧统治秩序无法再度弥合的缺口。列宁对第一届、第二届国家杜马发表了自己的看法。他说：“第一届国家杜马是一个世界上（20 世纪初）最革命同时又最无力的议会”[3]，第二届杜马“表明最落后的国家人民代表机关的成员却是欧洲最革命的！”此时，存在着“世界上最革命的议会和几乎是最反动的专制政府”[4]。说第一、二届杜马议会是当时世界上最革命的议会，确实不过分。由立宪民主党人控制的议会的主张十分激进：实现君主立宪；由国家出面分配土地。君主立宪，这是自由主义要求法制取代专制；分配土地，打破束缚农民的农村公社，从而完成俄国向自由市场经济与工业化转型。此二项要求，可说是近代自由主义最具典型的特征。正是由于第一、二届国家杜马具有一定的革命性和对政府的桀骜不驯而遭致解散的命运。毋庸置疑，在当时杜马成了与政府斗争的主阵地，“历史已经表明：当杜马召集起来的时候，就有可能在它内部和在它周围进行有益的鼓动……”[5] 而杜马之所以能发挥如此作用，立宪民主党居功甚伟。

二、第三届国家杜马与自由主义政党的温和参政策略

“六三体制”确立后，沙皇当局颁布的新的杜马选举法剥夺了绝大多数工农群众的选举权，因此，代表资产阶级利益的立宪民主党人与十月党人形成了杜马的多数。

[1] 客观地讲，斯托雷平政府是以社会进步和反进步的矛盾标志和面目出现的，它所实行的土地改革也应视为 1905—1907 年革命的一项成果。

[2] В.В.Шелохаев, *Кадеты-Главная Партия Либеральной Буржуазии в Борьбе с Революцией 1905-1907 гг,* М., 1983, с. 216.

[3] 《列宁全集》第 19 卷，人民出版社 1989 年版，第 362 页。

[4] 《列宁全集》第 14 卷，人民出版社 1988 年版，第 384 页；《列宁全集》第 19 卷，人民出版社 1989 年版，第 242—243 页。

[5] 《列宁全集》第 13 卷，人民出版社 1987 年版，第 340 页。

尽管立宪民主党此时仍然对沙皇政权抱有立宪幻想，但应该肯定其在杜马内外作为政府反对派所做出的一切努力和尝试。

1907 年 6 月 16 日，沙皇尼古拉二世颁布诏书，宣布解散第三届国家杜马，对选举法进行彻底修改，并于当日制定新的国家杜马选举法（一张地主选票相当于 4 张大资产阶级选票，65 张城市小资产阶级选票，260 张农民选票和 543 张工人选票）。新选举法对人民的选举权做了许多新的原则性限制，不仅选举不平等，而且还具有了等级性质：按选举单位选出的代表首先参加省代表大会，然后再由省代表大会选出国家杜马代表。新的选举法规定只有省代表大会的代表有杜马代表选举权，这十分有利于地主资产阶级推举候选人。新的选举法中还对不同选举单位复选人的比例做了重大调整，以便更加符合地主和大资产阶级的利益。

按照新的选举法，地主和一等城市选举单位（大资产阶级）的代表人数虽然不到俄国欧洲部分全体居民的 1%，但却占所有复选人比例的 64.4%，有选举权的农民占 25%，工人仅占复选人总数的 2.4%。显然，沙皇政府希望通过新选举法实现地主和资产阶级上层的政治联盟。以新选举法为基础，大资产阶级和黑帮地主在全民族范围内组织起来，与沙皇政府共同进行反对革命的活动，故本届杜马是“六三体制”的主要组成部分。

1907 年 11 月 14 日，第三届国家杜马开幕，1912 年 6 月 22 日结束。代表分别为：极右派代表 50 人，民族主义者以及温和右翼代表共 97 人，十月党人 154 名，立宪民主党人 54 名，进步党和世界复兴党 28 名，穆斯林集团 8 人，波兰联盟 18 人，社会民主工党人 20 名，劳动派分子 13 人，本届杜马代表共计 442 人。十月党人 H•A•霍米亚科夫任杜马主席（1910 年 3 月起是古契科夫，1911 年起为罗将柯，均是十月党人）。由于新选举法的实施，在杜马内形成两个多数：右翼十月党人多数和十月党人—立宪民主党人多数。十月党人握有本届杜马的领导权。这样就能确保沙皇政府利用前一个多数来保证推行斯托雷平的土地政策，在工人问题上采取强硬政策，对少数民族采取大国主义政策；而利用后一个多数通过微小的让步，采用改良的办法诱使群众脱离革命。

第三届杜马召开最初，立宪民主党对沙皇政府和十月党人抱有立宪改革的幻想，所以立宪民主党代表在杜马内执行妥协政策，但在 1908—1909 年召开的立宪民主党会议上，受到许多党员的批评，指责党的代表在杜马中的发言不够坚决，局势的发展对党十分不利。于是，在杜马外，立宪民主党人开始公开发表演说，提交个人质疑，表现出很大的独立性。在杜马内，立宪民主党杜马党团继续强烈批判政府的对内政治方针，投票反对向斯托雷平土地制度拨款，反对内务部的公共事务预算，并在警务厅和印刷事务委员会拨款问题上投了弃权票。

1908 年末至 1909 年初，立宪民主党人开始对斯托雷平改革解决俄国面临的困境感到失望。国内仍然没有看到政治自由的希望，压制民主化运动的反动势力依然控制着国内政局，在“人民代表制的新形势下掩藏着旧的君主专制政体”[1]。1910 年 2 月，法国议员代表团的到来以及讨论内务部预算导致杜马自由党团反对情绪更加高涨。2 月 19 日，在同法国代表团成员会见时，世界议会联盟俄国小组代表叶夫列莫夫在谈到俄国杜马时指出，与俄国没有宪法的说法相反，作为“白头发的年轻议员”，俄国仍然存在宪法，俄国进步分子党团要沿着巩固人民代表制和立宪制的道路走下去[2]。

在这种复杂的局势下，为了避免“国内漫长而严峻的立宪危机”，1909 年 11 月，立宪民主党第三届杜马党团成员与党的地方组织代表共同召开大会，研究制定新的工作策略，提出要将议会活动同杜马内部工作结合起来，“同时行动”。在会上，米留科夫提出党的首要任务是组织杜马内、外的社会力量，把农村、城市自治局、合法召开的代表大会以及大学生同学会都吸引过来。在杜马内，更广泛地利用质疑权和立法动议权，同选举人建立更紧密地联系。在杜马外，立宪民主党提出了“孤立政权”的口号[3]。

面对沙皇的反动统治，十月党人也开始不断督促斯托雷平进行彻底改革。1909 年 10 月，十月党人召开第三次代表大会。大会做出决议，必须更积极地利用杜马的立法动议权，研究和制定土地改革、司法改革、教会改革等一系列法律草案。十月党人杜马党团强烈批判中央和地方政权的非法行为。1910 年 3 月 7 日，古契科夫在杜马会议上发出呼吁：“在已经到来的现代化条件下，我和我的朋友们已经看不到

[1] Ш.М.Мунчаев,В.М.Устинов,*Политическая история России.От становления самодержавия до падения Советской власти*, М., 1999, с.236.

[2] Ш.М.Мунчаев,В.М.Устинов,*Политическая история России.От становления самодержавия до падения Советской власти*, М., 1999, с.236.

[3] О.В.Волобуев и др.,*Сьезды и конференции коституционно-демократической партии 1905-1920*, т.2, М., 1997, сс.236-251.

以往阻碍实现《十月十七日宣言》所赋予的公民自由的障碍，看不到在国家和社会生活的所有阶段迅速建立牢固法制的障碍。”[1]

立宪民主党在杜马内外不断向沙皇政府施加压力，引起了贵族联合委员会和沙皇行政当局的强烈不满，沙皇政府的反动本质彻底暴露。沙皇政府改变最初拟定的改革纲领，公然违背1906年的“基本法”，否决杜马提出的改革纲领，禁止包括立宪民主党在内的自由派在各地召开党委会秘密会议，故各地党的活动几乎全都被迫停止。

第三届杜马是在沙皇专制反动统治的条件下召开并开展工作的，最鲜明地反映出“六三体制”的特点。首先，在“六三体制”下，沙皇与地主、资产阶级分别建立联盟，但无论是专制制度与资产阶级建立的联盟，还是与地主间的联盟，联盟内部双方权力均不平等。因此，为了维护专制主义的有利地位，沙皇主义力求确保其在联盟中享有的绝对权力。其次，联盟内部充满矛盾。在“六三体制”时期，杜马有限的权力还经常受到政府的限制。1914年，沙皇政府做出指示，取消城市杜马关于庆祝舍甫琴科纪念日的决议。对此，杜马立刻向部长会议主席戈列梅金提出质疑，部长会议主席在3月20日给第四届国家杜马主席M•B•罗将柯的信中声明，不必对这些质疑给予答复，因为“国家杜马只有权向各部部长和依照法律隶属于参政院的部分机关的主要负责人提出质疑，而部长会议主席不属参政院管辖”[2]。

“六三体制”时期，为了反对革命，沙皇主义和资产阶级结为同盟。但毕竟这是两个不同力量的联盟，为谋求某种共同利益，两者可以建立联盟，一旦维系两者的利益关系消失，他们就会分道扬镳。专制制度欲通过某种方式把资产阶级改革限制在一定范围内，完全保留自己政治上的无限权力。资产阶级则通过改革实现有条件的立宪，达到同沙皇主义分权的目的，把专制君主变为立宪君主。资产阶级不仅惧怕革命，而且还惧怕反动势力。它一方面需要沙皇的保护，与沙皇联合在一起，另一方面也想摆脱沙皇的控制。这样，在沙皇主义和资产阶级之间围绕改革的方式、方法和期限问题展开了激烈的斗争。

对第三届国家杜马的作用，人们常说是俯首听命于斯托雷平的杜马，杜马代表

---

[1] Ш.М.Мунчаев,В.М.Устинов, *Политическая история России.От становления самодержавия до падения Советской власти*, М., 1999, с.238.

[2] Ш.М.Мунчаев,В.М.Устинов, *Политическая история России.От становления самодержавия до падения Советской власти*, М., 1999, с.234.

为了保存杜马这一议会形式作为讲坛而“追随政府的旨意，只致力于处理具体问题，埋头于事务工作，回避了最高权力的根本问题，在沙皇帝国的议会制度下苟延残喘”[1]。以至于第三届杜马被米留科夫戏称为“老爷式的杜马”、“走狗式的杜马”[2]。但客观来说，虽然第三届国家杜马就其内部构成来说的确趋向保守了，但这并没有发生本质的改变，与其说是杜马听命于斯托雷平，不如说是斯托雷平的改革迎合了杜马的要求，承担起了国内改革的主动权。因为第三届国家杜马虽然缺少第一、第二届杜马的革命性，但它却是一届十分有生命力的杜马，比头两届做了更多建设性的、实实在在的工作，巩固了1905年革命所取得的一系列成果，以自己的方式促进了俄国社会的进步。诚如十月党领袖古契科夫所言：“历史将比同时代人更公正地对第三届杜马的意义做出评价，指出它的功绩：它在国家的经济、土地规划、国民教育、审判、国防等方面通过了一系列重大的立法措施，它实际上为新建立的立宪制度奠定了十分牢固的根基；它以自己的平衡性、自己平衡的工作、自己的现实主义对俄国社会给予了有教育意义的深远影响。”[3]立宪民主党人马克拉科夫的评价更为公正：“政权和社会共同参与国家的管理对某些人来说是不可缺少的学校，而对俄国来说是它复兴的开始。”[4]

三、第四届国家杜马与自由主义政党的灵活反对派立场

第四届国家杜马于1912年11月18日开始工作，在第四届国家杜马存在的时间里共召开了5次年会。由于第四届杜马的选举也是按“六•三选举法”所确定的原则进行的，因此第四届杜马的构成与第三届没有多大变化。但由于世界大战的爆发，俄国的参战加剧了国内的社会矛盾，引起了国家杜马各党派的一系列连锁反应，促使国家杜马在战时的活动甚至带有某种革命的色彩，以致二月革命中第四届国家杜马作为“政变所产生的最反动的四级选举权的最反动的产物，却突然变成了一个革命的机关”[5]。

尽管斯托雷平改革不乏自由主义色彩，推动了俄国资本主义的快速发展，但改

[1] [美]帕尔默•科尔顿：《近现代世界史》下册，商务印书馆1988年版，第972页。

[2] П.Н.Милюков, *Воспоминания*, т.2, М.:Современник, 1990, с.4.

[3] 刘显忠：《近代俄国国家杜马：设立及实践》，社会科学文献出版社2007年版，第206页。

[4] В.В.Леонтович, *История Либерализма в России(1762-1914)*,М.,1995,с.535.

[5] 中央编译局：《国际共运史研究资料》（卢森堡专辑），人民出版社1981年版，第63页。

革本身的不公正性即社会经济的发展是以牺牲社会下层尤其是农民的利益为代价的，所以改革非但没有带来社会的稳定，反而激化了社会矛盾，引发了全国性的政治危机。而全国性政治危机的出现加剧了政府的右倾化，不愿意进行进一步的改革，放慢了改革步伐，很多改革措施搁浅，甚至出现了反改革的要求。为摆脱危机，部分保守势力蠢蠢欲动，要求发动新的国家政变，取消国家杜马，退回到无限专制时代。面对国内的政治危机和政府改革的停顿乃至倒退的局面，国家杜马内各党团反应不一，总体来看，刺激了国家杜马内要求加快改革步伐的呼声增高，杜马的左倾化趋势加强，就连十月党人也坚决拒绝与民族主义者结盟而“与立宪民主党和左倾分子联盟”[1]。

政府改革的停步不前及政府内保守势力的上升导致了杜马的左倾化。其表现之一就是对政府的政策不满。第四届杜马一开幕，立宪民主党人、进步党人同社会民主党人和劳动派一道向政府就其在选举中的违法行为进行质询。杜马左倾化的表现之二则表现为，一方面在杜马内的反对派力图在杜马中组成左中派多数，另一方面积极与杜马外的激进势力进行联合。1914 年 1 月末，在国家杜马副主席科诺瓦洛夫处举行了有立宪民主党人、进步党人和左翼十月党人参加的会议，讨论自由反对派与十月党人—地方自治人士联合组成左中翼多数联盟问题，以对抗政府。同年 3 月初，科诺瓦洛夫开始与布尔什维克人进行接触。3 月 16 日，科诺瓦洛夫在莫斯科召集了一次秘会，出席会议的有进步党人、左翼十月党人、立宪民主党人、人民社会主义者和社会民主党人。科诺瓦诺夫宣布正在筹划的反对派力量与革命力量联盟最近的实际任务就是实现《十月十七日宣言》，每个政党“根据自己的策略方式特点和实力进行活动”，组织工人暴动、农民暴动、资产阶级的抗议等[2]。

尽管第四届国家杜马初期建立左中派多数的尝试及与党外激进力量联合向政府施压的行动没有取得什么实际效果，但也令政府恐慌。沙皇及政府中的保守势力尽管有恢复无限专制、把杜马变成咨议性机构的意图，但迫于革命形势，始终没敢迈出这一步。不过，国家杜马内自由主义党派的目的也不是推翻政府，而是要借助革命的力量对政府施压，力图通过政府的让步、改革来避免国内的政治危机。1914 年第一次世界大战的爆发暂时缓解了国家杜马与沙皇政府之间的矛盾，使得国内暂时处于相对和平状态。

[1] А.Я.Аврех,*Царизм и* Ⅳ *Дума:1912-1914 гг.*М.,1981,с.32.

[2] 刘显忠：《近代俄国国家杜马：设立及实践》，社会科学文献出版社 2007 年版，第 219 页。

第一次世界大战对俄国的发展产生了重大影响。俄国各政党提出了不同的策略，有的主张反战，有的采取了护国主义立场，积极拥护战争，布尔什维克党则提出了“变帝国主义战争为国内战争”的口号，而立宪民主党对战争的态度在战前和战后发生了急剧的变化。

鉴于日俄战争的前车之鉴和对革命的恐惧，立宪民主党的领袖曾一再明确地表达了反战立场。拉吉契夫在一封私人信件中曾强调说：“如果俄国参战，那么1905年的恐惧在俄国即将发生的情况面前也就相形见拙了。”[1] 正是基于这种认识，萨拉热窝事件之后，米留科夫努力把立宪民主党引向“反对战争、反对俄国参战”的方向，希望以此避免“悲剧的发生”。[2] 而立宪民主党的机关报《言语报》也频频发表社论，呼吁不要使俄罗斯卷入冲突，以至于在宣战的第二天即1914年8月2日报纸就被政府以“非爱国主义的立场”而禁止出版了。然而俄国刚参战不久，立宪民主党就迅速调整了自己对待战争的立场。他们不只是在口头上支持战争，而且很多立宪民主党人及其家属都直接参加了战争，有的还成了战争的牺牲品。米留科夫的小儿子刚刚中学毕业就上了前线，并在加里西亚参加的第一次战役中就牺牲了。立宪民主党杜马党团书记科柳巴金，主动向沙皇写申请书，要求参战，被编入了作战部队，三个月后便牺牲了。

立宪民主党为何如此急剧地改变立场呢？一般认为，主要在于其沙文主义情绪和对帝国主义目标的追求[3]。但大量事实表明，立宪民主党在战争立场问题上的急转弯主要是出于策略考虑，它并没有放弃自己的政治目标，只是在战争已成为事实的情况下尽量适应新的条件[4]，改变争取这个目标的方式和策略。在政府参战已成既定事实的情况下，立宪民主党人意识到，和平主义的立场不符合俄国大多数群众的情绪[5]。更重要的是，为了立宪民主党在战争时期的合法存在，公开表示对政府政策的支持是必要的。从战争时期立宪民主党的全部活动中可以发现，“爱国主义”、“为

---

[1]　Н.Г.Думова, *Кадетская Партия в Период Первой Мировой Войны и Февральской Революции*, М., 1988,с.14.

[2]　П.Н.Милюков, *Воспоминания, 1859-1917*,Т.2,М.:Современник, 1990, с.157.

[3]　Н.Г.Думова, *Кадетская Партия в Период Первой Мировой Войны и Февральской Революции*, М., 1988, сс.17-18.

[4]　姚海：《近代俄国立宪运动的源流》，四川大学出版社1996年版，第190页。

[5]　T. Riha, *Russian European:Miliukov in Russian Politics*, New York.,1969, pp.215-217.

了战争的胜利”始终是其手中的法宝，在这一旗号下，他们的反对派活动得到了最好的掩护。同时在主观上他们将这场战争看作是世界“善与恶”的冲突，希望与“西方民主国家”一起取得胜利，以加速俄国的“民主现代化”进程。值得注意的是，立宪民主党对政府的支持并非是无条件的。在7月26日杜马会议前一天，立宪民主党中央曾讨论了应采取何种态度的问题。奥博连斯基提出，在沙皇政权愿意实行改革的情况下，党可以支持它。这个建议得到了多数的赞同[1]。在杜马会议之后，一些自由主义报刊直言不讳地声称，社会在战争时期与政权保持一致是以战争之后政权将做出“回报”为条件的，这种“回报”就是向社会的要求让步，实行政治改革，使国家制度转变为有宪法保障的资产阶级君主制[2]。立宪民主党领袖的私下活动更能说明，他们把战争视为实现自己政治目标的良机[3]，他们企图以国内和平、一致对外地支持战争的策略，使自己从第二届国家杜马解散后的瘫痪状态中恢复生机。正如米留科夫所指出的：现在“是恢复被破坏的社会组织的最合适的时机，但要在慈善事业和救助战争牺牲的旗帜和基础上进行”[4]。

由于立宪民主党人支持战争，其国内政策也相应地发生了变化。他们提出了国内和平的口号，号召国内各政党暂时放弃反对派观点。8月3日，立宪民主党发表《告同志书》呼吁：“不论我们对政府内政的态度如何，我们的首要任务是保卫我国的统一和不可分割。”[5]米留科夫在8月8日的杜马“历史性”会议上发言时进一步论述了这种“内部和平”的策略：“我们要在战争中协调一致，不提出任何条件和要求。”[6]立宪民主党人还保证说：“我们准备团结和睦地进行工作。我们准备为我们所面临的伟大的共同目标忘记或抛开私人分歧。”[7]

利用战争组织力量、扩大影响是立宪民主党的重要策略原则。第一次世界大战

---

[1] 姚海：《近代俄国立宪运动的源流》，四川大学出版社1996年版，第190页。

[2] В.Г.Тюкавкин,*История СССР,1861-1917*, М., 1990, с.359.

[3] 姚海：《近代俄国立宪运动的源流》，四川大学出版社1996年版，第190页。

[4] Н.Г.Думова, *Кадетская Партия в Период Первой Мировой Войны и Февральской Революции*, М.,1988, с.32.

[5] 杜立克：《俄国自由主义反对派与1917年二月革命》，载《内蒙古大学学报（人文社会科学版）》2002第3期，第47页。

[6] Ф.А.Гайда, Либеральная Оппозиция на Путях к Власти (1914-Февраль1917г), *Отечественная история*, 2004(4).

[7] Н.Г.Думова, *Кадетская Партия в Период Первой Мировой Войны и Февральской Революции*, М.,1988, с.17.

的爆发为立宪民主党注入了一针兴奋剂。战争开始后，立宪民主党人把主要精力集中于建立各种社会组织和领导其实际活动之上。可以说，“一战”时期立宪民主党正是在救助战争牺牲者和从事慈善事业的过程中发展起来的。1914 年 7—8 月间，立宪民主党、十月党、进步党等自由主义政党先后成立了全俄地方自治机关联合会和全俄城市联合会。这两个组织具有合法地位，担负向军队供应医疗器材、组织救护人员、建立野战医院和军需仓库、疏散伤病员等任务，后来还参与了对军队的粮食供应。到 1916 年底，在其所属各类机构中工作的人员已达数十万。尤其是全俄城市联合会是由立宪民主党人一手创办并领导的。在 1914 年 9 月 27 日召开的被认为是全俄城市联合会的第一次代表大会上，立宪民主党人在新的中央委员会中占了一半。警察局在其报告中强调说，正是知识分子和专家在全俄城市联合会中，在解决一些重要问题——从编定灾民人数和统计资料，向各城市分配灾民、组织他们的日常就业到预防流行病的斗争中起主要作用[1]。而这些知识分子和专家大部分都来自于立宪民主党。

除了地方自治机关联合会和全俄城市联合会外，立宪民主党在其他社会组织中也占有稳固的阵地，起主导作用。如戈洛文、沙霍夫斯科伊、萨德林、阿斯特洛夫就是合作社协会的创始人和执行委员会成员。1916 年 1 月沙霍夫斯科伊被选为这一协会的委员会主席，戈洛文和立宪民主党中央委员会莫斯科分会委员基捷维特尔教授为委员会成员。再如 1917 年在国内发挥作用的 220 多个消费合作社大多由城市中等阶层组成，而在地方合作社机关的领导层中起主要作用的是立宪民主党人。救助战争牺牲者协会也为立宪民主党人把持，立宪民主党中央委员戈洛文为其主席。总之，“一战”时期，各种各样的地方组织和协会繁多，而大多为立宪民主党人领导，扩大了立宪民主党在当时的影响。

许多苏联史学著作在论及这些社会组织的成立和初期活动时，往往强调其支持战争的性质[2]，但事实上立宪民主党的领袖从一开始就赋予这些组织以明确的政治任务，希望他们成为促进政治改革的工具。立宪民主党人当时参加各种社会组织，主要是想从事一些支援战争的实际活动。另外也带有一定的政治目的。一方面是要争

[1] Н.Г.Думова, *Кадетская Партия в Период Первой Мировой Войны и Февральской Революции*, М.,1988, с.38.

[2] 姚海：《近代俄国立宪运动的源流》，四川大学出版社 1996 年版，第 193 页。

取更多支持者，为选举作准备，以便在选举中获胜。比如，在立宪民主党中央委员会上，A•C• 伊兹科耶夫就认为：利用地方力量不是为了组织立宪民主党支部，而是为了在地方自治机关中，在合作社中工作，以便借助于它们的帮助得到一些“民主代表”[1]。另一方面是想通过各种社会组织的活动，向行政部门渗透，以便在不知不觉中就把一些地方权力转入自己手中，取消行政上的集中管理。当时立宪民主党人占主导地位的各种社会组织掌握了一定的权力：如援助伤员的一切事务、军队的供给、援助灾民甚至前线的技术工作都集中在联合会手中。立宪民主党人对此十分欣喜，认为“这是我们国家中的新现象——不是军事事件的偶然结果”，并认为这是“不可变更的历史进程——行政上的分散管理阶段”[2]。

在立宪民主党人等自由主义活动家的影响和引导下，各社会组织的活动很快从纯粹的事务方面扩展到政治方面[3]。在1915年夏天的政治危机中，自由派的“爱国主义情绪”转变为“爱国主义恐慌”，社会组织同国家杜马中的自由主义反对派互相呼应，向沙皇政权施加压力。地方自治机关联合会和城市联合会分别举行代表大会，抨击政府的无能，要求由这两个组织完全掌握对军队的供应事务，呼吁成立有社会活动家参加的新政府和召开杜马会议。正是在这种情况下，沙皇尼古拉二世被迫改组政府，同时宣布不迟于当年8月召开杜马会议。可以说，在战时俄国政治中，各社会组织成为自由主义运动联系各阶层人士进行政治斗争的纽带。一个从上到下、遍布全国的社会组织网络，为自由主义反对派在1917年二月革命中夺取政权奠定了基础。

通过在社会组织中的共同工作，立宪民主党与以莫斯科工商资产阶级为核心的进步党进一步接近了。两者相互融合在一起，后来这一派的很多人都加入了立宪民主党。当时彼得格勒的一些报刊就指出：资产阶级的莫斯科在“立宪民主党化”，“在乘着立宪民主党的轻便马车上升”[4]。

[1] Н.Г.Думова, *Кадетская Партия в Период Первой Мировой Войны и Февральской Революции*, М.,1988, с.38.

[2] Н.Г.Думова, *Кадетская Партия в Период Первой Мировой Войны и Февральской Революции*, М.,1988, с.42.

[3] 姚海：《近代俄国立宪运动的源流》，四川大学出版社1996年版，第193页。

[4] Н.Г.Думова, *Кадетская Партия в Период Первой Мировой Войны и Февральской Революции*, М.,1988, с.44.

1915年8月，由立宪民主党杜马党团发起，多数派政党的杜马党团代表连续3天开会，讨论成立跨党派的杜马组织问题，其结果是诞生了进步同盟。这个以自由主义政党为主，联合了杜马多数代表的组织的成立，是战时俄国政治的一个转折点。诚如彼得伦克维奇所言："进步同盟形成本身就是议会斗争的第一个实际步骤和出发点……如果我们能够保住同盟，议会斗争就能取胜。"[1]米留科夫公开承认，进步同盟的意义在于解决政权问题。在由米留科夫和右翼民族主义者舍尔金拟定的进步同盟纲领中，核心内容是建立"社会充分信任"的政府和制订完整的立法纲领。[2]进步同盟得到了国内各种社会组织和许多城市杜马的声援。

尼古拉二世对此极为不满。1915年9月16日，日益活跃的国家杜马被强行休会。自由派与沙皇政权的冲突达到顶点，用米留科夫的话说，已转变为"公开的爆发"[3]。但进步同盟的大多数人接受了米留科夫提出的"责任内阁"的口号，"决定不回答任何挑衅，而报之以忍耐和理智。到战争结束时，我们等着瞧。"[4]1916年2月，在国家杜马复会的开幕式上，杜马主席、十月党人罗将柯当面向沙皇提出了建立责任内阁的问题。在得到否定的答复之后，进步同盟的领导人在杜马之外积极活动，抨击当局，推动社会各阶层的反政府浪潮。

与此同时，前线的形势不断恶化，军事上连连失败，立宪民主党想通过把战争进行到胜利结束来预防革命的希望也越来越渺茫了。这更使立宪民主党人对政府失去了信心，他们认为，"政府已把国家引入了如此混乱、如此危险的境地，以至杜马对它进行坚决反击是绝对必要的。否则，杜马将无可挽回地丧失威信。"同时，战争使俄国的经济面临崩溃，人民在死亡线上挣扎，群众性革命活动高涨，他们对杜马的妥协退让日益不满，"尖刻的批评不仅是针对十月党人的，而且也是针对立宪民主党人的"。面对人民对杜马不满情绪的加强及党内左的倾向的增长，杜马中的立宪民主党的领导层已经看到了仍坚持温和的路线是不可能的了。1916年11月4

[1] Н.Г.Думова, *Кадетская Партия в Период Первой Мировой Войны и Февральской Революции*, М.,1988, с.58.

[2] 杜立克：《俄国自由主义反对派与1917年二月革命》，载《内蒙古大学学报（人文社会科学版）》2002年第3期，第48页。

[3] П.Н.Милюков, *История Второй Русской Революции*,М.:Российская политическая энциклопедия, 2001, с.30.

[4] М.Палелог, *Царская Россия во Время Войны*, М.Пг, 1923, с.154.

日，立宪民主党的智囊人物科科什金在给米留科夫的信中建议他采取果断措施反对政府，“在杜马中应发表一些毫不留情地批评总的行政进程的强有力的讲话，然后杜马应表示出对政府的不信任……表示对政府的不信任就是要在实际中实现责任内阁的思想……”[1]同时他指出，社会力量的一致是成功的重要条件，他建议作为进步同盟主要领导人的米留科夫同社会组织的领导人李沃夫等保持经常的联系以取得这种一致[2]。在这种情况下，在立宪民主党内甚至出现了要求“同其他民主派政党接近”[3]的呼声。

正是在国内和党内不满情绪的压力下，米留科夫于1916年11月14日发表了著名的长篇演说，公开谴责政府背叛民族利益，并暗示皇后与此有关。他在发言中慷慨激昂地问道：“这算什么，是愚蠢，还是卖国？”[4]并宣称：“我们对这个政权能否引导我们走向胜利已失去信心，因为我们所做的纠正它、改善它的所有尝试都没有成功。”“在我们和这个政权之间，鸿沟正在扩大并变得不可逾越。除了争取现政府垮台之外，我们今天没有任何别的任务。”“为了数百万牺牲的生命，为了流淌成河的鲜血，为了我们对于把我们派到这里来的人民所承担的责任，我们将斗争到底，直到政府负起责任为止。”[5]

米留科夫的讲话在全国引起了极大的反响，米留科夫后来回忆说：“仿佛脓包被捅破了，露出了恶根。”[6]当时报刊检查机关禁止公布讲话，但讲话的原文还是得到了广泛的传播，1916年11月16日舒尔金写道：米留科夫的讲话“已经赫赫有名了”，而且“特别是因为其被报刊检查机关查禁”[7]。米留科夫的讲话符合了广大人民群众的革命情绪，提高了立宪民主党人的威信。正如暗探局所指出的：“立宪民主党人

[1] Н.Г.Думова, *Кадетская Партия в Период Первой Мировой Войны и Февральской Революции*, М.,1988, с.76.

[2] Н.Г.Думова, *Кадетская Партия в Период Первой Мировой Войны и Февральской Революции*, М.,1988, с.77.

[3] А.Я.Аврех, *Распад третьеиюньской системы*, М., 1986, сс.219-232,120.

[4] ［苏］萨姆索诺夫《苏联简史》第1卷下册，生活•读书•新知三联书店1977年版，第496页。

[5] П.Н.Милюков, *Воспоминания*, т.2, М.:Современник, 1990, с.237.

[6] П.Н.Милюков, *Воспоминания*, т.2, М.:Современник, 1990, с.238.

[7] Н.Г.Думова, *Кадетская Партия в Период Первой Мировой Войны и Февральской Революции*, М.,1988, с.76.

最近获得了意想不到的政治影响，而它的领袖成了当代的真正英雄”[1]。米留科夫的讲话迫使施蒂梅尔辞职，同时也煽起了人民的反政府情绪，这后来被很多人认为是发出了导致革命的信号[2]。

总之，革命前夕，国家杜马、国务会议、地方自治机关甚至部分贵族和皇室成员都提出了改革国家管理体制、至少是建立享有国家信任内阁的要求。诚如后来别尔嘉耶夫所指出的那样：“1917 年 2 月前夕，除了一小部分高级官僚和宫廷官员外，所有的社会阶层如果说原则上不反对君主制，那么也反对君主，特别是皇后。”[3] 但沙皇尼古拉二世在 1905 年革命的压力下颁布宣言，设置国家杜马、改组国务会议后，不想做进一步的改革，不想进一步限制专制政权，不想建立责任内阁，不想向国家杜马让步，甚至在极右翼势力的影响下时常有收回 1905 年革命中失去的权力，把杜马变成咨议机构的念头，为杜马的活动设置障碍。沙皇置国家杜马、国务会议、社会组织以一些家族成员的改革管理体制的呼声于不顾，从而加剧了沙皇政权的全面危机，最终将俄国推向了革命。

---

[1] Н.Г.Думова, *Кадетская Партия в Период Первой Мировой Войны и Февральской Революции*, М.,1988, с.77.

[2] Н.Г.Думова, *Кадетская Партия в Период Первой Мировой Войны и Февральской Революции*, М.,1988, с.78.

[3] Е.Д.Черменский, Ⅳ *Государственная Дума и Свержение Царизма в России*, М., 1976, с.224.

第十章　俄国近代自由主义的衰落及其原因分析

在1917年的二月革命中，自由主义政党掌握了国家政权。然而，盛极而衰，仅仅在8个月之后，它们便被赶下了政坛。不久，立宪民主党人便被宣布为“人民的敌人”，自由主义者被迫转入地下，而1918年1月“转瞬即逝”的立宪会议宣告俄国自由主义作为一种政治运动退出了俄国历史舞台。自由主义者选择的通过和平、渐进的方式用资本主义精神改造俄国的道路走向了终结。自由主义运动在达到成功的顶点之后迅速走向衰落的个中缘由，值得玩味。

一、从二月到十月：自由主义运动盛极而衰

在对俄国1917年二月革命的研究中，苏联学术界对包括立宪民主党在内的资产阶级政党一般都作否定的介绍和评价[1]，而一些西方学者则比较强调这一政治力量对革命的领导作用[2]。大量的证据已经表明，二月革命不是按照某个政党的既定计划有组织地进行的，而是一场自发的人民革命[3]。但没有哪个俄国政党直接准备和发动了这次革命，并不意味着各个政党对革命的发生、发展毫无作为，事实上，各个政党在革命前后的活动都有意无意地加快了革命的成熟和向纵深发展。就立宪民主党人而言，他们自1916年以来日益激烈的反政府言论在一定程度上为革命的爆发创造了

[1]　В.Л.Харитонов, К Вопросу Изучения на Современном Этапе Проблемы Гегемоний Пролетариата во Второй Российской Революции, *История СССР*, 1987(2).

[2]　[俄]德·阿宁编：《克伦斯基等目睹的俄国一九一七年革命》，生活·读书·新知三联书店1984年版，第42—43页；[美]H·斯图尔特·休斯：《欧洲现代史》，商务印书馆1984年版，第116页。

[3]　参见姚海：《第一次世界大战与十月革命的发生》，载《外国问题研究》1988年第1期，第34页。

条件；革命开始后，他们的活动客观上加快了沙皇制度的崩溃；而他们之所以掌握了政权，不仅在于他们的组织性，还因其在俄国解放运动的长期过程中以及二月革命中所起的作用而受到群众的轻信和小资产阶级政党的支持。换言之，立宪民主党虽然是主张改良而反对革命的，但他们同沙皇政权的矛盾及其利用革命运动向政府施加压力的策略又使他们对革命进程产生了独特的影响。可以说，历经300多年的罗曼诺夫王朝，在短短几天之内便土崩瓦解，这与立宪民主党所做的种种努力是分不开的。

首先，作为沙皇政府公开的反对派，立宪民主党的活动对于俄国人民反政府情绪的凝聚和发展也起了推波助澜的作用。

二月革命前夕，立宪派政党走的是一条介于顽固的保皇派和激进的革命派之间的中间道路。他们一方面促使国家制度进一步向西方式的立宪方向发展，以便自己能更广泛、更有效地参与政权；另一方面则小心翼翼地防止人民革命，希望以改良来缓和社会矛盾。米留科夫明确地表示："自由主义者不愿意并且很害怕在战争时期进行革命性的、彻底的变革；但是，当他们看到仍然有人会撇开杜马而选择暴力途径时，他们就开始准备把政变引入平稳的轨道，他们宁愿接受自上而下的政变，而不希望发生由下而上的革命。"[1]但米留科夫的这番话还不能完全概括立宪民主党对革命的态度。在策略上，革命形势或革命可能性仍是立宪民主党反对专制主义的一个意义重大的筹码。立宪民主党的领袖之一马克拉科夫不无道理地指出，多数立宪民主党的领袖"都不害怕革命。一部分人不过是因为不相信有发生革命的可能性，另一部分人则盘算可以利用革命来反对当局，然后再在革命刚开始时就把它扑灭。因为革命的威胁可以迫使当局作出让步，那么，他们就继续玩这张牌，而没有认识清楚他们是在玩火。他们仍旧认为革命者不是立宪制度的敌人，而是'来自左边的盟友'"[2]。

不论出发点如何，立宪民主党在二月革命前反对沙皇制度的民主革命运动中还是具有积极意义的。当时，由于革命政党受到镇压和限制，"有资格社会"的政党和组织在俄国政治生活的表面起着重要作用。立宪民主党利用合法讲坛而发表的反

[1]　[俄]德·阿宁编：《克伦斯基等目睹的俄国一九一七年革命》，生活·读书·新知三联书店1984年版，第58页。

[2]　[俄]德·阿宁编：《克伦斯基等目睹的俄国一九一七年革命》，生活·读书·新知三联书店1984年版，第65页。

对派言行在客观上起了唤醒群众走向革命的作用，尽管其本意并非如此[1]。到了1916年秋，立宪民主党人除对政府进行猛烈的尖锐批评外，一部分人开始积极准备发动政变。到1917年初，政变“阴谋”已在社会上广泛流传。特别引人注目的是，米留科夫等立宪民主党的领袖虽然不赞成政变，尤其是不愿意自己去搞政变，但他们也不准备去制止政变的发生，相反，积极地为一旦政变发生就出来收拾残局而筹划。把政变“阴谋”张扬出去的做法在很大程度上是一种策略，即以政变威胁为手段，迫使沙皇政权做出更大的让步，以便与它达成妥协，进而免除革命之虞。

沙皇政府很清楚，立宪民主党人不是革命者，而且像政府一样不愿革命发生。外交大臣萨宗诺夫在一次秘密会议上曾说：“米留科夫是最伟大的资产者，他最害怕社会革命。”[2]但政府也看到，立宪民主党的行动——不论他们是否愿意——是有利于革命的，因为他们把整个国家制度及国家政治改造的问题提出来讨论并引起了全国的注意。同革命者相比，他们的要求是有限的，但他们的言行损害政府的威信，并且使革命政党更容易掌握群众[3]。沙皇政府的这种看法在很大程度上真实地反映了立宪民主党在二月革命前所起的实际作用。

其次，尽管对革命的到来毫无准备，但革命开始后，他们的活动客观上加快了沙皇制度的崩溃。

战争是革命的加速器。到1916年底，下层的革命运动达到了前所未有的程度。1916年彼得格勒发生了十月大罢工，1917年1月22日发生了一次政治罢工，3月3日普梯洛夫工厂工人举行大罢工，革命运动连绵不断，俄国的革命形势成熟了。3月8日是国际妇女节，彼得格勒许多女工纷纷上街游行，沿途许多人也加入游行队伍。当时没人想到这就是革命的开端，各政党都没有预料到革命会来得如此之快。孟什维克的H• 苏汉诺夫后来写道：“几乎谁也不把二月二十三日在彼得堡开始发生的事当作革命的开始……这一天所发生的运动似乎与前几个月的运动很少有什么区别。

---

[1] А.Я.Аврех, Документы Департамента Полиции как Источник по Изучению Либерально-Оппозиционного Движения в Годы Первой Мировой Войны, *История СССР*, 1987(6), сс.39,35.

[2] *Архив Русской Революции*, Т.18, Берлин,1926, с.118; П.Милюков, *Россия на Переломе,*Т.1, Париж, 1927,с.67.

[3] 姚海：《近代俄国立宪运动的源流》，四川大学出版社1996年版，第191页。

这种骚动在当代人的眼前已经发生过好几十次了。”[1] 立宪民主党人也对二月革命的发生表示惊奇。盖森后来回忆说：“虽然空气中充满了革命的预感和预示，而且革命一天天地越来越被描绘成是不可避免的，但谁也没有认清它的面孔。”[2] 直到 3 月 10 日，在立宪民主党的中央委员会上，虽然形势很紧张，但却没有讨论政治问题，而只是通过了一个要求尽快地把彼得格勒的粮食事务交给城市地方自治局的决议。可见，立宪民主党当时对革命毫无准备。

革命的突然发生使杜马措手不及，杜马“对革命的爆发完全没有准备，也没有为它的实现制定任何计划、成立任何组织”[3]。尽管当时的部分起义者确实将杜马看成是革命的合法中心[4]，但杜马却不想领导革命，还试图说服沙皇让步，但得到的回答却是沙皇解散杜马的命令。于是，杜马领导人经过一番犹豫之后，便决定“起义”——建立了一个国家杜马临时委员会，其任务就是“恢复秩序和同官方及个人谈判”[5]。革命形势的发展迫使杜马起了一种不自觉的领导工具作用。正如卢森堡所说的，第四届杜马作为“政变所产生的最反动的四级选举权的最反动的产物，却突然变成了一个革命的机关”[6]。无疑，大多数立宪民主党人是反对革命的，但他们为争取主动而被迫采取的行动客观上对革命的冲击力量具有加强作用。不可否认，罗将柯一封接一封的电报、杜马委员会承担政府职能的决定、古契科夫和舒尔金面见沙皇敦请其退位的做法、罗将柯等人关于君主制已无法实行的结论，这些都在事实上加快了沙皇制度的崩溃[7]。1917 年 3 月 14 日和 15 日，先后有 3 500 名军官通过决议，“一致承认国家杜马临时委员会的权力”[8]。军队接受革命，支持国家杜马临时委员会，

---

[1] [俄]德·阿宁编：《克伦斯基等目睹的俄国一九一七年革命》，生活·读书·新知三联书店 1984 年版，第 115—116 页。

[2] Н.Г.Думова, *Кадетская Партия в Период Первой Мировой Войны и Февральской Революции*, М.,1988, с.93.

[3] *Архив Русской Революции*,Т.6, Берлин, 1922, с.5; П.Милюков, *Россия на переломе,*Т.1, Париж, 1927,сс.46-47.

[4] 内蒙古大学历史系世界史研究室编：《世界史研究文集》，内蒙古大学出版社 1989 年版，第 254 页。

[5] 内蒙古大学历史系世界史研究室编：《世界史研究文集》，内蒙古大学出版社 1989 年版，第 254 页。

[6] 中央编译局：《国际共运史研究资料》（卢森堡专辑），人民出版社 1981 年版，第 63 页。

[7] 姚海：《近代俄国立宪运动的源流》，四川大学出版社 1996 年版，第 208 页。

[8] 内蒙古大学历史系世界史研究室编：《世界史研究文集》，内蒙古大学出版社 1989 年版，第 255 页。

这与占临时委员会多数的立宪民主党人的宣传工作是分不开的。革命后，立宪民主党人为稳定军队做了大量的宣传。3 月 13 日，米留科夫在一天内不止一次地向军队发表讲话，号召士兵"与军官保持一致"，"不一致就会化为齑粉"，"找到自己的军官，等待临时委员会的命令"[1]。另外，委员会还通过了一项措施，制止给工人散发武器。这些号召无疑对稳定效忠沙皇的军队起了不小的作用，避免了更大的社会动乱，使得俄国第二次资产阶级民主革命以较和平的形式完成了。作为反对专制主义的重要力量，立宪民主党在人民革命违背其意愿真的到来时，不得不屈从于革命的目标，从而以自己的方式参与和影响了革命进程。

再次，利用已有优势，积极争取资产阶级和普通群众的支持，顺利接管政权。

如果说罗曼诺夫王朝的终结是人民革命的成果，那么以立宪民主党为核心的自由派掌握政权则主要是由于它得到了群众的轻信和小资产阶级政党的支持，而这种轻信和支持又是和立宪民主党在争取俄国政治解放的斗争中起过的作用和最终在形式上参与革命的姿态联系在一起的[2]。从 1916 年危机表面化之后，立宪民主党日渐强硬的反政府立场为它赢得了声誉，它的纲领和目标适合了广大小资产阶级的心理和要求，而被卷入二月革命的人群大多数是小资产阶级，这个"汹涌的小资产阶级浪潮吞没了一切，它不仅在数量上而且在思想上压倒了觉悟的无产阶级，就是说，用小资产阶级的政治观点感染了和俘虏了非常广大的工人群众"[3]，从而决定了革命的面貌。米留科夫在他负责起草的临时政府的宣言中承诺，未来临时政府将遵循以下原则：立即赦免政治犯；实行言论、出版、结社、集会和罢工的自由；取消阶级、等级和民族的限制；立即准备根据普遍、平等、直接、秘密原则选举召开立宪会议，以制订宪法和确定管理形式；以隶属于地方自治机关的民警取代旧警察；按四项原则选举地方自治机关；不解除参加革命的部队的武装，也不把他们调离首都；士兵享有一切公民权利[4]。这些内容体现了一般资产阶级民主的精神，是资产阶级立宪派和小资产阶级民主派联盟的基础。此外，以立宪民主党为核心的自由派能够组织政

---

[1] Н.Г.Думова, *Кадетская Партия в Период Первой Мировой Войны и Февральской Революции*, М.,1988, с.97.

[2] 姚海：《近代俄国立宪运动的源流》，四川大学出版社 1996 年版，第 209 页。

[3] 《列宁选集》第 3 卷，人民出版社 2004 年版，第 41 页。

[4] [俄] 德·阿宁编：《克伦斯基等目睹的俄国一九一七年革命》，生活·读书·新知三联书店 1984 年版，第 107 页。

府还在于他们早在革命前就已为掌权做了准备。如前所述，自由派在国家杜马中居于举足轻重的地位，并且拥有一个从中央到地方的广泛机构网，如全俄地方和城市自治联合会，以及遍布全国的地方自治机关、城市杜马、国民教育机关等[1]。

尽管立宪民主党没能阻止革命的发生，但在“政权几乎就在街上摆着”的情况下却利用他们在杜马中的优势接管了政权。在经过一系列的斡旋活动和一番讨价还价之后，临时政府于1917年3月15日成立了，自然它是以立宪民主党人为主体的政权。参加政府的11名成员中除了1个劳动团分子外，有8个是立宪民主党人及其追随者，2个是十月党人[2]。立宪民主党的领袖米留科夫虽为外交部长，实为临时政府的实际领袖。立宪民主党人制定了临时政府的内政外交政策，奠定了临时政府整个时期内政外交政策的基础。从政治斗争的中心问题是争夺国家政权的角度来讲，此时作为社会运动的俄国自由主义毋庸置疑进入了其发展史上的鼎盛时期。

二月革命后，虽然形成了两个政权——临时政府和彼得格勒工兵代表苏维埃——共存的局面，但是临时政府却是“主要的、真正的、实际的、掌握全部政权机关的”[3]政府。在掌握着政权的自由主义政党中，立宪民主党发挥着主导作用。这个党不仅人数较多，组织良好，有较丰富的政治经验和理论上的优势，而且既不像十月党那样是贵族地主的党，也不像进步党那样是大资产阶级的党，因此在群众中拥有广泛的影响。理所当然，二月革命后立宪民主党成为最活跃的自由主义政党，在第一届临时政府中占了绝对优势。以立宪民主党人为主体的临时政府一方面展开了广泛的宣传工作以巩固政权，另一方面也开始着手推行一系列的政治、经济、民族方面的新政策。

首先在政治上，1917年3月19日，临时政府发布了告俄国公民书，答应给俄国公民一系列政治自由，许诺着手筹备召开立宪会议解决国家的一切大事；宣布用人民警察代替旧警察[4]。4月25日临时政府又颁布了集会、结社自由的法令，给各行各业集体结社自由，但须经司法机关登记后才承认其合法。这样，包括布尔什维克在内的各政党的活动合法化了。二月革命后，俄国的自由民主气氛相当浓厚。列宁

[1] 姚海：《近代俄国立宪运动的源流》，四川大学出版社1996年版，第209页。

[2] 《苏联百科词典》，中国大百科全书出版社1986年版，第338页。

[3] 《列宁全集》第29卷，人民出版社1985年版，第153页。

[4] *Большая Советская Энциклопедия*, М.:издательствосоветская энциклопедия, т.5, 1971, с.431.

就说过，俄国是世界上各交战国中最自由的国家，没有用暴力压迫群众的现象[1]。但在立宪会议问题上，临时政府虽在3月16日的声明中表示将立即着手召开立宪会议的准备工作，并于4月7日公布了成立专门委员会以制订有关立宪会议的法律的决定，但担任这个专门委员会主席的立宪民主党领导成员之一的科科什金却认为，在召开立宪会议之前，首先须要完成一系列极其复杂的工作，如制订选举法、建立地方选举机关、编制选民名册等。此外，还应"有时间进行选举宣传，以便居民能以觉悟的态度对待选举"。他的结论是："立宪会议未必能在夏末秋初之前召集。"[2]立宪民主党人之所以力图推迟立宪会议的选举和召开，这主要是因为他们担心立宪会议将削弱他们目前已经掌握的权力。正像他们所承认的那样，"事情归结为在未来的立宪会议中权力属谁的问题……选举的结果将由亿万农民来决定……立宪民主党人需要争取时间，以便尽可能使自己的党成为农民所熟悉的党。"[3]

与此同时，为了巩固其政权基础，保持同广大小资产阶级的政治联盟，自由主义政党曾在地方政权的组成上做出了妥协让步。二月革命初期，临时政府曾把地方自治机关作为地方政权的唯一基础，一些自由主义理论家把地方自治机关视为最完善的自治形式[4]。但临时政府的这种做法引起了许多地方群众的强烈不满，他们纷纷给临时政府发出信件和电报表示抗议，其理由都是地方自治机关的这些人与旧政权有密切联系，推行反人民的政策[5]。这种形势迫使自由主义政党控制下的临时政府改变对地方自治机关的态度。正如当时的一份报纸所评论的那样："最初，新政权准备依靠地方自治机关。但是，在召开立宪会议之前，显然已不可能以地方自治机关这样不完善的机关来治理自由的国家了。"[6]1917年3月中旬，临时政府决定省和县的政治委员由选举产生。不久，根据临时政府的指示，社会执行委员会取代地方自治机关成为地方政权的重要基础。在地方政权组成问题上的让步也许是自由主义

[1] 《列宁选集》第3卷，人民出版社1995年版，第14页。

[2] Н.Г.Думова, *Кадетская Партия в Период Первой Мировой Войны и Февральской Революции*, М., 1988, с.139.

[3] W.S.Moss, The February Regime : Prerequisites of Success, *Sov.Study*, vol.19, 1967(1), p.104.

[4] 姚海：《近代俄国立宪运动的源流》，四川大学出版社1996年版，第213—214页。

[5] Г.А.Герасименко, Земства в Февральской Буржуазно-Демократической Революции, *История СССР*, 1987 (4), сс.78-79.

[6] Г.А.Герасименко, Земства в Февральской Буржуазно-Демократической Революции, *История СССР*, 1987 (4), с.85.

在二月革命后为争取真正人民的民主主义的支持而做出的最重要的努力。自由主义领导集团甚至不得不在一定程度上放弃了自己的传统，削弱了自己与地方自治机关的联系[1]。

其次，在经济问题上，立宪民主党人主张在私有制原则的基础上发展个人首创精神，明确反对向社会主义经济制度过渡，并号召广泛地引进外资。马努依洛夫在立宪民主党第九次代表大会的报告中强调说："我们应当公开大声地说，国民经济的发展应建立在个人首创精神自由的基础上。我们应当说，在工业领域及土地纲领中不应否认个人所有制"[2]。在1917年夏，临时工商部长斯捷潘诺夫指出："临时政府坚定地认为，把现存的经济制度改变成社会主义经济制度无论是现在还是战后都是不可能的。社会主义应建立在全国强大的组织性基础上，这在俄国是没有的，建立在生产力十分发达的基础上，俄国的生产力实质上还没有得到相应的利用。最后，在一个国家范围内向社会主义的过渡甚至也是不可能的。"斯捷潘诺夫号召广泛地吸引外资，他说："没有外国的支持，我们也就无法解决一些恢复和发展国家生产力的大问题。""我们应当努力把外国资本吸引到我们这里来，丰富我们国民经济的最重要部门。""我们生产力的巨大发展不吸引外资，不为外资创造有利的条件是不可想象的。不仅在经济萧条的威胁下，而且在经济作物衰败的威胁下俄国不可能，也不应当放弃外来资本的援助。"[3]斯捷潘诺夫的主张符合立宪民主党人大多数政治活动家的意思，他们都认识到了俄国的落后性，从而想利用外资，开发俄国的丰富资源，使俄国在西方的技术条件的基础上迅速发展，赶上先进资本主义国家。不过，在当时的历史条件下，立宪民主党提出这种主张部分地是出于战争目的考虑的。因为，当时的俄国经济已处于崩溃的边缘，无力再继续进行战争，要想把战争进行到底，当然要求助于西方的经济援助。诚如拉吉契夫在第七次代表大会上所言："没有巨大的信贷，我们就无法进行生活和战争。"[4]

---

[1] 姚海：《近代俄国立宪运动的源流》，四川大学出版社1996年版，第214页。

[2] Н.Г.Думова, *Кадетская Партия в Период Первой Мировой Войны и Февральской Революции*, М.,1988, с.133.

[3] Н.Г.Думова, *Кадетская Партия в Период Первой Мировой Войны и Февральской Революции*, М.,1988, с.133.

[4] Н.Г.Думова,*Кадетская Партия в Период Первой Мировой Войны и Февральской Революции*,М,1988,с.134.

而在人民倍加关注的土地问题上，自由主义政权虽承认它的重要性，但没有采取实际措施。临时政府承认，“土地改革是全国农民祖祖辈辈的宿愿，也是各民主党派的纲领中最基本的要求”[1]，但在实际上却竭力延缓这个问题的解决。1917年3月26日和3月29日，临时政府颁布了将皇族土地和皇室领地收归国有的法令。但是，整个土地问题，立宪民主党把它推到立宪会议上去解决。自由主义者担心，在战争条件下触动那些正在前线作战的军队上层的利益，可能会对战局和政局产生重大影响。而且，在大量农民还在前线的情况下着手解决土地问题，将导致前线的瓦解和普遍的无政府主义[2]。在立宪民主党3月代表大会上，阿·科尔尼洛夫代表中央所作的土地问题的报告中强调，解决土地问题的最基本原则是“到战争结束之后”。报告指出，在战争仍在继续、农民仍在前线的情况下，实行根本的土地改革是困难的。立宪民主党机关报《言语报》发表文章说：“应向农民解释，只要一召开立宪会议……就将在立法程序中提出土地问题，农民就将得到土地。”[3] 事实上，在临时政府执政时期，既未召开立宪会议，也没有解决土地问题。相反却对农民夺取土地的斗争采取了镇压的措施，因为在他们看来“土地问题不能使用任何夺取的办法来解决，暴力和掠夺是经济关系中最恶劣而又最危险的手段”[4]。事实上，正如米留科夫所说，当时党内“由立宪派地主组成的一派总是较强大的”[5]，许多党的领袖本身就是土地所有者，他们不可能提出对自己不利的彻底的土地纲领。

至于工人问题，立宪民主党人仍坚持自己以前的主张。一方面要通过立法途径推行八小时工作制，但在实际上反对立即实现，理由是战争时期减少工时将影响生产、危及国防。临时政府“号召所有社会阶级表现出特别的劳动热情，暂时忘却个人的、集团的和阶级的利益”。米留科夫在接见军队代表时说：“我们相信，工人们将会懂得紧张劳动的必要性。”罗季切夫也宣称：“善于为了政权而约束自己，这就是

[1] [苏]萨姆索诺夫：《苏联简史》第2卷上册，生活·读书·新知三联书店1976年版，第12页。

[2] Н.Г.Думова, *Кадетская Партия в Период Первой Мировой Войны и Февральской Революции*, М., 1988, сс.129-130.

[3] Н.Г.Думова, *Кадетская Партия в Период Первой Мировой Войны и Февральской Революции*, М.,1988, с.131.

[4] [苏]萨姆索诺夫：《苏联简史》第2卷上册，生活·读书·新知三联书店1976年版，第12页。

[5] Н.Г.Думова, *Кадетская Партия в Период Первой Мировой Войны и Февральской Революции*, М.,1988, с.130.

共和国无产阶级的首要任务。”[1] 由于工人阶级的顽强斗争，在有些地方也确立了八小时工作制，如彼得堡。米留科夫对既成事实也往往就默许了，做出了妥协。他后来说：“大家记得，立宪民主党的最高纲领通常也是不可避免的妥协的结果，妥协以不完全丧失与‘同志’的共同之处为目的。”[2] 临时政府还断然反对在工厂实行工人监督，它认为，“在各企业建立财政和行政监督的特别机构的想法应该抛弃，因为这在俄国条件下具有明显的乌托邦性质。”对于工人提出的增加工资的要求，政府认为必须优先考虑“国家利益”，要求工人“满足于保证供应最低限度的生活资料”、“坚持拒绝舒适和奢侈的需求”[3]。

再次，在民族问题上，尽管临时政府中的某些人，主要是立宪民主党人只赞成“自由的民族文化自决”，而反对民族的政治自决。立宪民主党内的部分非俄罗斯人曾要求在党的纲领中确认非俄罗斯民族建立独立的民族国家的权利，结果引起了中央委员会的“一致愤慨”，他们的主张被认为是“纯粹的幻想”，并遭到嘲笑。但二月革命后不断发展的民族解放运动迫使立宪民主党人承认民族问题是“燃眉之急”。党的第八次代表大会通过决议，表示要在经济和文化生活方面向省或州的自治机关提供自治权，但同时为中央政权保留了监督其活动乃至取消其决定的权力[4]。非俄罗斯民族的代表激烈反对这个方案。乌克兰代表布坚科声称，报告人如果在基辅发表这样的意见，他就会被作为俄罗斯沙文主义者而轰下讲台。但米留科夫坚持认为，在一个国家中划分出“主权独立的单位”是不可能的，即便是诸如扩大立陶宛和乌克兰的权力这类问题也必须由立宪会议来解决。但在当时革命洪流的冲击下，在苏维埃的压力下，立宪民主党人也不得不从自己原来的主张后退，决定给予波兰完全独立的地位；承认芬兰在俄罗斯联邦内的独立地位；允许爱沙尼亚自治。

由上可知，立宪民主党人在主持第一届临时政府时，虽然制定了一系列的政治经济改革措施，但二月的人民革命已在事实上超越了自由主义政党的纲领，以致在

[1] Н.Г.Думова, *Кадетская Партия в Период Первой Мировой Войны и Февральской Революции*, М.,1988, с.136.

[2] Н.Г.Думова, *Кадетская Партия в Период Первой Мировой Войны и Февральской Революции*, М.,1988, с.136.

[3] Н.Г.Думова, *Кадетская Партия в Период Первой Мировой Войны и Февральской Революции*, М.,1988, с.137.

[4] Н.Г.Думова, *Кадетская Партия в Период Первой Мировой Войны и Февральской Революции*, М.,1988, с.139.

自由主义运动中居于左翼的立宪民主党的主张，在革命后也难以被群众接受了。立宪民主党领导人之一阿·科尔尼洛夫说，我们党处在十分可笑的状态之中，“我们不仅取得了我们纲领中规定的全部东西，甚至还取得了此外更多的东西。”著名的左翼立宪民主党活动家曼德里施塔姆后来指出，二月革命“事实上把我们变成了一个落后于时代的党”[1]。纳博科夫也认为，立宪民主党没有为解决一系列迫切问题作好准备，结果只能被迫“匆忙地即兴处理一切”[2]。由于推迟实现民主革命的社会经济政治目标，自由主义政党与人民群众的关系发生了逆转。更致命的是，在当时俄国所面临的最迫切的战争问题上，自由主义政党的政策完全违背了人民的意愿。

临时政府成立不久，米留科夫就以外交部长的身份发表了“全体人民愿将世界大战进行到彻底胜利”[3]的照会。米留科夫表示，政府将不改变对外政策，“政府坚信，全民族的同仇敌忾将十倍地增强它的力量，并使新生的俄罗斯及其英勇盟国的最后胜利时刻更加临近。”[4]他一厢情愿地认为，革命“之所以发生是因为旧的沙皇制度不能引导我们走向胜利”，也是“为了清除俄罗斯走向胜利道路上的障碍”。他强调，“也许正是由于战争，我们还能勉强维持着这一切。如果没有战争，一切会很快垮台。”[5]可以说，米留科夫“把自己的所有希望寄托于爱国主义的凝聚作用上……在他看来，只有战争的胜利才是可能把所有俄罗斯人联合起来的共同目标”[6]。

1917年4月9日，临时政府在苏维埃的压力下被迫发表告公民书、对战争问题表态，宣布放弃战争的帝国主义目的、争取不割地不赔款的和平。但这仅仅是一纸空文而已。当时，有不少自由主义者已经预见到俄国将会在战争中失败，但还是主张继续进行战争。例如，阿斯特罗夫在8月中旬的立宪民主党中央会议上就说：“不能结束战争。但对于俄国来说战争已经结束。我们已处于崩溃状态。我不相信会有

[1] 姚海：《近代俄国立宪运动的源流》，四川大学出版社1996年版，第220页。

[2] Н.Г.Думова, *Кадетская Партия в Период Первой Мировой Войны и Февральской Революции*, М.,1988, с.142.

[3] Н.Г.Думова, *Кадетская Партия в Период Первой Мировой Войны и Февральской Революции*, М.,1988, с.28.

[4] Н.Г.Думова, *Кадетская Партия в Период Первой Мировой Войны и Февральской Революции*, М.,1988, с.143.

[5] [俄]德·阿宁编：《克伦斯基等目睹的俄国一九一七年革命》，生活·读书·新知三联书店1984年版，第163页。

[6] T.Riha, *Russian European:Paul Miliukov in Ruaaian Politics*, New York., 1969, pp.310-313.

奇迹出现。”他在多年之后仍然认为，“米留科夫和他的朋友们预见到了悲剧，他们预见到了战争的悲惨结局。”[1] 既然如此，自由主义者为什么坚持战争政策呢？阿斯特罗夫的解释是“俄罗斯的荣誉和尊严不容许宣布同盟国的条约只是一纸空文。”[2] 当时，协约国各国驻俄国的大使确实对临时政府施加了巨大压力，要求俄国继续进行战争。而且有不少自由主义者都认为，英、美、法等盟国对于俄国建立和巩固新制度的事业具有重要意义，而如果盟国失败，就可能导致旧制度在俄国复辟。此外，出于巩固中央政权和加强军队指挥机构威信的考虑，自由主义者也倾向于选择继续战争的政策。立宪民主党人非常担心，由于结束战争而开始的军队复员将对国内政治力量的对比关系产生重大影响，有可能削弱临时政府的地位。

但是，自由主义者没有认识到，战争给俄国人民带来了巨大的灾难，使其经济处于崩溃的边缘，全国已充满对战争的疲惫感和不满情绪，继续战争的政策不符合俄国人民的愿望。自由主义政党在战争问题上的立场所产生的政治后果，就是使自己逐渐失去民心。1917 年 5 月 1 日，米留科夫在给盟国的照会中仍然宣称，俄国将与盟国同心同德，把战争进行到胜利。此事引起了 5 月 3 日和 4 日首都士兵和群众的抗议浪潮，从而导致了自由主义政府的第一次危机。米留科夫和古契科夫被迫辞职。

从 1917 年 2 月到 10 月，在战争问题上的不同态度对于各党派群众影响力的消长具有决定性意义，从而对政治局势的发展起着主导作用。可以认为，坚持战争政策是自由主义政党失败的主要原因。“有产阶级不愿放弃‘把战争进行到胜利’的乌托邦口号，从而导致了俄国革命的逻辑结局”，这“实际上就是他们的墓志铭”[3]。对此，一些自由主义者在十月革命后也表示认同。阿斯特罗夫说：“在宣布将结束战争之后，布尔什维克便掌握了革命进程。”克柳契尼科夫认为：“革命开始时我们都不明白，俄罗斯已无力再战……结果把王牌交到了布尔什维克手中。”纳博科夫也指出：“如果在最初几个星期就明确认识到战争对俄国来说已是无望地结束了，

[1] Н.Г.Думова, *Кадетская Партия в Период Первой Мировой Войны и Февральской Революции*, М., 1988, сс.143-144.

[2] Н.Г.Думова, *Кадетская Партия в Период Первой Мировой Войны и Февральской Революции*, М.,1988, с.144.

[3] W.H.Chamberlin,*The Russian Revolution,1917-1921*, New York.,1954, Vol.1, p.326; J.A.Carmichael, *A Short History of the Russian Revolution*, New York., 1964, p.158.

继续战争的一切尝试都不会有任何结果……悲剧也许还能防止。”[1]

四月危机之后，立宪民主党内部在是同民主派政党合作、以联合政府形式维持资产阶级政权，还是同右派结盟、建立军事专政并结束革命的问题上出现了分歧。当时米留科夫认为：“革命已脱离轨道，其下一步发展我们已无法控制……我们再不能把自己同革命联系在一起，而要准备力量同它斗争。”[2] 但多数中央委员不同意这种不妥协态度。最后经过激烈的争论，中央决定加入联合政府。1917 年 5 月 19 日，组成了自由主义者和温和的社会主义者的联合政府。此后，俄国便进入了联合临时政府时期。在三届联合临时政府中立宪民主党的成员逐步减少，不过，第一届临时政府的政策方针在三届联合临时政府中仍得到推行，立宪民主党成员在很大程度上仍对政府的活动有一定的制约作用。比如，在第一届联合政府成立时，立宪民主党人提出的要求虽没有被完全接受，但正如当时的《言语报》所说的，毕竟被“模糊地”考虑到了[3]。再如，在第一次全俄苏维埃代表大会期间，社会主义部长们就政府的活动做了报告，米留科夫后来满意地说，他们是“在按立宪民主党的方式讲话”[4]。到第三届联合临时政府时，一批立宪民主党人又被邀请担任要职。正如维纳维尔所证明的，第三届联合内阁和立宪民主党的领导核心共同制定了内政外交方面的政府方针[5]。

立宪民主党人在政府里保持的这种表面的强势与风光让很大一部分立宪民主党人甚至他们的领袖如米留科夫等对形势做出了错误的评估。他们认为俄国革命已经结束，应进行和平建设了，并把自己在第一届临时政府中的失败归于对杜马的忽视，因此便把主要精力用在了人民漠不关心的市政选举上。尽管他们付出了不懈努力，可收效甚微。在 1917 年 5—6 月举行的城市杜马选举中，立宪民主党在彼得格勒和

[1] Н.Г.Думова, *Кадетская Партия в Период Первой Мировой Войны и Февральской Революции*, М.,1988, c.148.

[2] Н.Г.Думова, *Кадетская Партия в Период Первой Мировой Войны и Февральской Революции*, М.,1988, c.152.

[3] Н.Г.Думова, *Кадетская Партия в Период Первой Мировой Войны и Февральской Революции*, М.,1988, c.155.

[4] Н.Г.Думова, *Кадетская Партия в Период Первой Мировой Войны и Февральской Революции*, М.,1988, c.157.

[5] Н.Г.Думова, *Кадетская Партия в Период Первой Мировой Войны и Февральской Революции*, М.,1988, c.208.

莫斯科的得票率分别为16.8%和21.9%，而在第四届杜马选举时，它在这两个城市的得票率曾高达60%左右[1]。米留科夫不得不承认，城市杜马选举从政治角度来看是可悲的。究其根源，主要在于立宪民主党所提的建议和主张太过琐碎而对人民最迫切要求解决的和平、土地、面包问题避开不谈，殊不知“居民中广大阶层的选民对城市管理、政党纲领的区别、在策略方面政党斗争的总问题不感兴趣，选民想知道的是将怎样为他们解决土地和劳动问题”。正如莫斯科地区委员会在报告中所强调指出的那样：立宪民主党宣传破产的原因就是“广大居民不清楚党在土地问题方面的立场”，毕竟“土地口号对广大群众来说是最有利害关系和最有诱惑力的”。而立宪民主党的策略只能使人民群众把它“仅当作资产阶级政党”，认为它“不是人民权力的捍卫者，而是敌视、或至少是对人民的利益漠不关心的党”[2]。

尽管选举失败，但立宪民主党人并未善罢甘休，仍在寻找掌握政权的途径。经过屡次失败的打击之后，他们决定以武力结束工农革命运动和取缔他们的政治组织，走上了建立军事专政之路。在他们看来，“现在能够拯救俄国的唯一的政权是专政……不管谁成为专政者，但只要军事力量从属于他，他能以军事力量战胜汹涌的自发势力，他就可以被接受，就合乎要求。”[3]可以说，立宪民主党的部分领导人对政变的支持和参与，加快了立宪民主党乃至整个自由主义运动走向政治衰落的过程。

立宪民主党人开始同各种军事组织的军官建立私人联系，不断接触[4]。1917年6月初，米留科夫同海军上将高尔察克讨论了建立军事专政的可能性问题，也同军队和舰队军官联盟建立联系。在同军人的接触过程中立宪民主党人最后选择了科尔尼洛夫。科尔尼洛夫是彼得格勒军区司令。他制定了一套包括在前线和后方采用死刑，在后方地区实行军事专政，毫不留情地镇压布尔什维主义的“整顿军队”的纲领，因此深受立宪民主党人的赏识。1917年8月3日，同科尔尼洛夫关系密切的B•B•萨文科夫详细地向米留科夫介绍了建立军事专政的斗争纲领，受到了米留科夫的赞扬。

1917年8月上旬，在莫斯科召开了所谓的社会活动家代表大会，借此机会自由

[1] 姚海：《近代俄国立宪运动的源流》，四川大学出版社1996年版，第222页。

[2] Н.Г.Думова, *Кадетская Партия в Период Первой Мировой Войны и Февральской Революции*, М.,1988, с.169.

[3] Н.Г.Думова, *Кадетская Партия в Период Первой Мировой Войны и Февральской Революции*, М.,1988, с.172.

[4] 姚海：《近代俄国立宪运动的源流》，四川大学出版社1996年版，第222—223页。

主义运动的领导人直接同科尔尼洛夫的代表举行会谈，听取了军官联盟总委员会秘书罗任科所作的关于建立军事专政的具体步骤的报告。米留科夫代表立宪民主党发言，表示完全支持大本营制止崩溃和驱散苏维埃的意向。以米留科夫为代表的立宪民主党人的态度让克伦斯基极为不安，他“尖锐地指责了人民自由党，主要是米留科夫”。认为米留科夫在莫斯科“又像反对尼古拉二世一样地组成了一个进步联盟来反对临时政府”[1]。但米留科夫在表示支持的同时，又打算通过克伦斯基的参与，在内阁的庇护下实现政变，反对科尔尼洛夫公开与政府冲突。这一立场得到了其他自由主义政党代表的赞同。正如后来维尔纳茨基所说的：“科尔尼洛夫阴谋的成功完全取决于临时政府的支持。”[2]

1917 年 8 月中旬，立宪民主党举行扩大的中央会议，赞成建立军事专政的情绪在会上占了上风。米留科夫表示，在即将到来的那个革命阶段，临时政府将会垮台，只有军事专政能把俄国从无政府主义中拯救出来，这个专政的第一阶段将是克伦斯基和科尔尼洛夫的双头政治，克伦斯基将在科尔尼洛夫的压力下解散苏维埃[3]。盛加略夫声称：“事情到了末路，因为话语已经无能为力了”，“生活将促使社会和人民接受有关外科手术不可避免的思想”[4]。大多数立宪民主党对科尔尼洛夫的胜利充满了信心，米留科夫乐观地断言，克伦斯基将同科尔尼洛夫妥协，因为他“别无选择”[5]。

然而，立宪民主党人不但错误估计了俄国人民的情绪，而且错误估计了克伦斯基的反应。用米留科夫的话说，“他死死地抓住政权，无论如何也要保住它。”[6]在科尔尼洛夫向政府发出通牒之后，克伦斯基宣布科尔尼洛夫为“反叛”，并请求苏维埃给予支持。而苏维埃又向此时影响已迅速扩大的布尔什维克求援。在布尔什维克和苏维埃的呼吁和组织下，科尔尼洛夫叛乱迅速被平息。

---

[1] Н.Г.Думова, *Кадетская Партия в Период Первой Мировой Войны и Февральской Революции*, М.,1988, с.193.

[2] Н.Г.Думова, *Кадетская Партия в Период Первой Мировой Войны и Февральской Революции*, М.,1988, с.191.

[3] Н.Г.Думова, *Кадетская Партия в Период Первой Мировой Войны и Февральской Революции*, М.,1988, с.199.

[4] 姚海：《近代俄国立宪运动的源流》，四川大学出版社 1996 年版，第 224 页。

[5] Н.Г.Думова, *Кадетская Партия в Период Первой Мировой Войны и Февральской Революции*, М.,1988, с.197.

[6] Н.Г.Думова, *Кадетская Партия в Период Первой Мировой Войны и Февральской Революции*, М.,1988, с.197.

科尔尼洛夫叛乱的失败使俄国政局发生急剧变化，极右翼力量受到毁灭性打击而实际上不能再参与政治角逐，布尔什维克得到了群众越来越多的支持并更加接近政权。米留科夫承认："现在王牌掌握在布尔什维克手中，政治钟摆急剧地转向左边。"[1] 由于同军事叛乱的牵连，立宪民主党名声扫地，立宪民主党人的缩写词"кадет"被许多人看成是科尔尼洛夫分子——"革命的敌人"。甚至一些普通的立宪民主党人也指责自己领袖支持武装暴乱、从根本上背叛了自由主义的基本原则，并因此而退出了立宪民主党，立宪民主党的人数迅速减少。

一些自由主义活动家意识到，回到联合政府的原则，是唯一可能挽救资产阶级政权的道路。纳博科夫等主张联合的立宪民主党人和进步党领导人科诺瓦洛夫参加了 1917 年 10 月 8 日成立的最后一届联合政府，科诺瓦洛夫任副总理兼工商部长。立宪民主党人的实力又有所增强，但已经是强弩之末了。自由主义政党与温和的社会主义政党的联合政府已不能得到人民的信任，他们还没来得及有所作为就为十月革命所吞没了。

总之，在"四月危机"后，自由主义政党曾试图维持同传统的俄国人民的民主主义的联盟，但并未真正了解人民的情绪和意愿。由于其政策没有满足人民的迫切要求，其策略不能适应政治局势的发展，结果在事实上背离了民主革命的方向，失去了人民的信任和支持。而布尔什维克党提出的"面包、自由、和平"+"没收地主的全部土地"的口号使它获得了巨大的力量源泉，它所领导的十月革命的胜利使俄国走上了社会主义的发展道路，自由主义者选择的通过和平、渐进的方式用资本主义精神改造俄国的道路开始淡出人们的视线。

二、1918 年 1 月立宪会议的解散：近代自由主义运动失败的标志

尽管 1917 年 12 月 10 日（俄历 1917 年十一月二十八日）苏维埃政府宣布立宪民主党为"人民公敌"、非法的政党，从而取缔了它 [2]，但从当时俄国的政治发展态

[1] Н.Г.Думова, *Кадетская Партия в Период Первой Мировой Войны и Февральской Революции*, М.,1988, с.204.

[2] 邢广程：《苏联高层决策 70 年——从列宁到戈尔巴乔夫》第 1 分册，世界知识出版社 1998 年版，第 81 页。

势看，立宪民主党人所倡导的议会制道路并没有被完全排除。卢梭曾经明确指出：“实力不产生权力，人们有义务服从的只是合法的权力。”[1]对此，列宁意味深长地指出：1917年3月12日推翻沙皇政权以后，俄国是一个“自由的国家”，“在自由的国家里，管理人民的只是人民自己选举出来的人。在选举时，人民分属于不同的政党，一般都是每一个阶级分别组成自己的政党，例如，地主、资本家、农民和工人都各自组成自己的政党。因此，在自由的国家里，管理人民是通过政党的公开斗争以及它们之间的自由协议来进行的。”[2]很明显，列宁这里所讲的“政党的公开斗争以及它们之间的自由协议”是需要一定的载体的，而这个载体当不外乎于类似“立宪会议”这样的机构。事实上，立宪会议作为俄国早期解放运动时期就已经提出过的奋斗目标，各类革命或改良政党、运动——包括十月革命前的布尔什维克在内——无不视召开立宪会议为俄国社会制度新生的起点。可以说，在当时反对君主专制制度的各种政治组织和派别都赞同自由主义的立宪会议思想。

在二月革命后，社会革命党和孟什维克曾强烈要求临时政府召开立宪会议。他们说，立宪会议应当召开，而且要尽快召开，应当规定日期。这一点他们已经说过200次了，但他们准备说201次[3]。列宁尽管对社会革命党和孟什维克“自愿把国家政权(指彼得格勒工兵代表苏维埃)交给资产阶级及其临时政府，自愿把首位让给临时政府，同它达成支持它的协议，而自己则只是充当监视和监督立宪会议的召开”[4]的行为进行了批判，但是布尔什维克并不反对召开立宪会议，甚至和其他党派一样对临时政府在召开立宪会议这个问题上采取的拖延政策进行了无情的揭露和猛烈的抨击。列宁指出：“对于人民，立宪民主党政府则用种种空洞的托词和诺言支吾搪塞，把对工农来说至关重要的一切问题都推给立宪会议去解决，但是又不确定召开立宪会议的日期。”[5]

可以说，俄共之所以能够在十月革命中夺得政权，在相当程度上依赖于它的政治策略，即它做出的“苏维埃胜利后保证按时召开立宪会议”的允诺。这一策略性

[1] [法]让•雅克•卢梭：《社会契约论》，杨国政译，陕西人民出版社2004年版，第5页。

[2] 《列宁全集》第32卷，人民出版社1985年版，第53页。

[3] 邢广程：《苏联高层决策70年——从列宁到戈尔巴乔夫》第1分册，世界知识出版社1998年版，第78页。

[4] 《列宁全集》第29卷，人民出版社1985年版，第153页。

[5] 《列宁全集》第32卷，人民出版社1985年版，第54页。

的政治允诺表现出了俄共“对来自下面的压力作出反应的能力”和“对群众意见的敏感”，并在这一问题上使俄共获得了群众的支持和认同，“确立了自己作为实现民众目标的最好工具的地位。”[1]托洛茨基在他的著作《从十月革命到布列斯特和约》中，对呼吁召开立宪会议和十月革命这种相依相伴的关系做了准确的描述。他说：十月革命简直是“对立宪会议的挽救”[2]，正像立宪会议挽救了整个革命一样。因此，俄共在以武力“轻易地”赶走了临时政府之后，它必须表现出比临时政府更多的热情和忠诚去拥抱立宪会议，尽管立宪会议不是社会主义的口号。

所以，俄共在取得政权后，就马上宣布立宪会议将如期召开。全俄工兵代表苏维埃第二次代表大会在《告工人、士兵和农民书》中说“将保证按时召开立宪会议”[3]。在《土地法令》中说：立宪会议对伟大的土地改革“作出最后决定”，“地主的田庄以及一切皇室、寺院和教堂的土地，连同耕畜农具、庄园建筑和一切附属物，一律交给乡土地委员会和县农民代表苏维埃支配，直到立宪会议解决了土地问题时为止”[4]。为召开立宪会议，全俄中央执行委员会还特别组建了立宪会议筹备部[5]。这一切无一不表明俄共政权的合法性源自于召开立宪会议的承诺。

但是，立宪会议在俄共的社会主义政治目标中，充其量也不过是一个夺取政权的工具而已。正如有学者评论的那样：“在二月革命后，列宁在《四月提纲》里提出：‘不要议会制共和国’，‘而要从下到上由全国的工人、雇农和农民代表苏维埃组成的共和国’(即工农专政的共和国)时起，立宪会议在未来国家的地位，就大成疑问了。”[6]为了夺取政权，俄共打出了立宪会议的旗帜，从而赢得了民众的支持；而当俄共取得了政权，它也就意欲放弃立宪会议这面不符合“社会主义原则”的旗帜，这只是时间早晚的问题了。我们可以看到，列宁起初想到了推迟立宪会议的召开，

[1] 刘淑春等编：《“十月”的选择——90年代国外学者论十月革命》，中央编译出版社1997年版，第123页。

[2] [德]罗莎·卢森堡：《论俄国革命·书信集》，贵州人民出版社2001年版，第21页。

[3] 《外国法制史》编写组：《外国法制史资料选编》下册，北京大学出版社1982年版，第827页。

[4] 《外国法制史》编写组：《外国法制史资料选编》下册，北京大学出版社1982年版，第833页。

[5] 刘克明、金挥主编：《苏联政治经济体制七十年》，中国社会科学出版社1990年版，第39页。

[6] 刘克明、金挥主编：《苏联政治经济体制七十年》，中国社会科学出版社1990年版，第38页。

但由于党内有不少人持反对意见——他们认为，布尔什维克在十月革命前曾无情揭露临时政府推迟召开立宪会议，如果自己采取同样做法，会削弱对民众的影响，列宁才最终放弃了这一想法。

而1918年1月18日召开的立宪会议的代表组成充分证明了这一点：在总席位715席中，右派社会革命党370席，布尔什维克175席，左派社会革命党40席，立宪民主党17席，孟什维克16席，民族政党86席，人民社会主义者2席，无党派1席[1]。此外，根据1917年11月对54个选区的票数统计，各主要政党的得票比例是：布尔什维克25%；小资产阶级民主派（社会革命党、孟什维克等）62%；立宪民主党及其他13%[2]。就是说，不论从哪个统计角度看，布尔什维克及其拥护者都不可能占据多数，不可能同右派社会革命党及立宪民主党相抗衡。可以说，选举的结果对布尔什维克党极为不利，又出现了两权并存的潜在危险。对此，乔治·霍兰·萨拜因指出：布尔什维克"可能曾经希望它在11月7日轻易获胜一事将会赢得大多数'群众'的支持，如果他们确曾这样想过，那么他们在选举立宪会议时所得到的为数甚微的选票就使他们的希望破灭了"[3]。

刚刚通过暴力夺得政权的无产阶级政党，当然不可能把政权拱手让给右派。在他们看来，这个"根据十月革命前拟出的候选人名单选举的立宪会议，反映了过去在妥协派和立宪民主党人执政时的政治力量的对比"，因此，"这个应该是资产阶级议会制共和国花冠的立宪会议，就不能不成为横在十月革命和苏维埃政权道路上的障碍"[4]。如果说通过普选得到的代表席位的比例同他们的希望相去甚远还在布尔什维克的预料之中，也还可以接受的话，那么立宪会议对苏维埃政权及其根本大法的不认同则是布尔什维克所不能容忍的了。在立宪会议召开前夕，即1918年1月16日，全俄中央执行委员会第二十二次全会通过了由列宁起草的一部宪法性文件，即《被剥削劳动人民权利宣言》。它是由布尔什维克和左派社会革命党两个党团联合提出的，专门供立宪会议采用。该文件"宣布俄国为工兵农代表苏维埃共和国。中央和地方全部政权属于苏维埃"[5]。同时规定"立宪会议拥护苏维埃政权和人民委员会的法令，

[1] 陆南泉等：《苏联兴亡史论》，人民出版社2002年版，第141—142页。

[2] 《列宁全集》第38卷，人民出版社1986年版，第3页。

[3] [美]乔治·霍兰·萨拜因：《政治学说史》下册，商务印书馆1986年版，第928页。

[4] 《列宁全集》第33卷，人民出版社1985年版，第239页。

[5] 《列宁全集》第33卷，人民出版社1985年版，第224页。

并且认为它本身的全部任务就是规定对社会进行社会主义改造的根本原则”[1]，并强调指出：“如果立宪会议同苏维埃政权对立起来，即使从形式的观点来看，也是根本不正确的。”[2]1月18日，立宪会议由全俄中央执行委员会主席斯维尔德洛夫主持开幕。这是俄国历史上第一次由全民普选产生的立宪会议，俄国的各种政治力量为这一天已经奋斗了近一个世纪。但会议刚一开始，右派社会革命党“拒绝讨论苏维埃政权的最高机关苏维埃中央执行委员会所提出的非常明确的、毫不含糊的建议，即承认苏维埃政权的纲领，承认《被剥削劳动人民权利宣言》，承认十月革命和苏维埃政权”[3]而抗议性地退出了会场。更严重的是，“在立宪会议外面，右派社会革命党和孟什维克党正在进行反对苏维埃政权的最激烈的斗争，它们在自己的机关刊物上公开号召推翻苏维埃政权，说劳动阶级为了摆脱剥削而对剥削者的反抗进行必要的武力镇压是非法的暴行，它们替那些为资本服务的怠工分子辩护，甚至还赤裸裸地号召采取恐怖手段”[4]。因此，在布尔什维克看来，“留在立宪会议的那部分人所起的作用，显然只能是给反革命分子推翻苏维埃政权的斗争打掩护”[5]。列宁当即指出：“一切权力归立宪会议”是反革命的口号，是“向后倒退”，“旧的资产阶级议会制已经过时，它同实现社会主义的任务完全不相容，只有阶级的机关（如苏维埃）才能战胜有产阶级的反抗和奠定社会主义社会的基础，而全民的机关是办不到的”[6]。在这种情况下，俄共对立宪会议可能会对苏维埃政权构成威胁的担心愈加浓烈和出于纯粹的维护苏维埃政权的需要，也就不能容忍立宪会议的存在了。于是在列宁的授意下，人民委员会正式下令解散了这个横亘在俄共顺利掌权的、不符合无产阶级需要的、可能使俄共“输给反对派”的、“旧”的民主形式和政治机构——立宪会议。1月19日，参加立宪会议的多数派代表被配备大炮和机枪的武装力量赶出了会场。这一行动，恰如托洛茨基后来所评价的那样：“给形式上的民主以善意的打击，使其永无恢复的可能。”[7]无疑，这一事件是俄共政权从革命民主主义转向公开专政

[1]　《列宁全集》第33卷，人民出版社1985年版，第228页。
[2]　《列宁全集》第33卷，人民出版社1985年版，第228页。
[3]　《列宁全集》第33卷，人民出版社1985年版，第240页。
[4]　《列宁全集》第33卷，人民出版社1985年版，第240页。
[5]　《列宁全集》第33卷，人民出版社1985年版，第240页。
[6]　《列宁全集》第33卷，人民出版社1985年版，第240页。
[7]　[美]乔治·霍兰·萨拜因：《政治学说史》下册，商务印书馆1986年版，第928页。

的标志，这也意味着俄国近代自由主义无论是作为一种政治运动还是作为一种思想流派都落下了帷幕。

三、失败因素的分析

关于俄国自由主义失败的原因，学者们给出了不同的解释。乔治•费切尔在《俄罗斯自由主义》一书中认为，俄罗斯社会构成要素和结构中缺乏能够承载自由主义观念的社会阶层；不仅小业主和小商人阶级，连大部分资产阶级的政治倾向都是非自由主义的[1]。米留科夫在《俄罗斯及其危机》一书中认为，俄罗斯国家主导一切的历史妨碍了"正常"发展的进程：在政治过程中大众参与的政治问题在城市工人阶级物质福利的社会问题出现之前就提出来了。1861 年改革之后政治问题也先于社会问题出现，这也弱化了优先考虑政治权利的自由主义，而有利于强调社会正义的社会主义[2]。另一些人则解释了沙皇对知识发展和社会组织的压制如何遏制了始于 1825 年十二月党人的自由主义进程。也有人抱怨自由主义组织如最著名的立宪民主党，都没有设计可以发展社会支持基础以及使自己加强国家权力的战略。最后，还有人认为主要原因在于俄罗斯国家的文明水平，尤其是广大民众的文明水平，从而排除了将西方民主模式移植到俄国的可能性，而这正是"十月事件"的基础。对于国家来说，布尔什维克主义的抉择比自由主义的抉择更符合逻辑[3]。这些分析不无道理，也为我们提供了可资借鉴的支点，但它们却有一个共通的缺陷，那就是太过追求微观层面的分析，而缺乏一种大的历史观。事实上，现代化是贯穿俄国近代历史发展进程的主线，俄国近代自由主义的兴衰成败与俄国现代化过程中的"追赶型"社会发展特点息息相关，所以从现代化的视野检讨俄国自由主义的衰落不失为一个明智的选择。

近世俄罗斯自由主义折射出的是对西方文明强盛的羡慕，是要赶超西方大国，融入欧洲大家庭的心态。在这一思想指导下对西方的价值体系、经济模式乃至政治制度的引进都是为了融入西方国家的行列。但无论是从历史还是现实的角度看，俄

---

[1] George Fischer, *Russian Liberalism: From Gentry to Intelligentsia,* Harvard University Press, 1958.

[2] Paul Miliukov, *Russia and its Crisis*, New York., 1962, p.107.

[3] А.Искендерова, *Закатимперии*, М, 2001.

国自由主义的引进都缺乏足够的思想准备和客观的社会历史条件。在这种情况下，俄国引进自由主义不可避免带有极为浓厚的功利色彩，西方的自由主义走进俄罗斯背负了太过沉重的使命，人们总是怀抱着振兴俄罗斯的憧憬去追逐它，希望俄国能通过文明的不流血的改良途径而走上个人自由、制度民主和法治社会的自由主义之路和强国富民之道，终使自由主义不堪重负。正是从这个意义上说，西方自由主义在引进俄国的过程中，本来就先天不足，“弱不禁风”，在专制主义与革命民主主义的狭小夹缝中举步维艰，它“经常不得不在专制政体的反对派和革命的对立派之间进行艰难的选择”，不过“这种或那种方式它们都难以接受”。但在当时社会政治尖锐对立的条件下，“俄国的自由主义很难走中间道路，不能同时对抗两种力量”[1]。虽然在与专制主义的斗争中赢得了胜利，表面风光无限，但实际上已是强弩之末了，结果在随之而来的较量中未经几个回合就自动败下阵来，“被激进主义运动所扫荡”[2]。究其根源，除了异质文化的“水土不服”之外，恐怕应当更多地从俄国自由主义自身发展过程中存在的一些问题入手较为妥当。

首先，从文化传统上讲，自由主义的某些价值尽管具有普世性，但从总体上讲，它是西方文明的产物，“它扎根于社会多元主义，阶级制度，市民社会，对法治的信念，亲历代议制度的经验，精神权威与世俗权威的分离以及对个人主义的坚持，所有这些都是在一千多年前的西欧开始出现的。”[3] 作为本质上相异的文化，俄罗斯文化与西方文化存在着必然的紧张，直接导源于西方文明的自由主义因而难以在俄国生根，俄国著名的思想家别尔嘉耶夫坚信，植根于俄罗斯性格中的品性，不管是“先天的”抑或是国家主导的社会化的结果，的确有碍于自由政体中国家、社会和个人关系的自由主义指导原则。总之，自由主义“不符合俄罗斯传统以及俄国占统治地位的革命思想”[4]。

具体讲，自由主义以个人主义为出发点，着重于个人的政治、经济权利。认为各种价值化约到最后，个人是不能化约的，不能成为任何抽象目的的工具。而在俄

[1] 曹维安：《俄国史新论》，中国社会科学出版社 2002 年版，第 116 页。

[2] 曹维安：《俄国史新论》，中国社会科学出版社 2002 年版，第 116 页。

[3] [美] 亨廷顿：《第三波——20 世纪后期民主化浪潮》序言，上海三联书店 1998 年版，第 5 页。

[4] [俄] 尼·别尔嘉耶夫：《俄罗斯思想》，雷永生、邱守娟译，生活·读书·新知三联书店 1995 年版，第 242 页。

罗斯的文化传统里，集体主义是最重要的价值。历史上的斯拉夫主义也好，民粹主义也好，都是以集体主义为出发点的。别尔嘉耶夫认为俄罗斯文化中的集体主义精神，是“俄罗斯民族精神上的、形而上学的属性，这种属性不依赖于任何经济形态”[1]。因此，在俄国，人们所追求的自由决非是脱离他人、脱离社群的我行我素，而是实现集体的自由和社会公正。个人主义在俄罗斯语境里更多的是一种贬义，意味着道德的堕落。时至今日，仍有很多俄国人对“自由主义思想”持强烈的否定态度，他们认为这种思想是“人类的毒药”、“空谈”，是“会给人民带来损害的思想”[2]。

自由主义思想和原则，只有当它同一定的价值观结合起来时，才能够确立下来。否则，自由主义观念只能浮在政治生活的表层，不可能成为直接的重大反应和习惯。自由主义的哲学观是经验主义，它虽然承认人的理性能力，但更承认理性的限度，因此，自由主义是非本质主义，因而在历史上主张渐进演化，反对对社会的整体建构，也决不刻意勾勒社会的乌托邦。而俄罗斯哲学传统虽然也是经验主义的，但却不同于英国的经验主义，“在英国经验主义意义上所谓‘认识’什么，就意味着接触某种外部的、可以通过感性知觉而达到的东西。俄国的经验概念归根到底是生命经验。‘认识’什么，就意味着通过内心知觉和共同感受而介入这一事物，理解其内在方面，在其全部生命表现中把握它。”[3] 因此，与英国经验主义的怀疑论相反，俄罗斯经验主义是一种本质主义，历史观上往往导致激进主义和乌托邦幻想，别尔嘉耶夫承认，“俄罗斯人是极端主义者，也恰恰是那种使人觉得像乌托邦的东西在俄罗斯则最现实。”[4] 因此，讲求理性的自由主义在俄国不具有号召力。

在俄罗斯，物化了的“社会平等”与“社会公正”思想也是自由主义发展的主要障碍之一。自由主义也讲平等，但自由主义的平等指形式平等、机会均等和法律面前人人平等。在价值观上捍卫价值差异及价值自决，在财富分配上承认机会平等后的结果不平等。因此，自由主义的正义观念是程序正义，而俄国人的平等是指结果的平等，对俄国人来讲：“恶，莫大于不平等。任何理性与平等冲突，俄国雅各

[1] ［俄］尼·别尔嘉耶夫：《俄罗斯思想》，雷永生、邱守娟译，生活·读书·新知三联书店 1995 年版，第 242 页。

[2] 《何谓“自由主义思想”》，http：//www.smi.ru/society/。

[3] ［俄］弗兰克：《俄国知识人与精神偶像》，学林出版社 1998 年版，第 6 页。

[4] ［俄］尼·别尔嘉耶夫：《俄罗斯思想》，雷永生、邱守娟译，生活·读书·新知三联书店 1995 年版，第 242 页。

宾主义者都要求牺牲或修正那个理想；一切公道的首要基本原则，就是平等；任何社会，人与人之间若无最大程度的平等，就不是公正的社会。”[1] 但诚如亨廷顿所言，“这种平等只有在一个压迫性的独裁政权之下才可能实现。”[2] 尽管在20世纪初，俄罗斯曾有过自由主义极度辉煌的时期，但在随后而来的斯托雷平掠夺式的、不公正的改革面前，著名的自由主义者大多沉湎于玄学的空谈和宗教的幻想，“那种作为社会公正象征的自由主义反对派，那种在变局来临时‘既能说服庄稼汉，又能说服小市民’的理性力量，却已然消失”[3]。因此，十月革命前注重政治权力而缺乏关注平等的自由主义已被严重弱化，而关注公平问题的社会主义及民粹主义则影响日盛，在俄罗斯极不公正的改革中显示出了比自由主义更大的魅力。

总之，俄罗斯文化是独特的，尽管从长远来看，它也许会与西方文化融合，但近期与西方文明表现出的主要是紧张和冲突。俄罗斯传统文化中的集体主义、本质主义及绝对平等主义等都是与自由主义相对立的。除此之外，公社世界、农奴制、俄罗斯东正教教义、君主专制、国家权威的无处不在及市民社会的不存在等，都与自由主义本质相去甚远。自由主义作为一种异质文化很难被嫁接到俄罗斯文化土壤之上，这是俄国自由主义衰落的深层次原因。

其次，俄国不具备西方意义上的“中间阶级（资产阶级）”，因此自由主义几乎没有主要的社会支柱。自由主义严格来讲是中产阶级的意识形态，它立足于对社会利益的阶级划分。自由主义的兴旺有赖于有产者队伍的不断壮大，这又取决于社会的资产阶级化的程度。俄国自由主义的命运实际上就是俄国资本主义的命运。众所周知，1861年改革前的俄国实质上是一个农奴制国家，资本主义生产关系虽有所发展但也极为有限，而到了19世纪末20世纪初，俄国垄断资本集团的形成过程加快。国家经济中的主要角色通常是特殊垄断利益集团。但这些垄断集团，就其实质而言是反自由主义的。也就是说，俄国自由主义缺乏像西欧那样一个稳定的社会阶级（阶层）基础，结果在其发展过程中俄国的各个社会阶层上至君主下至知识分子几乎都被卷入了这个浪潮之中，这些不同社会阶层成员的思想倾向除了自由主义要素外，还有很多是非自由主义的，所以他们大多不足以构成自由主义的阶级基础。而西方

[1] ［英］以赛亚·伯林著，彭淮栋译：《俄国思想家》，译林出版社2001年版，第263页。
[2] ［美］亨廷顿：《第三波——20世纪后期民主化浪潮》，上海三联书店1998年版，第263页。
[3] 金雁：《苏俄现代化与改革研究》，广东教育出版社1999年版，第244页。

自由主义最主要的社会载体——资产阶级，在俄国不仅出现得晚，而且发展严重不足，因为它是“在农奴制普遍统治的范围内得到发展，而且很大程度上直接在农奴制制度的基础上发展起来”[1]，故它从诞生之日起就依附于沙皇专制的国家政权。这样一来，缺乏“根基”的俄国自由主义者在面对国家政权和统治阶级时不能不投鼠忌器，可他们的这种行为在下层看来，则是软弱和保守的象征，明显不够激进，而他们自然也被看作是“地主和资本家”统治的化身，至少是一丘之貉。结果只能使民众远离真正具有自由主义倾向的中产阶级及知识精英，从而鼓励民粹主义和社会主义的政治运动。

由于意识到先天不足的缺陷，几乎所有俄国自由主义的代表人物都承认，仅仅依靠自己的力量不可能实现自由主义的思想目标。俄国自由主义的精神领袖鲍·尼·齐切林在19世纪60年代就曾指出，在俄国只有两种力量是强大的，这就是沙皇和人民，在这两者之间不存在什么牢靠的和巩固的东西[2]。这种状况直到20世纪初仍未从根本上有所改观。由于这个原因，俄国自由主义只有在两种情况下才可能获得成功：或是沙皇政权向时代精神让步，实行自由主义改革；或是自由主义能够吸引人们群众，得到他们的支持。进入20世纪之后，出现第一种情况的可能性越来越小[3]。在新旧文化的冲突日益尖锐之时，末代沙皇尼古拉二世顽固地拒绝改革，这种毫无理性的政策是导致1905年革命的重要因素。当时，在自由派看来，沙皇不会主动现代化，因此如不废除沙皇，也必须实行宪政，故而在1905年工人运动与农民运动四起之时，他们与之连手，希冀实现现代化之前的政治革命，但工人与农民运动的真实关切还在于其切身利益，一旦利益有所满足，运动便消歇下来。而这之后，自由主义知识分子与谁连手，反抗沙皇？看来问题甚巨，不过此后斯托雷平的改革无意中打破了俄国社会和平发展的可能性。尼古拉二世的倒行逆施加剧了政权与社会的矛盾和对抗，把自由主义运动推向左边，而俄国参加第一次世界大战则最终点燃了期待百年的革命火焰。沙皇制度垮台之后，俄国的前途取决于具有不同文化背景的政治力量之间的斗争，而人民则无疑是这一时期俄国历史舞台上真正的主角，

---

[1] ［苏］尼·阿·察哥洛夫：《俄国农奴制解体时期经济思想概论》，北京大学出版社1987年版，第59页。

[2] Б.Чичерин, *Несколько Современных Вопросов,* М.:Государственная Публичная Историческая Библиотека России, 2002, с.132.

[3] 姚海：《近代俄国立宪运动的源流》，四川大学出版社1996年版，第9页。

对和平和土地的渴望推动着政局的发展。但由于各种原因，掌握了政权的自由主义政党没有把握住人民的脉搏，没有及时满足他们的迫切愿望，从而不能维持已经获得的政治优势，一步步走向失败的结局。

再者，俄罗斯自由主义衰落的主观原因是自由派政党及其自由主义者策略的失误及由此而导致的全面的社会危机。概括起来，他们的失误主要表现在三个方面。第一，自由主义者的纲领太过理想，无法落实到实处，因而缺乏号召力。俄国的自由主义者们在关于法制国家、关于代议制机关对行政机关的监督、关于社会舆论对国家政策的影响等方面，都提出了令人耳目一新的主张。但与此同时，俄国的自由主义运动也与无力通过法律手段解决社会问题的政治文化相冲突，换言之，“20世纪初，俄国极其低下的政治文化水平使得通过法律来解决社会问题变得十分困难了。”[1] 自由主义者在力图建立法制国家的斗争中面对如下的难题：一般民众和上层统治者，包括知识分子的法律文化水平极低；缺乏议会制度传统和社会监督的相应实践；阶级和团体的利己主义；各个派别尤其是广大的工农群众只顾眼前利益，很少考虑长远。这些问题不管是俄国自身的“情景问题”还是必然遇到的“普遍问题”，对自由主义者都是一种极大的挑战。如果临时政府不能在有限的时间内解决上述问题，至少是解决上述问题中某些重大问题，那么，自由主义政权就会失去合法性，社会就会出现对临时政府的幻灭倾向。事实上，在像19世纪至20世纪初的俄国这样的落后国家，因为农民和工人完全未做好自己决定自己命运的准备，在这种条件下自由主义提出的解放纲领只能是空想，他们争取自由的斗争在涤荡着专制制度的同时由于得不到基层群众的理解也冲击了自身，这反过来更刺激了激进派在革命过程中提出更高的要求：从要求君主立宪到要求建立共和国，直至提出实行社会主义的口号。因为民众缺乏职能性社会管理的概念，与要求社会为此长期努力的立宪派纲领相比，当时革命性的要求明显占上风且成效显著。由此，解决社会问题的强制方式风行一时，从而使自由主义的立宪道路失去了自己的社会基础，很少有号召力，尽管自由主义者们也竭尽全力解决他们主张的现实性问题。

第二，自由派政党在人民最迫切关心的问题——和平、土地、面包上失了分，结果逐渐失去人民的信任和支持。二月革命后，俄国的未来发展面临着多种选择，问题的关键就在于谁能吸引人民——首先是占人口绝大多数的农民——跟自己走。

[1] А.Н.Медушевский, П.Н.Милюков:Ученый и политик, *История СССР*,1991(4), c.27.

当时，临时政府的威信很高，用列宁的话说就是广大群众对这个政府事实上“抱着不觉悟的轻信态度”[1]，他们本来应该利用这种状况采取一切必要的措施争取人民的支持，来巩固和加强政权。但临时政府的施政纲领却只涉及了一般的政治民主改革，而对于引发革命的战争问题、人民最迫切关心的土地问题以及八小时工作制等问题却没能提出有效的解决办法。相反，临时政府实际上是坚持进行帝国主义战争。正是时任临时政府外交部长的米留科夫在照会盟国的《告公民书》上所加的注解引发了临时政府的第一次危机。注解上说：“临时政府与盟国同心同德，继续对这次战争的胜利结束充满信心……”[2] 直到 1917 年秋临时政府最后一届内阁召开会议时才讨论了俄国是否应该实现普遍和平的问题。“不幸的是，这一切已经太晚了。”[3] 同样在农民最为关注的土地问题上，临时政府并未引起高度的重视，而只是简单地把皇室土地收归了国有就草草了事，其他问题则宣称留待立宪会议解决，并且反对农民自己起来夺取地主土地，反对分配地主土地。事后看来，这是一个严重的失策。农民与土地问题是俄国由来已久的一大沉疴，贯穿整个 19 世纪，并最终成为 1917 年崩溃的主导因素之一。事实上，农民与土地问题，治与不治不是关键，而是如何治理才是关键，1861 年的改革在表面上似乎是治了，可实质上是让痼疾发展成了绝症。在解决土地问题上，最为纠缠不清的一大难题便是农村公社问题，正是“农村公社”的超稳定结构严重阻碍了俄国资本主义的发展。至 1905 年之前，打破传统农村公社、让农民获得土地，已成为俄国社会的最大要求，它也成为革命的最深刻根源，只不过 1904 年日俄战争的失败恰好引燃了社会革命的导火线。1905 年革命之后，斯托雷平励精图治，试图对农民与土地问题来一次彻底的诊治，但最终的误诊却导致了整个王朝的崩溃。历史一再表明，俄国重大的社会危机问题似乎都来自这一病痛，但临时政府的自由派人士在这一问题上的短视和冷漠实是其一大不幸。

诚然临时政府的内外政策比之沙皇时代是个巨大进步，但却不能满足人民对和平、土地、面包的迫切要求。帕·瓦·沃洛布耶夫说过：“我们喜欢援引一句涵义深刻的话：革命——被压迫者和被剥削者的节日。但是越思考革命的历史，就越多

[1] 《列宁选集》第 3 卷，人民出版社 1995 年版，第 14 页。

[2] ［俄］德·阿宁编：《克伦斯基等目睹的俄国 1917 年革命》，生活·读书·新知三联书店 1984 年版，第 201 页。

[3] ［俄］德·阿宁编：《克伦斯基等目睹的俄国 1917 年革命》，生活·读书·新知三联书店 1984 年版，第 166 页。

地发现，人民群众不是极其必要是不去上演这个节日的。这是在过去，也是现在我们所看到的事实。因此，应该明确地说，像参加革命的广大群众所说的，推动他们参加革命的不是抽象的思想，而是直接的物质利益，基本的生活需要，为满足它们而进行的斗争。”[1]临时政府正是在人民最迫切关心的问题上失了分，最终在决定俄国前途的斗争中遭到了失败，正如后来米留科夫所指出的：“代表人民说话的党在1917年10月遭到失败，其实是人民本身转向了列宁。”[2]

第三，俄国自由主义运动的基础本来就十分薄弱，但其内部却派系林立，分裂成若干党派，如十月党、立宪民主党、民主改革党、和平革新党、进步党等，而就是这些党派内部也极不统一，这无疑削弱了自由主义阵营的整体实力。就以知名度最高的立宪民主党为例，尽管在其存在的时期内取得了很多成绩，但由于成分不一，又面临革命危机，结果在其内部形成了不同的小派别，这在一系列问题上尤其是领导问题上表现得尤为突出。一般认为，米留科夫是党公认的领导，但他在党内的位置非常微妙，他的领导才能大部分被耗在平息不同派别间的尖锐矛盾上。米留科夫经常受到左翼和右翼的批评，在左翼中通常由司徒卢威和马克拉科夫向米留科夫发难。司徒卢威代表俄国自由派中的路标派，从自由和民族复兴价值出发，以此为基础联合反对现存制度的社会力量，坚持用最抽象的方法对待立宪主义的任务。在他那里，民族思想是一种象征。他看问题过于理想化，更多地从事纲领论证，很少论证运动策略。马克拉科夫则是学识渊博的法学家，非常熟悉西方的立宪机构，十分赞同西方的立宪制度并积极倡导在俄国实施立宪。在这方面他与米留科夫并无分歧，分歧在于实现目标的途径。他对俄国的现实有更清醒的认识，他清楚俄国实行立宪只能走渐进式的道路。因此，他提出革命非但不能成功，反而会扼杀在俄国刚刚萌芽的欧洲文明。由此他一贯反对米留科夫的纲领，如果米留科夫认为对立宪民主党而言，与反对专制制度的所有民主的（包括革命的）力量结盟是可能的话，那么马克拉科夫则强调必须联合专制制度以抵制革命力量，将革命力量视为尚未巩固的立宪制度的大敌。而右翼的彼得伦克维奇、穆罗姆采夫是立宪派的传统领袖，他们倡导地方自治机关支持政治改革，与自由主义贵族联系密切，其观点较温和，受到

[1]　С.В.Кулешов, Размышления о Революции,*Отечественная история,*1996(5), сс.110-131.

[2]　Н.Г.Думова, *Кадетская Партия в Период Первой Мировой Войны и Февральской Революции*, М.,1988, с.219.

一些年轻贵族的拥戴。可以说立宪民主党的基本矛盾恰恰在于其内部，即以马克拉科夫和司徒卢威为首的古典的西方自由主义少数派和以米留科夫为首的新自由主义多数派，以及以彼得伦克维奇、穆罗姆采夫为首的地方自治派之间长期处于分裂状态[1]。

加之俄国自由主义者大多是些缺乏执政经验的知识分子，他们虽然文化素养高，理论深邃，充满理想，但却是书生意气，脱离群众，在极其复杂的条件下缺乏必要的政治灵活性，这在一定程度上加速了他们的灭亡。事实上，对于二月革命的突然爆发，自由主义者毫无准备，临时政府仓促掌权，一方面缺乏领导整个国家的成熟经验，另一方面又面临着前线失败、经济崩溃的混乱局面，加之适逢刚刚打破沙皇封建君主专制，社会上各党派和阶层积极行动起来，为争取参加政权和获得更多的政治权利而展开公开的政治斗争。面对革命后混乱的局面，以自由主义者为主体的临时政府根本无法应付，整个控制系统处于无组织状态。雪上加霜的是临时政府内部不和、意见分歧甚至互相敌视。结果在二月到十月短短的八个月的时间内，多次发生政府危机，频繁更迭，数易其主，包括国家杜马临时委员会在内共存在过五届政府。这些都显示了自由主义者及其政党领导革命和国家的不成熟。这一切都损害了自由主义者及其政党在群众中的威信，削弱了人民对它的期望值。同时也给布尔什维克反对在他们领导下的临时政府，反对奉行同政府妥协的政策宣传制造了机会。

从以上分析不难看出，俄国近代自由主义的失败无论是在客观上还是在主观上都有着深刻的历史和现实渊源，是俄国在追赶西方发达国家的现代化历程中奏响的一曲悲歌。由于自由主义在俄国是一个“舶来品”，俄国又主要是一个农民国家，自由主义在俄国缺乏历史文化传统和民众基础，只有一部分贵族、知识分子和官僚在作为它的社会载体。对于俄国自由主义，下层民众认为它不可理解，专制政权认为它过于激进，革命者则认为它在为统治阶级利益立言；而俄国自由主义运动也终究只是一种“少数人的运动”，“最终也没有成为人民运动”[2]。这样，由于俄国自由主义与俄国本土文化传统存在着巨大的差距，它的社会影响力和号召力就相当有限，所以，专制主义、社会主义甚至无政府主义都可以成为俄国社会的主流意识形

[1] 张广翔：《19世纪下半期20世纪初俄国的立宪主义》，载《吉林大学学报（社会科学版）》2003年第6期，第91页。

[2] Н.М.Пирумова, *Земское Либеральное Движение*, М.,1977, с.79.

态，但自由主义却不可能成为俄国社会的主流意识形态。正因为如此，俄国思想家别尔嘉耶夫说："自由主义思想在俄罗斯始终是薄弱的，我们从来没有获得过道德上有威望和鼓舞人心的自由主义思想体系。"[1]但即便如此，也并不意味着俄国自由主义的失败是必然的，更不意味着自由主义不适合于俄国。历史发展充满了太多的偶然性和选择性，俄国自由主义的溃败同样源于多种主客观要素的耦合，比如第一次世界大战这种比较特殊的国际环境，诚如列宁所言："如果没有战争，俄国也许会过上几年甚至几十年而不发生反对资本家的革命。"[2]大量的事实已经证明革命不是"合乎规律的"，也并非是不可避免的，更不能说是布尔什维克党和伊里奇的预见了。从事后马后炮的角度看，更值得反思的恐怕还是自由派政党及其自由主义者们自己的主观失误。毕竟，历史曾经给了他们很好的机会，可惜的是他们并没有把握好二月革命后难得的执政良机，没有及时回应下层百姓的"当下需要"，而是被所谓的"爱国主义"蒙蔽了双眼，纠缠于无谓的"精神道义"和虚妄的"国家霸权"之中而不能自拔，终至被他们视为"群氓"的广大工农群众所抛弃，坠入万劫不复之地。须知，知识分子多把"精神自由"视为第一需要，但下层百姓往往把关乎他们生存的基本物质需要视为第一要务，这当中本无对错高下之分，一切应因时因地制宜。考虑到"一战"后期俄国所特有的社会动荡和物质匮乏局面，无论哪个党派一旦执掌政权，当务之急都应是采取快刀斩乱麻的方式使社会迅速"稳定"下来，但立宪民主党人明显处置失措，投鼠忌器，不敢采用牺牲"自由"的办法来稳定政局，而是试图求助于早被沙皇政府搞臭的"爱国主义"旗帜来凝聚人心。殊不知，当生存都已成为多数人的基本问题时，"爱国"的价值自然大打折扣，尤其是在大家都不知道为谁而战的情况下，"爱国主义"实难引起大家的共鸣，更遑论力挽狂澜了。工作重心的偏差既让稍纵即逝的机会白白地流逝，更激起了民怨乃至民愤，其执政的合法性慢慢被销蚀殆尽。但批评和指责也不应过头，毕竟俄国社会转型并非易事，而要把自由主义原理运用到俄国社会实践中去，就更加困难。在这样大的一番事业中，犯许多错误和做出许多不正确的决定是不可避免的。

---

[1] [俄]尼·别尔嘉耶夫：《俄罗斯思想的宗教阐释》，东方出版社1998年版，第30页。

[2] 《列宁全集》第30卷，人民出版社1990年版，第27—28页。

结语：不结果实的精神之花

如果观察自由主义在俄国历史上的发展趋势，那么可以发现，它在俄国是伴随着启蒙运动而肇始于18世纪，并且最明显地表现在十二月党人的革命运动中。其间推行“开明专制”的政府及官僚和贵族成为自由主义在俄国传播和扩散的主要载体。在19世纪30—40年代的大争论中，自由主义开始形成政治派别。到50年代中期自由主义作为独立的社会流派正式形成，他们明确地提出了自己的社会经济改革的方案。如果说在这之前自由派的活动通常是在政府政策的轨道内进行，那么现在他们则首次独立地确定自己的立场。自由派不赞成用革命方式解决废除农奴制的问题，他们缺乏这种诉求的动力，一方面是因为它们中的大多数来自贵族，另一方面则是沙皇政府的改革本身已在一定程度上客观地表达了这些资本主义化了的地主和贵族的利益。客观来讲，要求自由派在这一时期以革命的方式来解决农民问题是不合理的。自由派在1858—1862年的行为已经表明，自由主义对于俄国的大改革是有着自己一套独特的改良方案和认识的，他们一方面借助于革命民主运动给政府施压，另一方面又与愿意以资本主义道路作为发展目标的沙皇政府结成同盟。

随着19世纪60年代大改革的实施，自由主义出现了新的发展趋势。首先它致力于创建自己的组织机构。1864—1895年地方自治局作为俄国自由主义的组织基地为自由主义运动向深入发展发挥了重要作用。1895—1905年是俄国自由主义从古典自由主义向新自由主义转变的过渡时期，这一阶段知识分子逐渐取代贵族成为自由主义的主要载体，同时这一阶段也是自由主义组织形成的高峰期。在政府的保守主义逐渐增强和革命风潮不断增加的情况下，自由派尝试通过自己的“聚谈”、“地方自治——立宪派联盟”、“解放同盟”等组织形式参与政治斗争，从而作为一支独立的力量登上历史舞台，并通过对群众的政治和思想施加影响的方式推动俄国进行改革，把俄国改造成为一个资产阶级立宪国家。

值得注意的是，在军事封建帝国主义的条件下，自由派所提出的要求已经超出了阶层界限的范畴，并适时地组建起了自己的政党：立宪民主党和十月党。与沙皇政府的方针相比，自由派所提出的关于社会经济领域和政治公民权领域里的纲领无疑代表着进步方向。在1905革命的推动之下，沙皇政府不得不吸收出身贵族并准备与国家政权和解的自由主义活动家来推行在很多方面符合自由派要求和目标的改革，但统治集团的顽固保守和对改革的掣肘、自由派的软弱、革命运动中出现的无政府主义最终导致这场改革让谁都不满意。改革的不彻底引起了新的农民运动，刺激了革命积极性的增长，增强了自由派的反对情绪和他们对自己组织的追求。过去囿于理论争论和温和抗议的自由主义反对派积极性大增，开始具有自主性和政权诉求。最终，在1917年，他们尽管是短期的，也曾把政权掌握在自己手中。

从俄国自由主义的整个发展历程看，俄国自由主义源于西欧，但它在传入俄国后经过上百年的发展，已经逐渐本土化了，成了推动俄国社会进步的一个重要因素。尽管俄国自由主义在20世纪初经历短暂的辉煌后便归于沉寂，但它对俄国社会和历史的影响并未因其组织的消亡而消失。

从短时段来看，俄国自由派的地方自治、法治和立宪等主张对近代俄国的政治制度发展具有一定影响，尤其是立宪主义。1905年革命前后，俄国自由主义由思想流派转变为政治组织，出现了自己的一批领袖。自由主义成为俄国政治舞台上的一个阵营，明确提出自己的任务是通过议会道路将专制俄国逐渐变为法制国家。虽然1905年革命失败了，但是这次革命已经极大地表明沙皇专制制度合法性的衰落，具有典型象征意义的是《十月宣言》的颁布。这个宣言允诺给予言论、出版和集会的自由，准许俄国有一部宪法和一个民选的国民议会即国家杜马。此后，自由派政党纷纷成立，主要有立宪民主党、十月党、进步党等。自由派认为俄国进入了“改革的第二个时代”，宣称沙皇的宣言完成了1861年就已开始了的“建设大厦”的进程。俄国自由主义发展进入了它的“黄金时期”，自由主义的奋斗目标在俄国的影响越来越大，越来越多的人把召开立宪会议视为俄国社会制度新生的起点。这从帝俄时期国家杜马的选举中就可窥一斑。无论是以立宪民主党为核心的第一、二届杜马还是以十月党人为中心的第三、四届杜马，都是主张自由主义的政党占多数。

当然，这种影响主要局限于形式方面，而没有体现在实质性的内容上。尼古拉二世仍热衷于传统的专制制度，他之所以批准建立国家杜马主要是为了维护岌岌可危的专制制度，他并没有真正用心来建立和完善立宪君主制。按照1906年颁布的《国家基本法》的规定，政府只对沙皇负责而不对杜马负责。因此，国家杜马没有成为西欧意义上的议会，新建立的联合政府也没有成为西欧意义上的责任内阁。反对派不是政权体系的有机组成部分，而被看作是根据时代需要加以容忍的一种现象。例如，在四届国家杜马中，唯有第三届国家杜马圆满完成了法定的五年任期，其余三届国家杜马都遭到了被解散的命运。但是，我们也不能因此就否认这样的事实：杜马为人们提供了在一定限度内进行合法政治斗争的舞台，为人们提供了俄国未来政治发展的目标模式，国家杜马的价值、作用和意义在当时的政治实践中愈来愈受到人们的认同和重视；同时，它也在一定程度上促进了俄国社会经济的发展，对俄国的政治生活产生了重大影响，并推动了俄国政治现代化的进程。从此，俄国再也不能退回到君主专制主义的道路上去了，君权神授的合法性原则的功能已经彻底失效了。因此，我们说，在反对沙皇君权专制制度的斗争中，“立宪会议”的思想已经深入人心，成为一面反沙皇、反封建专制的鲜明旗帜。

1914年7月，俄国卷入了第一次世界大战。自由派政党最初完全支持当局，宣称要将这一“神圣”的战争进行到底。当俄军在战争中失利后，自由派阵营又开始了反政府活动，一些“社会组织”成为了他们的活动阵地。1915年8月，自由派政党联合了所有的中派党团，在国家杜马中组成“进步联盟”，其目的是使国家和社会力量协调一致[1]。一些高级将领和具有自由主义思想的大公同情甚至支持自由派的主张，沙皇的统治岌岌可危。正如第四届国家杜马主席米·弗·罗将柯所言：“由于当局不能领导国家走出困境，因此完全丧失了人民的信任。”[2]在二月革命浪潮的冲击之下，沙皇被迫宣布退位，这标志着延续300余年的罗曼诺夫王朝君主专制政体走到了历史的尽头，也标志着俄国政治体系将面临着一次不可逆转的根本性的制度转型。从当时俄国的政治发展态势看，似乎议会制道路将顺理成章地成为未来新社会合法性的担当者，事实上自由派也是利用这个机会取得了国家政权。但不幸的是他们不敢在革命后立即着手解决一些重大的社会问题。这就使得进行一场更激进的

[1] 杜立克：《俄国自由主义反对派与1917年二月革命》，载《内蒙古大学学报（人文社会科学版）》2002第3期，第48页。

[2] [美]马克·斯坦伯格、[俄]弗拉基米尔·赫鲁斯塔廖夫：《罗曼诺夫王朝覆灭》，新华出版社1999年版，第41页。

革命成为可能，诚如乔·弗兰克尔所说："沙皇政体一旦倒台就无法最终阻挡全面的社会革命。"[1]"雪崩"一开始，便犹如潘多拉的魔盒一打开，各种势力一齐涌出且势如江河决堤，一转眼间，革命被引上血腥、暴力和依仗多数人的名义实行"暴政"的新一轮专制。虽然在前期，革命尚能控制在态度相对温和的立宪民主党人手中，但随着局势的发展，革命越来越朝着激进的方向运行，《四月提纲》、七月罢工接踵而至，最终在激进社会革命党人与布尔什维克的联合冲击下，临时政府为苏维埃政权所取代，俄国自由派的悲剧也因此而不可避免。

从长时段来看，问题就没有这么简单了。如果把俄国近代自由主义的出现与演变放到俄国近代数百年以来一直在急于赶超西方的历史大框架之中，那么完全有理由把俄国自由主义看作是俄国近代化过程中的西方化与本土化相碰撞而出现的一个特殊的政治文化现象，在一定程度上可以说正是缘于俄国自由主义者前赴后继、坚持不懈地对西方模式孜孜以求的模仿，才形成了独特的俄罗斯文化，甚至可以说，正是俄国不断兴起的自由主义浪潮推动着俄国社会逐渐走向文明。

在考察俄国自由主义的发展演变时应特别关注俄国所特有的社会历史条件，俄国自由主义的命运其实就是俄国资本主义的命运[2]。俄国自由主义的产生是以资本主义生产关系才刚刚起步而专制制度却异常强大为前提的，专制制度在很大程度上决定着俄国自由主义的发展方向和类型。但伴随着俄国资本主义缓慢而坚定的发展，专制政权不得不采用具有自由主义性质的改革方式，希图借此加强对经济的影响并巩固自己的政治权力，因而也就不得不容忍抨击封建制度的自由主义思想在科学院和大学里有限的出现。整个19世纪，俄国社会最重要的特征就是它始终处于一种巨大的近代化转型之中，专制政权虽然掌握着政治和经济的无上权力，但却无法阻止封建制度的危机，也无法阻止资本主义生产方式的形成。这一过程贯穿社会生活的一切领域，从而对一切精神生活包括自由主义产生了深刻的影响。在这种背景下，具有自由主义思想的人们在思考、探索和推动社会进步的过程中，选择渐进式的改良道路而反对革命思想，就不能不具有一种特殊的社会意义。

毫无疑问，俄国的自由主义者们希望俄罗斯能发展出与西欧国家并驾齐驱的经

[1] 刘淑春等编：《"十月"的选择——90年代国外学者论十月革命》，中央编译出版社1997年版，第212页。

[2] 姚海：《近代俄国立宪运动的源流》，四川大学出版社1996年版，第4页。

济与文化。他们已经意识到俄国与欧洲的联系以及自彼得大帝统治时期以来欧洲思想对俄国的巨大影响，他们认为俄国受过教育的阶层（他们自己就属于其中的一部分）就是彼得大帝改革开启的这种欧化运动影响的结果。然而，俄国经济和文化的落后最明显的表现就是俄国农民低水平的生产和教育。这个事实构成了自由主义者最主要的问题，因为对于自由主义者所追求的宪政自治来说，农民无疑是最主要的基础。所以，自由主义者的目标是消除横亘于西欧国家的市民和不识字的、穷困潦倒的俄国农民之间的经济和教育方面的差异。在这个意义上，正如费切尔所观察到的那样，在一个不发达社会，他们的所作所为只能属于少数派运动[1]。但谁都无法否认，他们具有自己的民主作风和浓厚的对人民的爱以及他们想在俄国构建一个有序的、文明的和欧化的资产阶级制度的诚意。

大量的证据已经表明，俄国自由主义者们不仅知道西欧自由主义者的思想，而且他们也知道俄罗斯所特有的独一无二的条件，他们已经意识到对于追随西方的俄国来说，西方模式并不总是适用的，所以他们为这些众多的问题设计了明确而务实的解决办法。出于他们对俄国落后状况的认识，自由主义者们认为武力推翻政府是无用的，恐怖行动总是达不到预期目的。自由主义者们感觉到，保持自治最好的保证就是一个受过教育的市民阶层，因为这样一个阶层将坚决地维护他们的政府形式。为了催生这样一个市民阶层，大改革所确立起来的公共机构比起恐怖手段来无疑要好得多。所以，沙皇政府可以维持不变直到全体公民都为议会做好准备。在这期间，自由主义者希望沙皇政府承认出版、言论和集会自由和人身权利的神圣不可侵犯，所有这些都有助于自由主义者教育农民的任务。

直到1917年，自由主义者仍然反对暴力。在杜马君主制时期，立宪民主党人致力于作为向政府表达农民和社会需要的代理人，但与此同时，立宪民主党人又要不断地引导农民对他们的失望采取非暴力的反对。但在战争与革命的极端条件下，自由派政治中派立场的空间变得越来越狭小。只要俄国的普通大众与政府之间保持着公开的敌对活动，企图两边讨好的立宪民主党人，很可能里外不是人，实际上两边哪一边它都不能代表，从而必然引起两边的怀疑。这是一个少数派在企图领导和控制大多数人的时候所必然要面对的问题，与此同时，自由主义还面临着米留科夫所

[1] George Fischer, *Russian Liberalism:From Gentry to Intelligentsia*, Harvard university press, 1958, p.5.

描述的没有稳固的社会基础或者说它的社会基础是“知识分子而不是资产阶级”这样的问题[1]。

自由主义者寻求改革道路所需要的时间要比实际允许的多得多，但是他们深信，没有暴力革命，他们是能够实现议会政治的。尽管他们运用非暴力的手段取代专制主义的努力失败了，但这还不足以成为在俄国不存在这种可能性的证明。自由主义对俄国的影响却是没有办法从社会和历史中完全抹去的。自由主义印迹依然存在最明显的证据就是流浪海外的“俄侨”中最有影响力的大多是原先的“自由主义者”以及他们的衣钵传人，而后来以“持不同政见者”[2]闻名的所谓的“民主”人士也大多接受了自由主义的理念。他们的人数虽然不多，但其作用不取决于其比重，而取决于其在社会生活中的地位，这些苏联政府的“反对派”大多是学识渊博、“德高望重”的知识分子，故他们的长期存在给苏联政府带来了不小的压力。而赫鲁晓夫对知识分子的“解冻”尤其是戈尔巴乔夫的“公开性”、“民主化”改革在一定程度上可以看作是对这些“反对派”所做的让步与妥协。当然，“戈尔巴乔夫也为他热衷于自由主义而付出了代价，这和赫鲁晓夫、和他们久远的祖先戈杜诺夫一样。”[3]74年之后，历史又一次反攻倒算，俄罗斯史学界也开始检讨当日之失算。在他们看来，后苏联时代俄罗斯的社会政治思潮是对十月革命前的回归，自由主义的卷土重来绝非无本之木、无源之水，在一定程度上可以看作是俄罗斯人“在当今条件下，对国家来说，最需要的是自由主义和对人权的彻底保护”[4]这种理念的认可。虽然在二月

---

[1] Ф.А.Гайда, *Либеральная оппозиция на путях к власти (1914—февраль 1917 г.)*, М:РОССПЭН, 2003, с.372.

[2] 一般认为，“持不同政见者”出现于赫鲁晓夫“解冻”之后，但这种看法有失偏颇。事实上，“持不同政见者”在整个苏联时期一直存在，列宁时期党内党外各种反对派此伏彼起，自不待言；即便在斯大林时期，各种“持不同政见者”并不鲜见，其实，所谓“大清洗”的很重要的一个原因就是清除党内外的各种“反对派”，以达到“一个声音说话”的目的。表面上斯大林的高压和清除策略似乎达到了举国思想一致的目的，但究其实只不过使“反对”声从地上转入地下而已。故而一般认为在赫鲁晓夫“解冻”之前“持不同政见者”的主阵地在海外，而“解冻”之后其主阵地转移到了苏联国内。在一定程度上可以把“持不同政见者”运动中的一部分视为俄国近代自由主义的余波，只不过他们所强调侧重点和策略有所不同而已，但其核心价值观则大同小异。其实，这种策略的转变在晚年的米留科夫身上就有着非常明显的体现。

[3] 《俄罗斯自由主义者的反思》，柳达摘译自俄罗斯《独立报》2001年5月26日费•米•布尔拉茨基的文章《谈谈真假自由派》。

[4] 《俄罗斯自由主义者的反思》，柳达摘译自俄罗斯《独立报》2001年5月26日费•米•布尔拉茨基的文章《谈谈真假自由派》。

革命之中起中坚作用的自由主义者——立宪民主党人所设想建立的君主立宪制国家成了十月革命暴力的不幸牺牲品，但如果历史能够选择——此一问题，着实让近世所有先哲头疼不已，毕竟先哲们亦如愚人一般短命，都无法站在历史的终点告诉后人历史是否是一幕可喜的话剧或历史终是徘徊无定的闹剧——那么，他们认为二月革命便是最佳选择[1]。但历史的无情就在于既不能假设，更不能回归，车轮碾过滚滚红尘，留下一路叹息。

事实上，“新自由主义”在当代俄国喧嚣一时之后，再次出现退潮，更多的俄国人选择了能寄托他们强国梦想的“务实”的威权政治——“可控民主”，俄罗斯20世纪首尾的历史似乎进入了一个循环套。于是，关于自由主义到底符不符合俄国人思想和精神的争论再次沉渣泛起。一些研究者认为：“在俄国，既没有任何自由主义传统，也没有任何有利于自由主义意识发展的社会条件。”[2]有学者直接把俄国自由主义称作是西方自由主义的“复制品”，认为西方自由主义的“内核”——个人主义，与俄罗斯人的传统思想及其实践格格不入[3]。有学者评价说：“那些企图把西欧的现有模式移植到俄国土地上的人们没有注意到这些模式的生长需要一系列的客观条件。俄国伪自由派—实证主义者没有理解，西欧自由派所有的政治原则和经济纲领都是顺应时势的产物，这是由于他们缺乏与时俱进的思想武器，也就是说他们缺乏对精神的认知在深度上进一步拓展的能力。”[4]其实，这些论调只不过是在重复当年别尔嘉耶夫的话语：“俄国自由主义思想很弱，一直没有形成有精神威望和感召力的自由主义思想体系”，他们要么是纯粹实践性及事务性的，要么是“激进”地做革命者的“尾巴”[5]。很显然，这种新自由主义的话语体系遮蔽了历史的另一面，它并没有反映历史真实的全貌，即今日俄罗斯人的“自由度”问题在俄罗斯的历史发展坐标体系上到底处于何种位置？虽然横向看，毋庸讳言，俄罗斯人的“自由”

[1] [俄]Л•С•列昂诺娃：《从十月革命到苏联解体——现代俄国史学发展基本趋势》，载《陕西师范大学学报(哲学社会科学版)》2006年第5期，第83页。

[2] Г.Рормозер, Пути Либерализма в России,*Полис*,1993(1),с.33; его же, *Кризис Либерализма*, М.,1996, сс.66-87; В.В.Шалохаев, *Русский Либерализм:Исторические Судьбы и Перспективы*, М., 1999,с.21; В.В.Шелохаев, Русский Либерализм как Историографическая и Историсофская Проблема,*Вопросы Истории* 1998(4), с.30.

[3] В.Ф.Пустарнаков и др., *Либерализм в России*, М., 1996,сс.79,84,103.

[4] В.Ф.Пустарнаков и др., Либерализм в России, М., 1996, с.303.

[5] Н.А.Бердяев,*Истоки и Смысл Русского Коммунизма*,М.,1990,с.30.

与欧美发达国家还有相当一段距离，俄罗斯似乎还不是完全的公民社会，但从历史的纵向来看，俄罗斯人的“自由”却是“空前”的，处于历史的高位。也就是说，自由主义作为一种制度、作为一种运动虽然失败了，但自由主义的精神并没有随之消亡，它依然在潜移默化中激励和推动着俄国历史向前发展。之所以会出现自由主义者对历史的这种误读，一个很重要的原因就是他们赋予了自由主义太多的价值和使命，“不识庐山真面目，只缘身在此山中”吧！其实，“自由主义就是对自由的爱”。从这个角度看，尽管表面上看俄罗斯的政治文化与从西方嫁接来的自由主义表现出紧张与冲突的态势，但从历史发展的趋势来看，自由主义早在不知不觉间已成长为俄国社会思想的精神传统之一。

参考文献

一、中文文献

《列宁全集》第1卷，人民出版社1984年版。

《列宁全集》第5卷，人民出版社1986年版。

《列宁全集》第6卷，人民出版社1986年版。

《列宁全集》第11卷，人民出版社1987年版。

《列宁全集》第12卷，人民出版社1987年版。

《列宁全集》第13卷，人民出版社1987年版。

《列宁全集》第14卷，人民出版社1988年版。

《列宁全集》第16卷，人民出版社1988年版。

《列宁全集》第17卷，人民出版社1988年版。

《列宁全集》第19卷，人民出版社1989年版。

《列宁全集》第20卷，人民出版社1989年版。

《列宁全集》第29卷，人民出版社1985年版。

《列宁全集》第30卷，人民出版社1990年版。

《列宁全集》第32卷，人民出版社1985年版。

《列宁全集》第33卷，人民出版社1985年版。

《列宁全集》第38卷，人民出版社1986年版。

《列宁选集》第1卷，人民出版社1995年版。

《列宁论文学与艺术》，人民文学出版社1983年版。

《苏联百科词典》，中国大百科全书出版社1986年版。

[俄]尼·别尔嘉耶夫：《俄罗斯思想》，雷永生、邱守娟译，生活·读书·新知三联书店1996年版。

[俄]别尔嘉耶夫：《俄罗斯思想的宗教阐释》，东方出版社1998年版。

[俄]别尔嘉耶夫：《自我认知——哲学自传的体验》，汪剑钊译，云南人民出版社1998年版。

[俄]尼·别尔嘉耶夫：《自我认识·思想自传》，雷永生译，广西师范大学出版社2001年版。

[俄]尼·别尔嘉耶夫：《俄罗斯的命运》，汪剑钊译，云南人民出版社1999年版。

[俄]基斯嘉柯夫斯基等：《路标集》，彭甑等译，云南人民出版社1999年版。

[俄]弗兰克：《俄国知识人与精神偶像》，徐凤林译，学林出版社1999年版。

[俄]恰达耶夫：《哲学书简》，刘文飞译，作家出版社1998年版。

[俄]赫尔岑：《往事与随想》，项星耀译，人民文学出版社1998年版。

[俄]普列汉诺夫：《俄国社会思想史》第3卷，孙静工译，商务印书馆1990年版。

[俄]谢·尤·维特：《俄国末代沙皇尼古拉二世》，新华出版社1983年版。

[俄]谢·尤·维特：《俄国末代沙皇尼古拉二世》续集，新华出版社1985年版。

[俄]德·阿宁编：《克伦斯基等目睹的俄国一九一七年革命》，丁祖永等译，生活·读书·新知三联书店1984年版。

[俄]司徒卢威：《俄国经济发展问题的评述》，李尚谦等译，商务印书馆1992年版。

[俄]H·O·洛斯基：《俄国哲学史》，贾泽林等译，浙江人民出版社1999年版。

[俄]屠格涅夫：《前夜·父与子》，丽尼、巴金译，人民文学出版社1994年版。

[苏]察哥洛夫：《俄国农奴制解体时期经济思想概论》，厉以宁等译，北京大学出版社1987年版。

[苏]札依翁契可夫斯基：《俄国农奴制度的废除》，叔明译，生活·读书·新知三联书店1957年版。

[苏]波克罗夫斯基：《俄国历史概要》，贝璋衡等译，生活·读书·新知三联书店1978年版。

[苏]潘克拉托娃主编：《苏联通史》第2卷，生活·读书·新知三联书店1980年版。

[苏]涅奇金娜主编：《苏联史》第2卷，生活·读书·新知三联书店1957年版。

[苏]萨姆索诺夫：《苏联简史》第1、2卷，生活·读书·新知三联书店1976、

1977 年版。

[苏] 马里宁：《俄国空想社会主义简史》，商务印书馆 1990 年版。

[苏] 梁士琴科：《苏联国民经济史》第 1 卷，人民出版社 1959 年版。

苏联科学院、莫斯科大学编：《苏联各民族的哲学与社会政治思想史纲》第 1 卷，周邦立译，科学出版社 1959 年版。

中央编译局：《托洛茨基言论》，生活 • 读书 • 新知三联书店 1979 年版。

[苏] 莫斯科大学编：《政治学说史》中册，冯憬远译，法律出版社 1960 年版。

[苏] 高尔基：《俄国文学史》，上海译文出版社，1979 年版。

[俄] 弗洛罗夫斯基：《俄罗斯宗教哲学之路》，吴安迪等译，上海人民出版社 2006 年版。

[俄] 巴纳耶夫：《群星灿烂的年代》，上海译文出版社 1995 年版。

[俄] 鲍 • 尼 • 米罗诺夫：《俄国社会史》，张广翔等译，山东大学出版社 2006 年版。

[德] 卢森堡：《论俄国革命 • 书信集》，殷叙彝等译，贵州人民出版社 2001 年版。

中央编译局：《国际共运史研究资料》（卢森堡专辑），人民出版社 1981 年版。

[英] 以赛亚 • 柏林：《俄国思想家》，彭淮栋译，译林出版社 2001 年版。

[英] 约翰 • 格雷：《自由主义》，曹海军、刘训练译，吉林人民出版社 2005 年版。

[法] 亨利 • 特罗亚：《神秘沙皇——亚历山大一世》，世界知识出版社 1984 年版。

[法] 让 • 雅克 • 卢梭：《社会契约论》，杨国政译，陕西人民出版社 2004 年版。

[美] 斯塔夫里阿诺斯：《全球通史——1500 年以后的世界》，北京大学出版社 2005 年版。

[美] 乔治 • 霍兰 • 萨拜因：《政治学说史》下册，商务印书馆 1986 年版。

[美] 亨廷顿：《第三波——20 世纪后期民主化浪潮》，上海三联书店 1998 年版。

[美] 马文 • 佩里：《西方文明史》(下卷)，胡万里等译，商务印书馆 1993 年版。

[美] 马克 • 斯坦伯格、弗拉基米尔 • 赫鲁斯塔廖夫：《罗曼诺夫王朝覆灭》，张蓓译，新华出版社 1999 年版。

《外国法制史》编写组：《外国法制史资料选编》，北京大学出版社 1982 年版。

内蒙古大学：《世界史研究文集》，内蒙古大学出版社 1989 年版。

姚海：《俄罗斯文化之路》，浙江人民出版社 1992 年版。

姚海：《近代俄国立宪运动的源流》，四川大学出版社 1996 年版。

姚海：《俄罗斯文化》，上海社会科学院出版社 2005 年版。

姚海：《二月革命领导权问题探讨》，载《世界史研究动态》1988 年第 9 期。

姚海：《俄国立宪派政党与二月革命》，载《苏州铁道师院学报》1989 年第 1—2 期。

姚海：《俄国第一次革命前夜的自由主义运动》，载《苏州铁道师范学院学报》1990 年第 4 期。

姚海：《世纪之交俄国自由主义运动的演变》，载《世界历史》1993 年第 6 期。

姚海：《第一次世界大战时期的俄国自由主义运动》，载《苏州铁道师院学报》，1995 年第 1 期。

姚海：《俄国自由主义运动失败的原因》，载《苏州铁道师院学报》1995 年第 2 期。

张建华：《俄国知识分子思想史导论》，商务印书馆 2008 年版。

张建华：《苏联知识分子群体转型研究》，北京师范大学出版社 2012 年版。

张建华：《以〈路标〉为界：俄国自由主义知识分子的思想波澜》，载《历史研究》2003 年第 5 期。

张建华：《再寻“路标”——侨民时期的斯徒卢威及其自由主义思想》，载《北方论丛》2005 年第 2 期。

张建华：《斯徒卢威自由主义思想的核心理念》，载《华东师范大学学报（哲学社会科学版）》2006 年第 1 期。

张建华：《俄国自由主义思想史论纲》，载《北方论丛》2006 年第 6 期。

金雁：《苏俄现代化与改革研究》，广东教育出版社 1999 年版。

金雁：《倒转“红轮”：俄国知识分子的心路回溯》，北京大学出版社 2012 年版。

张树华、刘显忠：《当代俄罗斯政治思潮》，新华出版社 2003 年版。

刘显忠：《近代俄国国家杜马：设立及实践》，社会科学文献出版社 2007 年版。

邵丽英：《改良的命运——俄国地方自治改革史》，社科文献出版社 2000 年版。

李永全：《俄国政党史：权力金字塔的形成》，中央编译出版社 2006 年版。

刘祖熙：《改革与革命——俄国现代化研究》，北京大学出版社 2001 年版。

孙成木、刘祖熙、李建主编：《俄国通史简编》上册，人民出版社 1986 年版。

曹维安：《俄国史新论》，社会科学出版社 2002 年版。

张百春：《当代东正教神学思想》，上海三联书店 2000 年版。

刘克明、金挥主编:《苏联政治经济体制七十年》,中国社会科学出版社1990年版。

陆南泉等:《苏联兴亡史论》,人民出版社2002年版。

邢广程:《苏联高层决策70年——从列宁到戈尔巴乔夫》第1分册,世界知识出版社1998年版。

刘淑春等编:《"十月"的选择——90年代国外学者论十月革命》,中央编译出版社1997年版。

白晓红:《俄国斯拉夫主义》,商务印书馆2006年版。

叶艳华:《俄国早期政党研究》,黑龙江大学出版社2008年版。

赵世锋:《俄国共济会与俄国近代政治变迁(18—20世纪初)》,复旦大学出版社2011年。

李强:《自由主义》,中国社会科学出版社1998年版。

王清和:《论沙皇俄国国家杜马的性质》,载《史学集刊》1990年第2期。

罗爱林:《俄国自由派与地方自治机关》,载《史学集刊》1998年第4期。

任子峰:《人文精神、作家人格、文学品格——19世纪中叶俄国社会转型期文化及文学断想》,载《南开学报》1998年第6期。

李中、黄军甫:《社会转型过程中的俄罗斯自由主义》,载《兰州大学学报(社会科学版)》2001年第1期。

皮凡倩:《20世纪80年代末90年代初俄罗斯自由主义的发展》,载《河南大学学报》2002年第4期。

杜立克:《俄国自由主义反对派与1917年二月革命》,载《内蒙古大学学报(人文社会科学版)》2002年第3期。

杜立克:《对俄国自由主义的理论探讨》,载《史学月刊》2004第8期。

张广翔:《19世纪下半期——20世纪初俄国的立宪主义》,载《吉林大学学报(社会科学版)》2003年第6期。

二、俄文文献

А.А.Алафаев,*Русский Либерализм на Рубеже 70-80-х годов* XIX *в,* М., 1991.

С.А.Александров,*Лидер Российских Кадетов П.Н. Милюков в Эмиграции*, М., 1996.

Р.А.Арсланов,*К.Д. Кавелин и Становление Национальной Либеральной Традиции в России*, М., 2000.

В.Ю.Байбаков,*Теоретикоправовые Аспекты Русского Либерализма XIX-XX века*, Курск, 2001.

Л.В.Балтовский,*Политическая Доктрина Партии Конституционных Демократов*, СПб.: СПбГАСУ., 2009.

Б.П.Балуев,*Либеральное Народничество на Рубеже 19-20 веков,* М.:наука,1995.

И.Белогонский, *Земское Движение*, СПб, 1914.

А.Н.Баранов, *Интеллигенция и Конституционно-демократическая Партия Накануне и в Годы Первой Российской Революции: Опыт Взаимоотношений*, Кострома., 2000.

Н. А.Боброва, *Конституционный Строй и Конституционализм в России*, М.,2003.

А.Валицкий,*Славянофильство-Западничество*, М., 1992.

М.Г.Вандалковская,*П.Н.Милюков, А.А.Кизеветтер, История и Политика,* М., 1992.

А.М.Величко, Учение Б.Н. Чичерина о Праве и Государстве, СПб., 1995.

З. Е.Владимировна., Б.Н. Чичерин в Либеральном Движении Росии (Вторая Половина Х-Х-Начало ХХ вв) , Харьковский Национальный унтим., 2002.

Б.П.Вышеславцев,*Кризис Индустриальной Культуры,* М., 1996.

Ф.А.Гайда, *Либеральная Оппозиция на Путях к Власти (1914—февраль 1917 г)*, М.:РОССПЭН., 2003.

С.И.Глушкова, *Проблема Правового Идеала в Русском Либерализме,* Екатеринбург., 2002.

А.В.Гоголевский, *Русский Либерализм в Последнее Десятилетие Империи: Очерки Истории 1906-1912 гг*, СПб., 2002.

А.Головатенко,*История России:Спорные Проблемы*,М.,1994.

В.Я.Гросул,*Русский Консерватизм XIX Столетия:Идеология и Практика,* М:Прогресс-Традиция, 2000.

К.А.Гусев, *Политико-правовые Концепции Русского Либерализма (Конец XIX-*

Начало XX вв), СПб., 2002.

М.А.Давыдов,*Оппозиция его Величества*, М.,1994;

Р.М.Дзидзоев,*Формирование Конституционного Строя в России, 1905-1907 гг*, М., 1999.

В.Н.Дорохов,*Исторические Взгляды П. Н. Милюкова*,Сергиев Посад., 2005.

Е.А.Дудзинская,*Славянофилы в Общественной Борьбе*,М.,1983.

Н.Г.Думова,*Кадетская Партия в Период Первой Мировой Войны и Февральской Революции,*М.:Наука,1988.

Н.Г.Думова,*Либерал в России:Трагедия Несовместимости, Истори ческий Портрет П.Н.Милюкова,* Т.1, М.,1993.

Т.И.Зайцева,*Русский Либерализм как Социокультурный Феномен*, Новосибирск., 1999.

А.В.Звонарев,*Общественно-политические Взгляды и Деятельность П.И. Новгородцева*, М., 1996.

А.И.Зевелев,Ю.П.Свириденко,В.В.Шелохаев,*Политические Партии России: История и Современность*,М.:РОССПЭН,2000.

В.В.Зеньковский,*История Русской Философии*,Т.2,Париж:YMCAPRESS, 1989.

В.Д.Зорькин,*Из Истории Буржуазно-Либеральной Политической Мысли России Второй Половины XXв.(Б.Н.Чичерин)* ,М.,1975.

А.А.Искендеров,*Закат Империи*, М., 2001.

Л. Б.Каменев,*Из Истории Русского Либерализма (П. Милюков. Год борьбы. Публицистическая хроника)*, М., 2000.

А.Кара-Мурза,*Российский Либерализм:Идеи и Люди*,М.:Новое издво,2004.

И.А.Кравец, *Конституционализм в России в Начале XX века*, Томск., 1995.

С.Р.Ким, *Идеи Конституционализма Российского Либерализма (XIX-XX вв.): Содержание и Основные Вехи Эволюции*, М., 1999.

Р.А.Киреева,*Государственная Школа:Историческая Концепция К.Д. Кавелина и Б.Н.Чичерина*,М.:ОГИ,2004.

Т.В.Кисельникова,*Проблемы Социализма в Либеральной Общественно-политической Мысли России на Рубеже XIX–XX веков*, Томск, 2001.

В.А.Китаев,*Либеральная Мысль в России (1860-1880 гг)*, Изд-во Саратовского университета., 2004.

С. Н.Коган,*Теоретические Основы Российского Либерализма Начала XX века,* М., 1997.

А.С.Кокорев,*Духовное Наследие Б.Н.Чичерина и Современность*,Тамбов, 2003.

В. Н.Корнев,*Либеральные Концепции Государства и Права в России Начала XX Века(1905-1917 гг.)* , Белгород, 2001.

А.А.Корнилов,*Курс Истории России XIX Века,*М.:1993.

В.А.Кошелев,*Эстетические и Литературные Воззрения Русских Славянофилов 1840-1850-е гг*, Л., 1984.

И. А.Кравец,*Конституционализм и Российская Государственность в Начале XX века*, М., 2000.

В.И.Кулешов,*Славянофилы и Русская Литература*,М.,1976.

В.А.Кустов,*Конституционно–демократическая Партия: Разработка и Реализация Внешнеполитической Доктрины (1905-1920 гг.)*, Саратов., 2004.

Ю.И.Левитина,*Правовое Государство и Гражданское Общество в Концепциях Российских Либералов*, М., 2000.

В.В.Леонтович,*История Либерализма в России 1762-1914.*, М,1995.

А.В.Макушин,*Павел Николаевич Милюков: Труды и Дни (1859-1904)* , М., 2001.

П.Н.Милюков,*Воспоминания(1859-1917)*,М.:Современник, 1990.

П.Н.Милюков,*Дневник, 1918-1921*, М., 2005.

П.Н.Милюков,*История Второй Русской Революции,*М.: РОССПЭН,2001.

А.Г.Мовсесян,*Либерализм и Экономика*,М.:Логос,2003.

О.Назарова,*Современный Либерализм,*М.:Прогресс-Традиция,1998.

И.Д.Осипов,*Философские Основания Русского Либерализма, XIX-начало XX века*, СПб., 1999.

И.К.Пантин,Е.Г.Плимак,В.Г.Хорос,*Революционная Традиция в России 1783-1883 гг*, М., 1986.

Н.Б.Пахоленко, *Из Истории Конституционных Проектов в России*, М., 2000.

Ю.С.Пивоваров,*Политическая Наука:Либерализм, Консерватизм, Марксизм. Проблемно-тематический Сборник*,М.:ИНИОН,1998.

Н.М.Пирумова,*Земская Интеллигенция и Ее Роль в Общественной Борьбе до Начала ХХ В*,М.,1986.

Н.М.Пирумова,*Земское Либеральное Движение:Социальные Корни и Эволюция до Начала XXв*, М.,1977.

Г.П.Рогочая,*Идейно-философские Основания Русского Либерализма,* Краснодар, 2000.

Н.В.Россель,*Общественно-Политические Взгляды и Деятельность Б.Н. Чичерина по его Мемуарам и Трудам*, Ростов на Дону, 1998.

Г.Г.Савельев, *Проблема Революции в Теориях Русского «Социального Либерализма»*, СПб., 1998.

С.С.Секиринский, В.В.Шелохаев, *Либерализм в России,* М., 1995.

Л.В.Селезнева, *Западная Демакратия Глазами Российских Либералов* ХХ *Начала Века*, Ростов-на-дону., 1995.

Н.В.Семенов,*Философско-методологический Анализ Либерализма в России*, Тверь., 2000.

Н.Г.Сладкевич,*Очеркин Истории Общественной Мысли России в Конце 50-х-60-х Годов 19 Века,*Л.:Издательство ленинградского университета,1962.

Е.А.Фролова, *Политическое и Правовое Учение П.И. Новгородцева*, М.,1996.

Н.И.Цимбаев, *Славянофильство*, М., 1986.

Е.Д.Черменский,*Буржуазия и Царизм в Революции 1905—1907*,М.:1970.

Б.Н.Чичерин,*Воспоминания,Мемуары*,Минск,2001.

Б.Н.Чичерин,*Наука и Религия*,М.:Республика,1999.

Б.Н.Чичерин,*Несколько Современных Вопросов*,М.:ГПИБ,2002.

Б.Н.Чичерин,*Политические Мыслители Древнего и Нового Мира,* Санкт-Петербург,1999.

Б.Н.Чичерин,*Философия Права,*СПб.,1998.

К.Ф.Шацилло,Русский Либерализм Накануне Революции 1905-1907гг,М.: 1985.

В.В.Шелохаев, *Кадеты—Главная Партия Либеральной Буржуазии в Борьбе с Революцией 1905-1907 гг,*М.:Наука,1983.

В.В.Шелохаев,*Либеральная Модель Переустройства России*,М.,1996.

В.В.Шелохаев,*П.Н.Милюков:Историк,Политик,Дипломат,*М.:РОССПЭН., 2000.

В.В.Шалохаев,*Русский Либерализм:Исторические Судьбы и Перспективы*, М., 1999.

В.В.Шелохаев и др,*Съезды и Конференции Конституционно- демократической Партии. 1905 - 1920 гг,* 3-х т, М.,2000.

И.Я.Шипанов,*Избранные Социально-Политические и Философские Произведения Декабристов т.2*, М.,1951.

Ю.З.Янковский, *Патриархально-Дворянская Утопия*, М.,1981.

Наше Отечество:Опыт Политической Истории,Т.1-2,М.:Наука,1991.

Русские Либералы:Кадеты и Октябристы, М.,1996.

Империя и Либералы.(Материалы Международной Конференции)Сборник эссе. СПб:Журнал Звезда,2001.

Ирина Сиземская, Лидия Новикова.Либеральные традиции в культурно–историческом опыте россии,*свободная мысль*,1993(15*)*.

Ирина Сиземская,Лидия Новикова.Идейные истоки русского либерализма, *общественная наука и современность,*1993(3).

Д•йена,Некоторые проблемы истории русского либерализма,*история СССР,* 1990(4).

Н.Коликов, Россия в контексте глобальных перемен, *свободная мысль,*1994 (2).

В. Розенталь, Первое открытое выступление русских либералов в 1855-1856 гг, *История СССР* ,1958(2).

В.В.Шелохаев, Русский либерализм как историографическая и истори-софская проблема, *Вопросы истории,*1998(4).

Ирина Сиземская,Лидия Новикова,Либеральные традиции в культурно -историческом опыте россии,*свободная мысль,*1993(15).

А.валицкий,Нравственность и право в теориях русских либералов конца ⅪⅩ - начала ⅩⅩ века,*вопросы философии,*1991(8).

В.А.Федоров,Александр Ⅰ,*Вопросы истории,*1990(1).

А.Я.Авлех, Русский буржуазный либерализм:Особенности исторического развития, *Вопросы истории,*1989(2).

В.Я.Лаверычев,Н.М.Пирумова, Некоторые проблемы истории освободительного движения в России ⅩⅨ века, *История СССР,* 1986(2).

В.А.Дьяков, Идея славянского единства в общественной мысли дореформенной России, *Вопросы истории,*1984(12).

С.Дмитриев, Подход должен быть конкретно-исторический, *Вопросы литературы,* 1969(12) .

Н.Державин, Герцен и славянофильство, *Историк-марксист,*1939(1).

В.А.Китаев, Славянофильство и либерализм, *вопросы истории,*1989(1).

С.С.Дмитриев, Славянофилы и славянофилъство, *Историк—марксист*, 1941(1).

Лидия Новикова, Новый либерализм в России, *ОНС,*1993(5).

Ф.А.Петров,Нелегальные общеземские совещания и сьезды конца 70-х-начала 80-х годов,*вопросы истории,*1974(9).

В.В.Гармиза,Земская реформа и земство в исторической литературе, *История СССР*,1960(1).

О.А.Кудинов, Б.Н.Чичерин-выдающийся российский конституционалист, *Юридическое образование и наука,*2002(2).

Г.Б.Кизельштейн,Борис Николаевич Чичерин,*вопросы истории,*1997(4).

Е.С.Козьминых,Философско-политические взгляды Б.Н.Чичерина, Источник:ВУЗ. ⅩⅪ Век,*Научно-Информационный Вестник*. 2004(9).

В.Д.Зорькин, Взгляды Б.Н.Чичерина на конституционную монархию, *Вестник Московского университета*,1969(1).

П.Струве, Патриарх русской идеи, *Новое время,*1996(1-2).

В.Я.Laверыцев,Общая тенденция развития буржуазно-либерального движения в России в конце XX в—начала XXв, *История СССР,*1976(4).

В.А.Кувшинов, Кадеты в России и в эмиграции, *новая и новейшая история*, 1995(4).

Н.Медушевский,Конституционные проекты русского либерализма и его политическая стратегия,*вопросы истории*, 1996(9).

Ш.Галай,Конституционалисты-демократы и их критики,*Вопросы истории,* 1991(12).

Совет Министров и Государственная Дума. Из опыта российского парламентаризма, *Свободная мысль*,1993(8).

Совет Министров и Государственная Дума, Из опыта российского парламентаризма, *Свободная мысль*,1993(9).

В.Л.Харитонов, К вопросу изучения на современном этапе проблемы гегемоний пролетариата во второй российской революции, *История СССР*, 1987(2).

А.Я.Аврех, Документы департамента полиции как источник по изучению либерально-оппозиционного движения в годы первой мировой войны, *История СССР*,1987(6).

Г.А.Герасименко,Земства в февральской бержуазно-демократической революции, *История СССР*,1987(4).

А.Н.Медушевский, П.Н.Милюков:Ученый и политик, *История СССР*, 1991(4).

С.В.Кулешов, Размышления о революции.*Отечественная история,* 1996(5).

三、英文文献

George Fischer, *Russian Liberalism: From Gentry to Intelligentsia*, Mass: Harvard university press, 1958.

Paul Miliukov, *Russia and its Crisis*, New York., 1962.

Paul E•Burns, *Liberalism without Hope: The Constitutional Dempcratic Party in the Russian Revolution February-July 1917*, Indiana University., 1967.

T.Riha, *Russian European: Paul Miliukov in Russian politics*, New York, 1969.

Charles E. Timberlake ed., *Essays on Russian Liberalism*, University of Missouri press, 1972.

G.M.Hamburg, *Liberals in the Russian Revolution: The Constitutional Democratic Party(1917-1921)*, Stanford University Press, 1974.

K.Frohlich, *The Emergence of Russian Constitutionlism*, The Hague., 1981.

E.Dahrendorf ed., *Russian Studies*, London:CollinsHarvill, 1986.

Andrzej Walicki, *Legal Philosophies of Russian Liberalism*, Clarendon Press of Oxford University Press, 1987.

Sergei Pushkarev, *Self-Government and Freedom in Russia*, Westview Press,1988.

J.G.Merquior, *Liberlism:Old and New*, Boston.:Twayne Publishers, 1991.

G.M.Hamburg, *Boris Chicherin and Early Russian Liberalism: 1828-1866*, Stanford University Press, 1992.

M .Stockdale, *Paul Miliukov and the Quest for a Liberal Russia, 1880-1918*, Ithaca and London,1996.

B.N.Chicherin, G.M.Hamburg ed., *Liberty, Equalituy, and the Market*, Yale University Press, 1998.

Anna Geifman ed., *Russia Under the Last Tsar Opposition and Subversion (1894 -1917)*, Blackwell Publishers, 1999.

Daniel Balmuth, *The Russian Bulletin (1863-1917):A liberal Voice in Tsarist Russia*, New York:PeterLang Publishing, 2000.

Alexander Polunov, *Russia in the Nineteenth Century: Autocracy, Reform and Social Change*, New York., 2005.

Stephen F•Willams, *Liberal Reform in an Illiberal Regime: The Creation of Private Property in Russia (1906-1915)*, Hoover Institutioa Press, 2006.

Andrey N•Medusievsky, *Russian Constitutionalism: Historical and Contem -porary Development*, London and New York.: Routledge, 2006.

Fedor Rodichev, The Liberal Movement in Russia(1855-1891),*The Slavonic Review* vol.2,1923 (4).

P.B.Struve, My Contacts with Rodichev,*The Slavonic Review*Vol.12, 1934 (35).

W.S.Moss, The February Regime : Prerequisites of Success, *Soviet Study*, vol.19, 1967(1).

后　记

从2001年开始踏入俄国史殿堂之后，俄国近代自由主义的相关问题就进入我的研究视野，我的博士论文也与之息息相关。2010年该选题有幸获得教育部人文社会科学项目和我所在单位的资助。在本书的写作过程中，经历了几番起伏波折，今天，当我终于把它呈现出来的时候，难言欣喜，更多的是惶惑。我知道，尽管几年来我付出了艰辛的努力，但由于本人知识浅陋，水平所限，诸多缺陷在所难免，还望专家学者批评指正，提携后进。

本书在写作过程中曾得到众多师长、学友的热情帮助。首先要感谢我的导师曹维安教授。在求学于陕西师范大学历史文化学院的六年中，有幸受到曹老师严谨的治学之风浸染，无论硕士论文还是博士论文，曹老师一直给予精心指导，从选题到结构再到定论，处处都倾注了曹老师满腔的心血。曹老师朴实的作风和对学生无微不至的关怀和包容，每每念及，心中暖意盎然。师恩难忘！

感谢陕西师范大学历史文化学院的杨存堂教授。杨老师思想敏锐，功底深厚，对我的硕士论文、博士论文都提出了不少有益的建议，他的严谨治学精神和对俄国及苏联历史的见解影响着我的学术研究。

我还要感谢陕西师范大学历史文化学院的白建才教授、王国杰教授、马瑞映教授、胡舶教授、王大伟副教授以及宋永成、郭响宏两位亦师亦友的学长。如果说，我的作品还有可读之处的话，那跟他们的教育和帮助绝对分不开。诸位老师的学说就像给了我一把开启知识大门的钥匙，诸位老师对社会的责任感，对国家、民族的热爱敦促我开始认真思考作为一个人文工作者的责任和义务。

特别感谢苏州科技学院的姚海教授、北京师范大学的张建华教授、中国社会科学院的吴恩远研究员、黄立茀研究员、吉林大学的张广翔教授、湖南师范大学的赵世国教授、中国政法大学的金雁教授等在本书写作过程中所提供的无私帮助和宝贵建议！

对于我的家人多年来对我事业的鼎力支持和无私奉献，怎一个谢字了得，只有今后更加努力，用实际行动来补偿他们的期许和付出。

感谢西南财经大学学术专著出版基金对本书所提供的政策和经济支持！同时感谢西南财经大学人文学院各位领导和同仁多年来对我多方面的照顾和关怀！

最后感谢世界图书出版公司和本书的编辑孔令钢先生，正是在他们的鞭策和帮助下，本书才得以顺利出版。

郭 文

2013 年 5 月 10 日